H. E. DOUVAL

PRAKTISCHE ANLEITUNGEN ZUR
BEWUSSTSEINS-ERWEITERUNG

H. E. DOUVAL

Praktische Anleitungen zur Bewußtseins-Erweiterung

VERLAG HERMANN BAUER KG - FREIBURG I. BR.

1973
Alle Rechte vorbehalten.
ISBN 3-7626-0155-0

Nachdruck, auch auszugsweise, nur mit Genehmigung des Verlages.
Verlag Hermann Bauer KG, Freiburg im Breisgau
Gesamtherstellung: Verlagsdruckerei Otto Zluhan, Bietigheim/Württ.

Inhalts-Übersicht des Ersten Teils

Praktische Anleitungen zur Bewußtseins-Erweiterung
Praxis der Bewußtseinserweiterung ohne Drogen

Erstes Buch: Harte Tatsachen — lockende Möglichkeiten

Abschnitt:

I	Prèlude	13
II	Ein notwendiges Wort zuvor	18
III	Generalstabsplan zu einem unglaublichen Vorhaben	20
IV	Das Recht der Jugend	24
V	Symphonie des Grauens	26
VI	Erkenntnis einer anderen Welt — ohne Drogen	31
	Drogen (1. Grundübungsreihe)	31
VII	Modell einer Einweihung ohne Verschleierung	33
VIII	Das Modell übersichtlich, kurz, informativ: Was eigentlich ist die Seele, mit welchen Kräften und Seelenschichten haben wir zu tun?	35
IX	Die Entwicklung des Menschen und seiner geistig-seelischen Kräfte	37
X	Der ewige Zwiespalt der Seele	41
XI	Erbarmungsloser Kampf zwischen Ober- und Unterwelt	45
XII	Die Kräfte und Welten der Seele	50
XIII	Die Stationen des zurückzulegenden Weges	55

XIV	Die Wegweiser	58
XV	Panorama der Welten und Kräfte	61
XVI	Wanderungen im Seelenbereich	63

Zweites Buch: Exerzitien zur Bewußtseins-Erweiterung

Abschnitt:

XVII	Was ist Bewußtseinserweiterung/Fazit der bisherigen Feststellungen	69
XVIII	Möglichkeiten der Bewußtseins-Erweiterung	76
XIX	1. Exerzitium: Versenkung mit Hilfe von Vokalen	82
XX	2. Exerzitienreihe: Ekstase mit Hilfe sich steigernder Versenkungszustände	91
XXI	3. Exerzitienreihe: Imagination als Machtmittel des Unbewußten	104
XXII	4. Exerzitienreihe: Zur Ekstase mit Mantren	113
XXIII	Die Gefahr der Halluzinogene: Es sind 3 Arten von Gefahren	121
XXIV	Die sinnlosen Opfer	126
XXV	5. Exerzitienreihe: Weckung und Stärkung des Unbewußten mit Hilfe der Augen	132

Drittes Buch: Bis in die Weite des Kosmos

Abschnitt:

XXVI	6. Exerzitienreihe: Ver-Irdischung von Wünschen, Vorstellungen und Plänen	140
XXVII	7. Exerzitienreihe: „Vierzig Tage Wüste"	159
XXVIII	8. Exerzitienreihe: Durch die seelischen Welten	171
XXIX	9. Exerzitienreihe: Das Universal-Exerzitium	185

Inhaltsübersicht des Zweiten Teils

Bewußtseinserweiterung mit Hilfe der Technik

Viertes Buch: Das Buch der technischen Hilfen

Abschnitt:

XXX	Vorbemerkungen zu den Sonder-Exerzitien	205
XXXI	Sonder-Exerzitienreihe	218
XXXII	Einleitendes Exerzitium mittels technischer Tonträger	228
XXXIII	Bewußtseinserweiterung mit Hilfe der Technik: Tonträger als Suggestionsquelle	245

Fünftes Buch: Imaginationen und Experimente

Abschnitt:

XXXIV	Imaginationen in Reinkultur	254
XXXV	Die Große Imagination	270
XXXVI	Giftige Blüten: Zur Warnung allen Unkundigen — Experimente mit cannabis indica, Bilsenkraut und Hexensalben	288

Sechstes Buch: Die Meisterstufe

Abschnitt:

XXXVII	Weitere Sonderexerzitien, Exerzitien der leichten Hand, der kunstvollen Ergänzung, Erweiterung der Hilfe mittels Technik	307

XXXVIII	Exerzitien zur Beschleunigung des Wechsels der Bewußtseinszustände	319
XXXIX	Die Herbeiführung der Bewußtseinszustände in jeder Körperhaltung	329
XXXX	Archetypische Naturkräfte	336
XXXXI	Die Krone der Exerzitien, Exerzitium der Meisterklasse, Aufstieg in höchste Bewußtseinssphären und -welten	342
XXXXII	Bibliographie	357
XXXXIII	Übersicht über die Gesamt-Exerzitien	361
XXXXIV	Inhaltsverzeichnis beider Teile (Bücher 1 — 3 und 4 — 6)	361

Erster Teil

PRAXIS DER BEWUSSTSEINS-ERWEITERUNG OHNE PSYCHODELIKA

*Die wahrhaft Großen dieser Erde —
Man findet sie weit vor der Herde.*
                              H. E. D.

Erstes Buch / Harte Tatsachen, Lockende Möglichkeiten

1 *Prélude*

Es ist in der Welt eine große Gärung, altes Morsches stürzt — oder will stürzen —, Neues will sich formen: Geburtswehen einer neuen Zeit sind überall spürbar, drohender werden die Schatten, bisher unbekannte Gespenster ziehen herauf.

Was wäre wichtiger in einer solchen Umbruchszeit, als die Waffen des Geistes zu schleifen, zu schärfen, der Seele Kraft zu geben durch Weite und Erweiterung.

Obgleich alles diesem einen Ziele zuzustreben *scheint* — nämlich Frieden und Freude auf Erden —, *handelt* „es" allenthalben dagegen. Welches sind die Kräfte, die das Chaos wollen, um aus ihm „ihr" Neues zu formen?

Ein erfreuliches Zeichen unserer Zeit ist, daß die Gärung vor allem die Jugend ergriffen hat, sie, die Jugend, vor allem wünscht Tilgung des Alten, Unerwünschten, Morbiden und Kriegerischen, wünscht für sich und die Welt ewige Glückseligkeit.

Denn vieles in der Welt — wer sähe das nicht ein? — muß anders werden, friedlicher, freundlicher, glückseliger, wenn schreckliche Katastrophen vermieden werden sollen — deren Massenopfer Hekatomben von Menschen aller lebenden Generationen sein würden. Man sagt vielfach, daß herrliche, leichte Wege zu Geistesmacht und zur Bewußtseinserweiterung führen.

Und man nennt die Wege dazu — unheimliche, bedrohliche, unbekannte, verderbliche.

Wir sagen deshalb: Zur Geistesmacht, zur Ausweitung des Bewußtseins, zur Erhöhung des Menschen, zu unsagbar-köstlichen Erlebnissen kommt man nur auf *einem* Wege.

Was immer man auch erzählen mag — und niemand ist gegen diese Infektion von Greuelmärchen immun —, es *stimmt nicht:* durch Visionen, Halluzinationen mit Hilfe von psychodelischen Drogen, die man Halluzinogene nennt, zu Begegnungen mit den Mächten des Unterbewußten mittels Rauschgiften und ähnlichen Pharmaka erreicht man das genannte Ziel *nicht!*

Echten Fortschritt, echte Entwicklung, echte, bleibende Erweiterung von Geist und Seele geben Drogen nicht.

Halluzinogene — und auch Haschisch oder Marihuana gehört dazu, *mindestens* als „Zündkerze" für schreckliche Nachfolger — sie bringen statt des Erhofften — je stärker der Treibstoff ist, der die Halluzinationen bringt — Gewöhnung, Sucht, Willensschwäche, menschlichen, körperlichen und seelischen Verfall, sozialen Sturz in unvorstellbare Tiefen, Krankheiten, Leiden und einen unsagbaren entsetzlichen Untergang.

Rauschgifte der verwendeten Art — wir werden sie noch genau kennenlernen, hier, auf diesen Blättern — gehören in die Hand des Psychiaters — und nicht umsonst *nur* in seine Hand. In unberufenen Händen, zum Versuch, zum Spiel, zum Rausch, sind sie selbstzerstörerisches Gift, das durch kein anderes Mittel übertroffen wird in seiner grausamen und folgerichtigen Wirkung. *Warum* das so ist, nicht anders sein *kann,* wollen die folgenden Seiten erläutern.

Man sollte die Finger von Giften lassen, die nur zu Beginn und unter günstigen äußeren und seelischen Umständen „gute Visionen" bringen, doch sehr bald alle höllischen Kräfte — also das Böse, Zerstörerische — des Unterbewußten *wecken.* Und *sind* sie erst einmal geweckt, machen sie kein *Theater* mehr, keinen Farben- und Tonzauber, dann dominieren sie ganz schlicht und einfach und brutal und erbarmungslos, buchstäblich bis zum letzten Schritt, zum *allerletzten* Schritt, der dem Menschen bleibt. *Warum* eigentlich die höllischen, nicht die himmlichen (also guten, helfenden) Kräfte?

Da wir hier kein Werturteil abgeben und ver-urteilen uns erst recht gänzlich fern liegt, wollen wir von den seelischen Gesetzmäßigkeiten sprechen, die — wenn das Seeleninnere erst einmal geweckt ist — *allein* maßgebend sind.

Welche Kräfte sind zuvorderst im Unterbewußten des Menschen ausgebildet? Zur Beantwortung dieser Frage brauchen wir nur die Affekte und Agressionen von Einzelwesen und Völkern zu betrachten.

Wie sagt der Dicher-Philosoph? „Solange nicht den Lauf der Welt, Philosophie zusammenhält, erhält das Weltgetriebe, der *Hunger* und die *Liebe*".

Hier haben wir die seit Urzeiten dominierenden Kräfte des Unbewußten, mühsam verkleidet durch den Kitt von Sitte und Kultur: Hunger und Liebe, sie heißen bei den Psychoanalytikern (Freud und Adler) „Libido" und „Machttrieb".

Dies sind also die *ältesten* und deshalb *stärksten* Antriebskräfte des Menschen.

Deshalb wachen alle Schreckgespenster auf, die mit Hunger, also Gier, Kampf, Agression, und mit Libido, also Selbsterhaltung der Art um jeden Preis zusammenhängen, *deshalb* erwachen *diese* Kräfte, sobald der Firnis der Zivilisation durchstoßen ist — und das geschieht mit Hilfe der Halluzinogene recht bald — *deshalb* dominieren diese niederen und finstern Kräfte der menschlichen Urnatur. Sie ruhen nicht eher, bevor sie nicht die *ganze* Macht über den Menschen gewonnen haben.

Anders, gänzlich anders sieht es aus, wenn der Mensch

Firnis und Tünche von Kultur und Sitte durch Arbeit an sich selbst beseitigt und die finsteren archaischen Kräfte in ihre Schranken verwiesen hat. Es ist auf diesen Blättern *nicht* unsere Aufgabe, etwas zu *nehmen*, ganz und gar das *Gegenteil* ist unser Ziel: wir wollen etwas *geben*, etwas, das so unaussprechlich kostbar und köstlich zugleich ist, daß die menschliche Sprache zu arm ist, *das* auszudrücken.

Wer durch geistige Übungen, durch ihre Stufenfolge durchaus für jeden beherrschbar, Einlaß in die systematisch Schritt für Schritt erschlossene unterbewußte Welt erlangt, braucht kein Rauschmittel mehr, er ist *bewußter, willensstarker* Herr über alle Gebiete, die sich gleichsam ringweise um seinen Seelenkern legen und nur der überlegenen Erschließung harren, um sich zu offenbaren.

Dieses Buch ist zu diesem Zweck, der Erschließung eines königlichen Reiches, geschrieben. Wenn dazu noch einige Ungewohnheiten — wie Verwendung von Halluzinogenen — vermieden oder beseitigt werden können, sind auch größte Mühe und hohe Zielsetzung nicht umsonst gewesen. Wir sagten es schon: durch systematische, geistige Übungen, Exerzitien genannt, *kann* man *ohne* Einsatz von Aufputsch- und Rauschmitteln lernen, die finsteren archetypischen Kräfte zu eliminieren *und* die hellen, lichten archaischen Kräfte — sozusagen die andere Seite der gleichen Münze — für sich zu gewinnen. Es ist heute leicht und „billig", einen „Joint" zu bekommen, einen Trip anzutreten, high zu werden. Nur: *bezahlen* muß man sehr schnell, nämlich mit der Niederreißung aller seit Tausenden von Jahren aufgebauten Sperren, mit der Freilegung aller finsteren Gestalten oder trügerischen Kräfte, jener Gestalten und Urwesen, die frühere Zeit nicht umsonst *Dämonen* nannten.

Achtzig Prozent aller Marihuana-Raucher oder LSD-Verwender gehen zu „schärferen Sachen" über, mehr als neunzig Prozent aller Süchtigen werden wieder rückfällig!

So bringen die Rauschgifte ein Leben ständiger Jagd nach Rauschgiften, ein Gejagtwerden *von* Giften, namenloses Dahinsiechen und einen namenlos-furchtbaren Erdentod. Der Pfad, den wir zeigen, führt mit Sicherheit zum Ziel, so man sich selbst treu bleibt. Und die Arbeit an sich selbst scheut doch kein Strebender!?

H. E. Douval

Übersicht über die Aufgabenstellung dieses Buches, konkret „in einer Nußschale" dargeboten:

1. Praktische Wege zur Bewußtseinserweiterung nicht nur aufzuzeigen, sondern
2. sie ausführlich, Schritt für Schritt, zu erläutern, zu begründen und ihre Wirkung zu erklären
3. Haben wir unser, seit Jahrzehnten bewährtes System der Seelenerschließung*) *kombiniert* und *koordiniert* mit den anderen, begehbaren Wegen.
4. Dabei haben wir alle Verbrämungen ritueller oder anderer Art fortgeräumt, denn es geht hier allein um die tiefenseelische *Grundquelle* — Besitz *aller* Menschen —, fern von allem Mystizismus und fern jedweder Verdunklung.
5. Dabei war vor allem darauf zu achten, daß die geschilderten Verfahren durch Eigenerfahrungen und die einer großen Lesergemeinde erfolgreich gestützt wurden, damit sie
6. Für jeden Menschen *unseres* Kulturkreises verständlich und im Rahmen des Möglichen durchführbar waren.

---

*) Vgl. die im gleichen Verlag vom gleichen Autor erschienenen „Bücher der praktischen Magie", Neuerscheinung 1972, 2 Großbände.

II *Ein notwendiges Wort zuvor:*

Es kommt hier nicht darauf an, Moral oder Unmoral des Drogen-Mißbrauchs oder -Gebrauchs aufzuzeigen. Auch nicht darauf, ihre Gefährlichkeit oder ihre Harmlosigkeit zu beweisen. Am wenigsten liegt uns daran, bestimmten Drogen halluzinogene Wirkungen abzusprechen.

Es kommt hier darauf an, klarzulegen, daß *jeder* Drogengebrauch den *Keim* in sich trägt, stärkere Mittel zu benutzen, darzulegen, daß Labile auch nur beim ersten Schritt zum Rauschhaften hin nicht nur aufs äußerste gefährdet sind, sondern auch der Gefahr erliegen (es braucht hierbei nicht bemerkt zu werden, daß Labile auch anderen Gefahren erliegen: es handelt sich hier um eine *zusätzliche* Gefahr).

Wer sich an falsche Vorstellungen verliert — und geschähe es im noch so guten Glauben, mit noch so gutem Willen —, kommt vom rechten Wege ab. Manch einer mag hier verärgert das Buch zuklappen wollen, uns der Rechthaberei zeihen. Aber lohnt es wirklich nicht, ein objektives Urteil von einem durchaus toleranten, unvoreingenommenen Autor zu hören, also das Buch zu lesen — und dann zu urteilen? Lohnt es nicht, weiterzulesen, auch wenn nur ein Quentchen Möglichkeit besteht, daß man selbst auf falschen, gefährlichen Wegen wandelt oder mit bedrohlichen Möglichkeiten auch nur spielt? Kann nicht ein ganzes Leben — ein zerstörtes, elendes oder ein großes, erfülltes Leben — von einer oder zwei Stunden Lesen abhängen?

Auf täuschenden, dem Willen entzogenen, rauschhaften

Wegen erreicht man niemals etwas endgültiges, zumindest nichts Positives, Vorwärtsbringendes. Wer reifen, wirklich sich entwickeln und Macht und Freiheit des Geistes gewinnen will und schöpferische Kräfte dazu — und noch einiges, von dem diese Blätter künden —, und wer sich nicht nur rauschhaft-vorübergehend, sondern klar und für immer für seine großen Ziele entscheiden will, der fasse möglichst in dieser Stunde den Entschluß, systematisch zu arbeiten, also zunächst hier zu lesen, zu urteilen, zu entscheiden. Der Weg zu wahrhafter Größe und Weite ist hier gewiesen.

III *Der Generalstabsplan zu einem unglaublichen Vorhaben*

(Dieser Grundgedanke ist so kühn, daß wir kaum wagten, ihn niederzuschreiben. Um aber dem Ganzen den großen Rahmen, ein unglaubliches Ziel — im Negativen — zu geben, hielten wir es für notwendig, diesen Gedanken hier zu ventilieren — zum Erinnern und Überlegen für alle, die nicht nur Wissen gepaukt sondern auch gelernt haben, mit diesem Wissen — gepaart mit Phantasie — etwas anzufangen.)

a) Wie müßte ich es anfangen, um einen bestimmten, unkontrollierbaren, nicht organisierten Teil der Heranwachsenden mit Sicherheit zu vernichten, um damit zugleich alle Verteidigungskräfte lahmzulegen?

b) Ich würde ganz bewußt Behauptungen in die Welt setzen, die jene ergreifen, mitreißen, die am leichtesten anzusprechen sind: die Jungen nämlich, die Heranwachsenden, die Unerfahrenen, die Gläubigen (deren sich alle Diktaturen der Welt zuerst zu bemächtigen pflegen — vgl. jüngst vergangene Geschichte). Die Behauptung müßte so unglaublich, ja, gefährlich sein, daß eine unvorstellbare Gewalt von diesen Gedanken ausgeht, insonderheit dann, wenn man sich die Agression — die seit jeher besteht — der Jüngeren gegenüber den Älteren zu nutze macht, wenn man lebenshungrige, unverdorbene junge Menschen in den Bann dieser Gedanken — mit ihrer Hintergründigkeit und Verlockung — zieht.

c) Ich müßte dafür sorgen, daß jeder so Geworbene von

sich aus wiederum Gesinnungsgenossen heranzieht, und ich würde bemüht sein, alles, was meinen Gedanken förderlich ist, mit heranzuziehen, etwa sinnberauschende, vehemente Musik, Massenversammlungen, Stimulantien. Weihrauch, Hemmungslosigkeit ... alles verbrämt mit einem „humanen, wegweisenden Motto", sodaß für alle Saturnalien zumindest ein *Vorwand* für jene gefunden ist, die sowieso bei jeder Orgie — gleich, welcher Gesinnungsart — mitmachen.

d) Ein Blick auf die Statistik lehrt, daß eine bestimmte Bewegung — wir nennen hier keine Namen, weil wir keineswegs Einzelne oder Gruppen anzugreifen beabsichtigen — mehrere hundert Millionen Anhänger zählt, daß jeder Anhänger wenigstens fünfundzwanzig Novizen wirbt ... Da stockt der Verstand ...

e) Der Verstand fragt sich, wie es möglich ist, daß solch ein offenbar doch mindestens primitiver Gedanke unter so durchsichtigen Vorwänden eine solche Verbreitung fand, daß die doch im Grunde gesunde Jugend in sich selbst nicht die Kraft findet, sich gegen diesen Ungeist, diese tödliche Gefahr aufzulehnen, oder — wenigstens — sie abzulehnen.

f) Unwillkürlich fragt man sich, ob nicht hinter dieser systematisch vorgetriebenen Entwicklung *doch* eine — unerkannte — Organisation steht, die ganz bestimmte Ziele verfolgt. Und noch einmal rekapituliere ich: Will ich einen Hegemonialanspruch in der Welt durchsetzen, muß ich einen wesentlichen Teil der Menschheit, nämlich den, der mir verteidigungsbereit widerstehen könnte, unschädlich machen, besser noch: vernichten.

Kriege werden, pazifistische Bewegungen hin oder her, auf dieser Erde toben, solange bestimmte Kräfte nach der Weltherrschaft streben. Allerdings wird er *nicht* von Pazifisten, nicht von den durch Drogen Unfähigen oder Vernichteten geführt werden. Bestimmte Kräfte in der Welt, insonderheit die Diktaturen jeder Coleur, sorgen in ihren Machtbereichen schon dafür, daß das Gift — der „Bewegung" und ihrer Suchtmittel — *bei ihnen nicht* Einzug hält — oder im Keim erstickt wird.

g) Und da stellen sich schon klar die Fronten. Es geht um nicht mehr und nicht weniger als um die künftige Alleinherrschaft auf dieser Erde. Zu diesem Zwecke ist logischerweise auch das teuflischste Mittel recht, den Gegner — die verteidigungsfähigen jungen Menschen — auszuschalten. Es ist hierbei ohne Belang, *von wem die* Initiative zu den Greueln der verschiedenen „Rausch-Bewegungen" ausgeht: die Hintermänner wird man in keinem Fall greifen können. *Sie* bleiben im verborgenen. Wie es ihnen zukommt. Verständlicherweise.

h) Noch einmal fragt man sich: Wie ist es möglich, — trotz der vermuteten treibenden, organisierenden Mächte — daß solche vergiftenden — den Mord an einer ganzen Generation und deren Kindern bedeutenden — Parolen überhaupt Eingang fanden in junge, unverdorbene Menschenherzen? Ach, man lese die Parolen, die Verheißungen, die Behauptungen, man nehme einmal teil an einer rauschhaften Massenversammlung, an einem „love-in" — dann hat man die Antwort. Und erschrickt bis ins Mark vor diesem wahnwitzigen Versuch, einen potenten Gegner auszuschalten, um selbst — ohne jeden Widerstand — freie Bahn zu finden.

i) Achten Sie auf die drakonischen Maßnahmen, die in bestimmten Weltregionen gegenüber den Blumenkindern und ihren Orgien — zu Haus oder in Versammlungen, in Parties oder in Love-in's — getroffen werden. Achten Sie auf die schweren Strafen, die jene Sünder gegen die dortigen harten Rauschgiftgesetze trifft, jene armen, verführten Sünder, die doch nichts weiter als Opfer sind — weitere Opfer auf einem Wege, der heute noch kein Ende erkennen läßt — der grauenvollste Weg, den je eine Jugend schritt.

k) Bei uns Pazifisten heranzuziehen — und wir sind ganz gewiß der grimmigste Gegner des Krieges — heißt, „anderen" freie Hand zu lassen für ihren Kampf um, für ihr Ziel der absoluten Weltherrschaft. Wer ihr Handwerk mit betreibt — Zerstörung unserer Verteidigungsbereitschaft — verrät sich oft als deren Handlanger, allzuoft unbeabsichtigt.

Es ist hier nicht der Ort, „Weltpolitik" zu schreiben. Doch uns scheint, daß man das Übel mit der Wurzel — der lügnerischen, vernichtenden Wurzel — ausrotten kann, wenn man die Tatsachen, wie sie sich — schließt man von der Wirkung auf eine notwendige Ursache — darbieten, klar auf den Tisch legt.

l) Im übrigen bedarf es keiner „Generalstabsarbeit" — man könnte sie auch „Psychologische Kriegsführung" nennen —, ja, noch nicht einmal eines Krieges, um die unbestrittene Weltherrschaft zu erlangen: nur eine kurze Zeit des Weiterwucherns der verblümten Rauschzustände genügt, unsere Jugendblüte zu vernichten und den Weg für jeden entschlossenen Gegner freizumachen.

m) Ist es die Sache nicht wert, das „Spiel" mit den Rauschgiften — die noch dazu für die angegebenen Ziele absolut unsinnig sind — einmal unter diesem hier offenbarten Aspekt zu betrachten?

IV *Das Recht der Jugend*

ist, soweit es die großen und edlen Ziele angeht, unbestritten. Schon die nachstehenden Tatsachen beweisen die Richtigkeit der reformeifrigen Zielrichtung:

> Unsere Welt, „in der wir leben", *ist* (nach Schopenhauer) die *schlechteste* aller denkbaren Welten
> Der Mensch *ist* ein (fast undenkbares) Zwischenwesen, halb Tier und halb Gott
> Der Mensch *ist* das schrecklichste Raubtier, das die Welt kennt
> Der Mensch *hat* das beste aus seinem Zwischenzustand zu machen: nämlich ihn zu beseitigen
> *Wie kann* der Mensch dieses Ziel erreichen?
> Indem er sich emporarbeitet, zum Licht — genau das, was auch die falschen Propheten versprechen oder fordern (wenn auch auf gefährlichen Dschungelpfaden)
> Der Mensch muß aber, will er jemals wirklich und auf die Dauer zum Lichte gelangen, *an sich selbst* arbeiten, sich nicht dem süßen dolce far niente ergeben, das sich urplötzlich zur drohenden Hölle wandelt, die erbarmungslos alles verschlingt

Abgesehen von der technischen Entwicklung — und von einigen hohen Geistern — hat sich in der Welt, hat sich beim Menschen nichts geändert. Er beginnt durch all' die Jahrtausende immer wieder von neuem, die alten Probleme neu anzugehen. Er kämpft u. a. immer wieder mit den Dingen und Kräften, die in ihm und um ihn gesellschaftsfeindlich sind.

Trotzdem hat sich der Mensch Jahrtausende lang bemüht — und seine seelische Schichtung weist das unwiderleglich nach —, ein *Menschenbild* heranzuziehen, das in Sitte, Kultur, Humanität sich wenigstens *bemüht,* dem Idealbild näherzukommen.

Das alles sollte nun mit einem Schlage nicht nur in Frage gestellt, sondern ganz offenbar und radikal beseitigt werden. Das Menschenbild, das sich seit Beginn der geschichtlichen Zeit dem Göttlichen nachzubilden versuchte, soll mit einem Schlag zertrümmert und ersetzt werden durch den Vorsteinzeit-Menschen, der nur noch — in früher Morgenstunde — dem Acker oder Waidwerk sich widmet, im übrigen nur noch „genießt".

Wer hat an sich selbst noch nicht das Goethesche Faustwort empfunden: „So taum'le ich von Begierde zu Genuß, und im Genuß verschmacht' ich nach Begierde"?

V *Symphonie des Grauens*

Roden müssen wir den Boden, bevor wir neues pflanzen. Hoffentlich rodet die folgende Aufstellung — Fälle, wahllos aus einer Zahl von Hunderten herausgegriffen — bei schon Infizierten oder Gefährdeten restlos alle Vorstellungen aus, mit Hilfe von Halluzinogenen den Himmel auf Erden herabzaubern zu können. Und hoffentlich befreit diese Kurzübersicht — uns stehen, wie schon gesagt, weitere hunderte beglaubigter Fälle zur Verfügung — Jene von ihrem Glauben, Marihuana und LSD seien „ungefährlich" und ihr Genuß bliebe ohne Folgen:
(alle Namen sind aus verständlichen Gründen verändert, können aber vom Verlag erfragt werden)

1. Nancy, rund zwanzig Jahre jung, sehr gut aussehend, bestens erzogen und gebildet, geriet in die Hände eines Freundes, der leidenschaftlich dem LSD-Genuß anhing. Sie ließ sich wider bessere Einsicht verführen, besuchte mit ihrem Freund eine Vereinigung, nahm selbst LSD. Ihr Freund erschien ihr in der Gestalt eines riesigen Untiers — in ihren Halluzinationen —, das auf die Entsetzte zustürzte. Trotz dieser unangenehmen Erfahrungen begleitete Nancy noch mehrere Male ihren Freund zu LSD-Party's, doch die unangenehmen Eindrücke überwogen so sehr die angenehmen, daß N. Freundschaft und Party-Besuche abbrach. Ein Fall unter vielen, der einigermaßen günstig ausging.
2. Ein anderes Mädchen, Helena, 20, war mit einem gewissen H. befreundet, der Marihuana und LSD nahm.

In einem Club nahm auch Helena Marihuana, fühlte sich leicht und frei — das erste Mal. Das nächste Mal waren die Eindrücke unerfreulich und beängstigend. Schreckgespenster griffen wie mit unzähligen Armen nach ihr. Auch ein LSD-Versuch löste Schrecken aus. Statt der erwarteten Freude wandelte sich alles um sie her in Dunkel und Furcht. Nach der Party lief das Mädchen auf ein lockendes Licht zu: es war ein Autoscheinwerfer, der ihr — hätte der Fahrer nicht besonders aufgepaßt — sicherlich den Tod gebracht hätte. Es hätte dann schlicht geheißen: Tod durch Unfall.

3. (Im Telegrammstil) Wally und Kay lernten ebenfalls durch ihre Freunde „reefers" kennen — anregend — Spaß —. Bis LSD „ein kleiner Schritt" — Halluzinationen — Ton- und Geräuschsensationen. Beide landeten im Krankenhaus. Wally erklärte dem Arzt: „Ich schwebte — aus hellem Licht wurde dunkles, angsterregendes Licht — die Sitzenden zu Ungeheuern geworden — ich fiel hin — schrie — kreischte — dann Hände, die nach mir griffen — Rufe — Polizei — Krankenhaus."
Die Freundin erklärte, daß sie Stimmen gehört habe. Eine dieser Stimmen sagte ihr, „sie sei auf dem Wege zum Paradies und zum ewigen Licht". Doch dann wurde es dunkel — schreckliche Angst — schwarzes Licht mit roten Punkten, „wie lauter rote, blutunterlaufene Augen", und dann „Blut, Ströme von Blut", Schreie ... Krankenhaus. „Ich hoffe, daß ich nie wieder so etwas Schreckliches erleben werde".

4. Eine andere Leidensgenossin berichtete, daß es bei ihr stets mit Licht beginne ... frei ... glücklich ... tanzen ... alle Kleider ablegen ... ganz frei ... wollte die ganze Welt umarmen ... wie die anderen alle mich umarmen wollten ... die Männer nahmen mich ...

„allein Liebe gibt den inneren Frieden ..." Das war der Anfang. Das Ende waren wieder Schreie, Angstvorstellungen, Polizei, Krankenhaus, langes Siechtum ... bis jetzt ..."

5. Einige junge Menschen — Jungen und Mädchen — erklärten frei, daß sie nur wegen des Sex „das Theater mitmachten".
6. Andere erklärten, „daß man jetzt endlich keine Langeweile mehr habe und wisse, was man am Wochenende mit seiner Zeit anfangen könne..."
7. „Ob man's nun Sex oder Liebe nennt", erklärten Mädchen und Jungen, „das sei doch gleich, wenn man nur sein Vergnügen hat". Tatsächlich treiben Partnersuche und Langeweile viele auf die gefährliche Rutschbahn von Party, LSD und Untergang.
8. Der junge und elegante Edmond S., 30, war wegen Rauschgiftsucht bereits im Krankenhaus (Nervenklinik), wurde als geheilt entlassen. Ein Rückfall „zwang" ihn zu LSD, Heroin und Kokain zugleich. Sein Organismus wurde so an diese Gifte gewöhnt, daß er Dosierungen, die für andere tödlich sind, vertrug. Man kann sich ausrechnen, wie's weitergeht.
9. „Viele Partie's arteten nach dem Genuß von LSD aus in sexuelle Orgien. Damen und Herren der höchsten Kreise machten bis zu Perversitäten alles mit — „das reizte mich", sagt ein junger Mann aus bester Familie aus. Er kam wieder in die Klinik. Wochen unsagbarer Pein folgten. Nach erneuter „Heilung" erneut Rückfall, Tobsuchtsanfälle, Zelle, Entzug, langsam, fürchterlich. Nach 20 Monaten noch immer in der Klinik.
10. Rainhilde hatte nach erstem LSD-Einnehmen das Gefühl, zu schweben, sah Farben, Licht, Weite. Dann ohnmachtähnlicher Anfall, zusätzliche LSD-Gabe, erneut Wolken, plötzlich aber schwarz, Sturm, Gesichter,

Klauen, die greifen, Mäuler, die verschlingen wollen, „fort mit euch"! Ja, so einfach wird man sie nicht wieder los, die Geister, die man rief.

Rainhilde schrie, riß sich die Kleider vom Leib, weil sie fürchtete, zu ersticken, sie lief aus dem Zimmer, man verfolgte sie, die Straße nackt entlang, hin zum Fluß, ein Sprung. Exitus. Ein kostbares Leben war sinnlos vernichtet.

11. Ein Schriftsteller nahm regelmäßig vor der Arbeit genau dosiert LSD, schuf Bücher, die bewundert wurden, einiges Geld brachten. Eines Tages hatte er die Dosis — „weil ihm keine Einfälle kamen" — gesteigert, er schrie etwas von „Ungeheuern", nahm „zum Schutz gegen sie" andere Mittel (Heroin, Amphetamine), die Halluzinationen wurden furchterregender, Schreie, Brüllen, „ich kann fliegen", hinauf zum Dach — Sturz herunter auf die Straße. Er war nicht mehr.

12. Nur wenige Beispiele von vielen, vielen noch tragischeren Schicksalen. Polizei, Kliniken, Schauhäuser wissen ein Lied zu singen, und die Ärzte, die ihrem Gewissen noch verantwortlich sind, und das ist erfreulicherweise der überwiegende Teil, jener, der nicht selbst in den Teufelskreis gerissen ist.

VI *Erkenntnis einer anderen Welt — ohne Drogen*

Wer ernsthaft nach einer Entwicklung strebt, die hinausgeht über manch trivial erscheinendes menschlich-irdisches Sein hat sehr gute Möglichkeiten, Neuland zu betreten, *ohne* die Stütze von Drogen, die einerseits sowieso nur Blendwerk ist für den Augenblick (solange die günstige Wirkung anhält), und andererseits keinen echten Fortschritt bietet.

Man soll nun freilich nicht vom Regen in die Traufe kommen, das heißt man soll nicht eine Illusion mit der anderen vertauschen. Man spricht von „Geheimlehren", von seltsamen „Mysterien", von fernöstlichen Wunderdingen, die uns Mitteleuropäern oder Okzidentalen verschlossen bleiben müssen, weil uns Mentalität der Länder und die dort herrschenden äußeren Bedingungen — und die ererbte Prädisposition — fehlen.

Nein, wir sprechen hier nur von den Dingen, die jeder gesunde, entschlossene, zielbewußte und geduldige Mensch — ob Mann oder Weib — erarbeiten kann, und zwar unter den Bedingungen *der* Welt, in der zu leben nun einmal unsere Aufgabe ist.

Hier, am Eingang, wollen wir den Schleier nur ein wenig lüften, also aus dem Rüstzeug unseres Übungs- und Exerzitien-Materials etwas hervorziehen, daß uns innerhalb einer vernünftigen und überblickbaren Zeit erlaubt, ohne irgendwelche Hilfe Anfangsgründe zu erreichen — auf diesem einen Wege, obwohl wir später noch andere Pfade besprechen und gründlich erläutern werden. Beachten Sie, bitte, einmal, was geschieht, wenn Sie nachfolgend geschilderte Exerzitien getreulich durchführen.

I. Phase der Konzentrationsübung:

Möglichst unbelastet — also ohne unter Zeitdruck zu leiden, am besten mit einem freien Wochenende vor sich, unter Ausschaltung aller Kümmernisse oder Verstimmungen, nicht mit vollem Magen, bei guter Gesundheit, in einem Raum, in dem man ungestört arbeiten kann, nicht warm, nicht kalt, in leichter Kleidung (später ist es nicht nötig, *alle* diese Vorschriften zu beachten, doch für den Anfang erleichtern sie sehr die ersten Exerzitienerfolge).

Zwei Möglichkeiten: sich auf einer Ottomane (Liegesofa o. ä.) lang und möglichst waagrecht auszustrecken, den Kopf nur ganz wenig erhöht, *oder* in einen bequemen Sessel sich aufrecht, also mit geradem Rückgrat, hinsetzen. In beiden Fällen völlig entspannen, an nichts als an die Übung denken.

Es gibt manche Dinge, die unerklärbar scheinen oder absolut mysteriös. Sie sind es nicht — für den Eingeweihten oder für den Unterrichteten. Wir spielen hier — wie immer — mit offenen Karten.

Hier also die Vor-Erklärung, warum die folgende Übung so auffällige Wirkung hat, und warum sie diese Wirkung haben muß. Wir haben fünf Vokale: a, e, i, o, u, oder in anderer Reihenfolge: i, e, o, u, a, im Hebräischen der (unaussprechliche) Name Gottes: *Je(h)ova* = Jehova (im Hebräischen ohne Konsonanten) Mit diesen fünf Vokalen arbeiten wir.

Dabei haben wir — wir besprechen hier ja nur die Anfangsgründe der später ausführlicher erläuterten Übung — zu beachten, daß wir uns *nacheinander* die Vokale *vorzustellen* haben, also erst a, dann e, usf., und daß wir die Vokale „in die Füße sprechen".

Wir beginnen mit dem Buchstaben a, wir formen in unserer geistigen Vorstellung auch den (kleinen) Buchstaben

„a", und denken ihn je etwa zwanzigmal in nachstehende Fußteile: die vordere Sohle (also unterhalb der Zehen, bis etwa zur Mitte), die hintere Sohle (unterhalb der Ferse, aber *nicht* in den Knöchel hinein — (der kommt später daran), der vordere Oberfuß bis zum Spann, der restliche Fuß, soweit der den Knöchel umhüllt, und jetzt erst den *inneren* Knöchel.

Dasselbe wiederholen wir mit den Buchstaben (Vokalen) e, i, o und u.

Wir haben nun zwei Füße, und wem es nicht möglich ist, die Vokale *zugleich* in den rechten und linken (entsprechenden) Fußteil zu „sprechen". der tue das hintereinander, also erst den vorgestellten Buchstaben in den linken Fußteil, dann in den rechten Fußteil sprechen (aber nur dann, wenn man sich nicht daran gewöhnen kann, beide Füße gleichzeitig anzusprechen).

Sie beginnen mit dieser Übung (die an jedem Tag zu einer immer wiederkehrenden Stunde vorgenommen wird) für die Dauer von 10 Minuten, gehen dann bis auf 15 und 20 Minuten über.

Beachten Sie, bitte, falls Sie die vorgeschriebenen Grundregeln streng beachten, was etwa nach einigen Tagen geschieht. Wir können es unbeschadet schon jetzt verraten (im allgemeinen vermeiden wir die etwa suggestiv wirken könnenden Voraussagen): Sie werden erstens mit Ihren Gedanken völlig von der Außenwelt abgezogen, und Sie werden zweitens nach einigen Tagen (das hängt von Umständen und Konstitution ab) eine Art Schlafgefühl feststellen, das jedoch — falls Sie beachtet haben, frisch ans Werk zu gehen — der Beginn eines tranceartigen Zustandes ist. Von dem aus können Sie die Folgeerscheinungen dieser Grundübung autosuggestiv steuern. So — auch auf anderen Wegen — beginnen metaphysische Übungen.

VII *Modell einer Einweihung ohne Verschleierung*

Nachdem die vorstehenden Abschnitte dem freundlichen Leser einen Einblick gegeben haben in die Vielseitigkeit des zur Behandlung stehenden Stoffes — und dies in kurzen, wie wir hoffen prägnanten Absätzen — wollen wir hier *der Reihe nach* aufzählen, was den Leser im folgenden erwartet:

Unser erklärtes Ziel ist die Darlegung eines jedermann möglichen Übungsganges, der die Seelentiefen zu dem Zweck erschließt, dem Übenden den *Blick in geistige* und *seelische* Weiten und Welten zu ermöglichen. Unser Übungsprogramm ist so gehalten, daß erstens jedermann mit gutem Willen und Geduld in den Genuß der Eröffnungen — um nicht zu sagen: Einweihungen — gelangt, und daß zweitens *mehrere* Wege zum Ziel gezeigt werden, so daß jeder sich ihm gemäße Übungsrituale heraussuchen und mit ihnen arbeiten kann. Wir wollen hierbei nicht verschweigen, daß wir „die ganze geheime Welt" bemüht haben, das heißt, daß wir nicht die Mühe scheuten, neben unserem eigenen System — der Douval'schen Schule — auch die begehrtesten Geheimlehrsysteme der Welt hier zusammenzustellen.

„Wer vieles bringt, wird jedem etwas bringen", sagt Goethe, und wir meinen, nirgends ist diese Auswahl — die Wahl — *Möglichkeit* — notwendiger als auf einem Gebiet, das mindestens zu einem Teil noch umstritten ist (von einem bestimmten Teil der herrschenden Wissenschaften), und das zudem für manchen unter uns von schicksal- und lebenentscheidender Bedeutung sein dürfte, ganz sicher aber für Glück und Unglück eines Lebensweges, für ein volles und erfülltes oder für ein namenloses, resignierendes Geschick.

Diesem Programm gemäß — und unserer höheren Zielsetzung entsprechend — wollen wir uns künftig mit unleugbaren Negativismen *nicht* beschäftigen — wir meinen, es genügt, was auf den vorstehenden Blättern verzeichnet steht. Wer sucht, wird in der Tagespresse jeden Tag neue Beweise für unsere Darstellung des Negativen finden. Wir wollen im Gegenteil jede folgende Seite verwenden, *Positives* zu bringen, etwas, das uns alle voranbringt, und das uns so manche Welträtsel und psychische Dunkelheiten entschleiert. Vergessen wir niemals, daß die größten Entdeckungen, die dem Menschen bevorstehen, auf dem Gebiet der Seelenforschung zu machen sein werden — und daß jeder unserer Schritte in dieser Richtung die Bahn mit freilegen hilft — um einer glücklicheren Zukunft, einer besseren Welt willen.

VIII *Das Modell — übersichtlich, kurz, informativ*

Da wir — nach den vorangegangenen Worten — die Seelentiefe ausloten wollen — als Vorbereitung der dann folgenden Exerzitien — müssen wir, wollen wir ganz aufrichtig sein und keine Lücken lassen, einen Weg gehen, der uns unmißverständlich sagt:

Was eigentlich ist die Seele?

Darauf muß folgen die Aufklärung darüber — als Summa summarum aller zusammengetragenen Fakten —,

Mit welchen Kräften und Seelenschichten haben wir zu tun?

Und, drittens,

Wie sind die Stationen des Weges, den wir zurückzulegen haben?

Erst dann sind wir, solchermaßen über die Grundlagen gründlich und instruktiv belehrt, fähig, zu beurteilen, was wir anstreben:

Was ist Bewußtseinserweiterung?

muß also das Folgekapitel heißen.

Und dieses Kapitel soll uns mitten hineinführen in die Welt der Bilder, Gestalten, Situationen, herrlichen und bedrohenden Erlebnisse (das wir die letzteren beiseite zu lassen haben, sagten wir wohl schon. Im Besitz unserer Willenskraft und unser Ziel vor Augen, bereitet das einem gesunden Menschen keinerlei Schwierigkeiten). Erst nach allen diesen Eröffnungen sind Geist und Seele geöffnet, um die Übungssysteme zu erfassen, die uns die geschilderten

Welten — und mehr noch: *ihre Kräfte!* — schenken sollen und wollen. Deshalb heißt der nachfolgende Teil

Praktiken der Bewußtseins-Erweiterung

Wir stellen hier, wie schon gesagt, von vier Kontinenten die *Essenz* lange gehüteter Geheimlehren zusammen, in die Sprache unserer Zeit geprägt, ohne Tabus, ohne moralisierende Tendenzen, und — wie wir hoffen, — schon garnicht mit lehrhaft erhobenem Zeigefinger (das ist auch uns in der Seele verhaßt).

Dieser Band ist in zwei Bücher geteilt. Das erste Buch umfaßt die vorgenannten Abschnitte, das zweite Buch ist der reinen Praxis allein gewidmet, einem Weg, wie er gegangen worden ist, mit allen Eröffnungen und Wegweisungen, wie sie in weltabgezogenen Zuständen von archetypischen Kräften sozusagen vorgesprochen wurden. Wir haben — abgesehen vom rein Sprachlichen — so gut wie nichts geändert, damit jemand die Ursprache vernehme, wie sie dem Suchenden offenbar wird.

Was eigentlich ist die Seele, mit welchen Kräften und Seelenschichten haben wir zu tun?

IX Die Entwicklung des Menschen und seiner geistig-seelischen Kräfte

> *„... Besteht der Kulturprozeß in einer fortschreitenden Bändigung des animalischen (tierischen) im Menschen; es ist ein Domestikationsgesetz (Unterwerfungsgesetz), der nicht ohne Empörung der Seiten der freiheitsdurstigen Tiernatur durchgeführt wird."*
> C. G. Jung

Es wäre naheliegend, wenn wir uns auf die großen alten Magier beziehen würden, um von den Tatsächlichkeiten und Rätseln der Seele zu sprechen.

Tatsächlich aber sprechen wir zu heutigen Menschen, denen mindestens der Glaube etwas Absurdes ist. Noch mehr würden sie die alten Wahrheiten in der alten Schale abstoßen.

Deshalb sprechen wir in der Sprache der Zeit und manchmal mit den Worten unserer großen Psychologen und Psychiater (die Meister kommen noch früh genug zu Wort). Selbstverständlich ziehen wir jeweils sofort Nutzanwendung aus dem Gesagten und stellen unsere Vergleiche an. Wir werden noch erkennen, daß der Standpunkt außerordentlich wichtig ist.

Wir wollen jetzt schon im Voraus bemerken, daß es erstaunlich ist, in wie hohem Maße sich die modernen Fachgelehrten dem ausgesprochen *magischen* Standpunkt nähern, also von den seit Jahrtausenden als Geheimlehre verbreiteten Tatsachen sprechen.

Da wir uns hier nicht mit Anthropologie und auch nicht mit der Stammesgeschichte der Menschen beschäftigen, lassen wir die Frage offen, welchem biologischen Stamm der Mensch — der Urmensch — seine Entstehung und erste Entwicklung verdankt.

Gewiß ist, daß der Mensch eine recht lange Entwicklung hinter sich hat, die sich über sehr lange Zeiträume erstreckt. Selbst einige teilweise hypothetische vergangene Kulturen eingerechnet, erstreckt sich die Lebenszeit des Menschen — wie er sich uns etwa heute darbietet — über kaum mehr als 8 bis 10 Tausend Jahre.

Seine *Prägung* aber hat er weit früher erhalten, jene Prägung, die noch heute seine — von innen her — schicksalgestaltenden Kräfte ausmachen, nämlich seine unter- und tiefenpsychologischen Schichten. Obwohl man heute theoretisch Leben künstlich — primitive Einzeller — erzeugen kann, und die Zusammensetzung des Urlebens kennt, ist es bis heute nicht gelungen, mehrzelliges Leben künstlich zu erzeugen. Hinter allem Leben steckt ein Geheimnis, das nicht erst im Menschen offenbar wird, wenn es auch hier am klarsten geprägt ist. Eben weil sich das Wesen Mensch von allen anderen biologischen Arten himmel- oder höllenweit unterscheidet.

Sicher jedoch ist, daß die Kräfte, die Leben erzeugten, und die man den Lebensfunken oder Schöpfungskern nennen könnte — denn dieser Funke kann, wie der Mensch, mächtig aufflackern, jedoch auch den irdischen Tod erleiden —, daß also dieser Lebenskern aus noch unbekannter — oder doch nicht eindeutig identifizierbarer — Quelle kam. Die Theologen, Magier und Mystiker sprechen beim Menschen von seinem göttlichen inspirierten Lebenskern- oder Funken.

Um *den Lebenskern* rankten sich von Urbeginn an als Erfahrungs-, Erlebens- und Erleidensgut vielfache Schichten, angefangen von den primitiven Regungen, die sich auf Lebens- und Arterhaltung beschränkten, bis zu komplizierteren, qualitativ bedeutsameren Speicherungen um den Seelenkern herum (dies ist irdisch-bildhaft und möglichst allgemeinverständlich ausgedrückt — in Wahrheit sind die Tatsachen ein wenig verwickelter — wir werden sie aus den kommenden Erfahrungen näher kennenlernen).

Diese Speicherungen oder Schichten wurden von jeweils neuen Schichten überlagert (wenn man nur bedenkt, daß der Mensch vom Baum- und Höhlenmenschen zum Jäger und Gejagten wurde, kann man sich die Fülle von Erlebnissen und Schrecknissen in einer weitaus katastrophaleren Umwelt als heute gut vorstellen). Heute jedenfalls können wir einige Grundschichten recht gut erkennen, beschreiben und deuten. Angefangen beim Lebensfunken oder Schöpfungskern bis zu den „höchsten" (neuesten) Schichten des unterbewußten mentalen und seelischen Lebens (wir unterscheiden grundsätzlich zwischen dem irdischen Verstand, Intellekt genannt, und dem „kosmisch mentalen" Geistfunken) handelt es sich um Dinge, die sein Grundwesen ausmachen. Allem übergeordnet ist des Menschen Intellekt oder das Wachbewußtsein. Seinem Bestand ist es zu danken, daß wir vom Unbewußten so wenig wissen.

Die Prädisposition eines Menschen besteht sowohl in dem, was er seit den Uranfängen der Menschheit, ja des Lebens überhaupt, aufgenommen hat, als auch in den Wirkkräften, die er in den vorausgegangenen Generationen seiner Vorfahren gespeichert hat. Ergänzt wird diese Prädisposition durch seine eigenen Erfahrungen, die im *Mutterleib* beginnen — und schon da stärkste „Engramme" (Seelennarben) schufen —, von stärkster Intensität (und für das ganze Leben ausschlaggebend) im 3. und 4. Lebensjahr gebildet werden. Was danach aufgepfropft wird, ist weitgehend sekundärer Art.

„Die Krisis des Menschen — meist ist sie verdeckt — ist ein Charakteristikum des Menschen. Wir werden noch sehen, was geschieht, wenn er aufbegehrt, also nicht sich fügt." C. G. Jung

X *Der ewige Zwiespalt der Seele*

> *„Von Zeit zu Zeit geht es wie ein Rausch durch die in den Kulturzwang sich hineinschraubende Menschheit: das Altertum hat es erlebt in der aus dem Osten heranbrandenden Welle der dionysischen Orgien, welche zum wesentlichen und charakteristischen Bestandteil antiker Kultur wurden."*

Dazu haben wir nur zu bemerken: Wie eine solche Riesen-Welle auch heute in die Kulturwelt brandet, und wie sie vor und während des zweiten Weltkrieges ebenfalls die Menschheit heimsuchte. Der Dämon — der diese Krisen auslöst — ist *in jedes Menschen Brust* eingeschlossen. Wo er durch einen Wortführer — der sich über die Masse schwingt — sich durchsetzt, sammelt er die verzückten Scharen um sich, und — nach seinem Gesetz — zerstört, was in seinen Anziehungsbereich gelangt. Erkannt wird er erst nach seiner Vernichtung.

Halten wir fest in einer Übersicht, was wir im vorstehenden Abschnitt ausführten:

Zunächst ist da der Lebens- oder Schöpfungskern
Um ihn sammeln sich die ersten Urlebensschichten
Weitere Schichten kommen hinzu durch
indirekte Erfahrungen im Mutterleib
durch die Erlebnisse — Eindrücke — der ersten Lebensjahre

Danach erst beginnen sich jene Schichten zu bilden, die — jüngsten Datums — eigenem Verhalten, eigenem Erleben und Reagieren zu danken sind
Es handelt sich — anders ausgedrückt — um gespeicherte Reaktionen, Emotionen — die entsprechend dem Typus zum Schema werden können —, Aggressionen und verdrängte Agressionen, Freuden, Schmerzen, Enttäuschungen, aber auch Erfolgs- und Glückserlebnisse, kurz: um alle jene niedergeschlagenen (in der Seele wohl fundierten) Einflüsse, die zu Lebzeiten wirksam sind: angefangen von der Kindheit, über Pubertät (mit oft recht tiefen Prägungen und Wegstellungen), Ausbildung, Berufsleben, Ehe, Elternschaft, Pflichten — oder ihre Flucht davor —, Mitte des Lebens, Abstieg, bis zum Ende eines vollen Menschenalters — wenn keine Katastrophen es vorzeitig beendeten.

Wenn wir von sekundärer Art der individuell-subjektiven — bewußten — Erfahrungen sprechen, dann meinen wir damit, daß die Prädispositionen — die auch von Rasse, Volk ausgehen — und die Urbiologischen Reaktionen und Handlungen und Emotionen als übermenschliche Erfahrungen vorherrschend das kommende Geschick des Individuums bestimmen.

„Eine zweite Welle dionysischen Freiheitsrausches ging in der Renaissance durch die abendländische Welt".

C. G. Jung

Auch hier sind die unterbewußten Kräfte — mächtiger als die hohe Kultur jener Zeit, die uns Jacob Burckhardt in seiner „Kultur der Renaissance" in so lebendigen, prächtigen Farben nahebrachte — hervorgebrochen, drohten, eine neu erstandene Welt zu zerbrechen. An anderer Stelle sagt C. G. Jung zu diesem Thema: „Wir wissen heutzutage, daß es keineswegs immer die Triebnatur ist, welche mit der Kultur uneins ist, sondern vielfach sind es auch *neue Ideen*, die aus dem Unbewußten zum Tageslicht drängen und ebenso mit der herrschenden Kultur in Zwiespalt geraten wie die Triebe." Ein Einbruch aus den unterbewußten Sphären nach außen muß — gerade im Wechselspiel von Auf und Ab des Lebens im Großen und im Kleinen — also von furchtbarer Gewalt sein.

Die andere Seite der Münze lehrt uns freilich, daß *auch ein Einfluß* auf diese Sphären von revolutionierender Art sein muß. Und das ist in der Tat der Fall.

Genau so wichtig und einflußstark ist alles das, was wir — einschließlich Kindheit und Heranwachsen — als Erstrangigkeit (Priorität) im Leben bezeichnen. Um die Bedeutung dieser Vorrangigkeit zu illustrieren, sei ein kurzes Beispiel genannt:

Ein Kind, das in einem reichen Hause aufwächst, umgeben von Sicherheit, Wohlleben, guten Sitten und bester Erziehung, von Reichtum und Erfolg, bringt eine ganz andere Prädisposition mit für sein Leben, als etwa der in ärmlichsten Verhältnissen aufgewachsene Arbeitersohn (früherer Jahrzehnte, heute gilt dieses Beispiel durchaus nicht mehr in jedem Falle). Gewöhnlich, heißt es, „fällt der Apfel nicht weit vom Stamm", doch ein Sturm kann ihn fortwirbeln: und der von Stufe zu Stufe sich empor kämpfende „Selfmademan" ist ein bekanntes Beispiel, was trotz widriger Umstände *heute* ein Mensch aus seinem Leben machen kann.

Der homo faber, der technisch-wissenschaftliche Mensch unserer Zeit, baut auf dem homo sapiens auf, dem verstandesbetonten Menschen, der seiner selbst bewußt war, und der in sein eigenes Schicksal und in das anderer Menschen nach Maßgabe seiner Prädisposition und der von ihm selbst entwickelten Fähigkeiten korrigierend-bestimmend eingreift: Er wurde wie Gott!

Die dem Verstandeswissen nächstgelegene Schicht des

Unterbewußtseins — nicht die Schicht des homo faber — ist beispielsweise die Welt, die wir im Traum erleben können, teilweise in Bildern und Formen, die oft an Plastizität, Lebendigkeit, Stärke und Farbigkeit das wirkliche Leben übertreffen. Ein Hinweis auf Erlebnisse mit Drogen.

XI *Erbarmungsloser Kampf zwischen „Oberwelt"*
   und „Unterwelt"

> „Es wird sich vielleicht noch herausstellen,
> daß das Politische (das Bewegende
> unserer Tage, von dem die
> „sexuelle Frage" ein Vorspiel ist)
> nur ein Vorläufer einer noch viel tiefer
> gehenden religiösen Erschütterung ist."
> C. G .Jung, Bewußtes und Unbewußtes

Wir sind uns in etwa über den Aufbau der geistig-seelischen Persönlichkeit des Menschen klargeworden.

Wir bemerken hierbei, einen wie geringen Raum der physische Teil des Menschen, sein Körper, einnimmt, der beim durchgeistigten Menschen tatsächlich nur die Rolle des für seine Aufgabe sorgsam gepflegten „Geistträgers" zugewiesen erhält, im übrigen aber durchaus diszipliniert ist, das heißt, der Herrschaft des Geist- und Willensmäßigen absolut untersteht.

Es fällt uns nun die Aufgabe zu — sonst können wir nicht abschließend urteilen —, einmal kurz-rückblickend zu veranschaulichen, wie dieser „unbewußte seelisch-mentale Körper" des Menschen in den letzten hundert Jahren interpretiert wurde.

Wir wollen von dem Ausgangspunkt moderner seelischer Therapie der Nancyer Schule Coué's absehen.

Wir wenden uns der dominierenden Gestalt Freud's zu, der alle seelische Regung und Tätigkeit (Ursache und Wirkung) als physische Komponente (Emanation) ansah, die hauptsächlich, ja, ausschließlich der Libido (der sexuellen Triebkraft) gehorchte.

Von diesem Standpunkt aus erforschte Freud (Psychoanalyse) alle seelisch-geistigen Erkrankungen, besonders Neurosen, von hier aus *heilte* er, und zwar zum Teil recht erfolgreich, zunächst unter Zuhilfenahme der aus Nancy übernommenen Hypnose. Später verzichtete er auf sie ganz und beschränkte sich auf die von ihm begründete Psychoanalyse (Motto: Bewußtwerdung eines Konflikts heilt es). War bei Freud alles seelisch Normale und gestörte psychische Verhalten Ausfluß der Libido (desgleichen bei seinem Mitarbeiter Breuer), warf sein Schüler Adler sein Hauptaugenmerk auf den Machttrieb des Menschen (Motto und Begründung: Herdenmensch, Herrschaft des Leittiers, des Häuptlings, des Sippenoberhauptes: Macht).

Wir sehen deutlich, daß bei diesen ersten Hauptrichtungen der Psychologie (Psychoanalyse) seelische Regungen (gleich ob gesunder oder krankhafter Art) Emanationen des Physischen waren — in Wahrheit war also von Psychologie (Seelenkunde) keine Rede. Hunger und Liebe, diese Ur-Beweg- und Triebgründe der ersten Menschen, standen bei diesen ersten Hauptästen der Psychoanalyse Pate.

„Lassen wir diese harmlosen Menschen (den Durchschnittsmenschen) aber *Masse* bilden, so entsteht daraus gegebenenfalls ein delirierendes Ungeheuer . . . (das nichts weiter wünscht) . . . als den Blutrausch der Bestie mitzumachen und sie sogar nach Kräften zu unterstützen . . . "

C. G. Jung

Und weiter sagt derselbe Autor: „Dieser Körper ist ein Tier mit einer Tierseele, das heißt ein dem Trieb unbedingt gehorchendes, lebendes System".

Aus jüngster Geschichtserfahrung wissen wir, und die Jetztzeit belehrt uns täglich darüber, wie sehr recht der

Schweizer Psychiater mit seiner — damals noch — Voraussage hatte und hat.

Bevor wir auf die unterbewußten, dunklen Kräfte des Menschen und seiner Seele weiter eingehen, wollen wir hier anmerken, daß Jung schon von seiner „Seele" spricht — wenn auch oben von einer „Tierseele" (daß sie — mindestens — die Grundlage der später gebildeten Menschenseele sei, erwähnt er hierbei nicht).

Jung hat — und darin ist er der große Fortführer der Psychoanalyse — die Komplexe Psychologie geschaffen, deren Erfolge unbestritten sind, und deren Ruhm nach dem Tode des großen Gelehrten noch gestiegen ist.

Im Mittelpunkt Jungscher Psychologie steht die Lehre von den archetypischen Kräften, mit denen wir uns im kommenden Abschnitt zu beschäftigen haben. Dies ist einer der Gründe, warum wir den gewiß modernen und zeitgemäßen Gelehrten zu Worte kommen lassen. Der andere Grund ist, daß wir bei Jung zuerst von Seele, von Individuation und von den Archetypen hören, die diesen Individuationsweg (lies: Reifungsprozeß zum Idealmenschen hin) begleiten, vorwiegend in Traumgesichten.

Wir haben, diesen Gedanken fortführend — und aufgrund neuester teils eigener, teils fremder Forschungen und Experimente — die souveräne, universale, unsterbliche Seele — wie sie in allen Weltreligionen erscheint — proklamiert und seit Jahrzehnten vertreten. Wir glauben nicht nur, wir *wissen*, daß die Seele ein durchaus unabhängiges, selbständiges Wesen ist, das einer anderen Welt zugehört, und sich nur vorübergehend des menschlichen Körpers bedient, um — sprechen wir es mit Jungs Worten aus — den Individuationsprozeß durchzumachen.

Das heißt nicht mehr und nicht weniger, als eine neue Fazette im Riesenkristall der Kosmischen Seele (des „Allgeistes" sagt ein griechischer Philosoph) zu werden.

Ein ganzer Mann weiß, sagt Jung, daß auch sein bitterster Gegner, ja, eine ganze Anzahl von ihnen, den einen schlimmsten Widerpart nicht aufwiegt, nämlich den eigenen „anderen", der „im eigenen Busen wohnt".

Und hier werden jetzt Sinn, Aufgabe und Ziel dieser unter auffälligen Anzeichen zustande gekommenen Arbeit klar:

Wir wissen jetzt

    daß der Mensch fortwährend mit der Bändigung seines Animalischen zu tun hat

    daß auf Kulturepochen Wellen des Rausches und der Zerstörung durch die Welt gehen

    daß der Rausch durchaus verbunden sein kann mit neuen Ideen, die gegen die göttliche Ordnung anbranden

    „daß der Mensch eine Schattenseite hat, welche nicht nur aus kleinen Schwächen und Schönheitsfehlern besteht, sondern aus einer geradezu dämonischen Dynamik" (Jung)

    daß aus harmlosen Durchschnittsmenschen — überall in der Welt, denn die archetypischen Kräfte sind bei allen Völkern und Rassen gleich —, sobald sie Masse bilden, Ungeheuer werden können, die den Blutrausch einer dämonischen Bestie mitmachen und sie nach Kräften unterstützen

    daß der Sturz bisheriger Götter ein Vakuum schafft, daß nur durch zerstörerische Kräfte oder durch den Glauben an ewige Wahrheiten erfüllt werden kann: das erste allen zum Verderben, das zweite jedem einzelnen und der Gesamtheit zum Segen

Aus allen diesen Gründen sind wir vorweg den „Pfad" gegangen, um Nachfolgenden sagen zu können, was dem also Wandernden geschieht und zu welchem Ziele er kommt.

Wir sind sicher, daß es nicht uninterressant ist, zu erfahren, auf welche Weise letzte Erkenntnisse — die letzten Endes Anstoß waren für den Pfad — in uns sich entwickelten, und darum unterbreiten wir — so weit wie möglich — aber auch so gedrängt wie irgend zu verantworten, das gesamte Seelenpanorama vor den Augen des Lesers, damit er auf gleichem Fundamente sicher *seinen* Weg gehe.

XII *Kräfte und Welten der Seele*
    *Mit welchen Kräften und Seelenschichten haben wir
    zu tun?*

„In Wirklichkeit ist die menschliche Natur die Trägerin eines grausamen und endlosen Kampfes zwischen dem Prinzip des Ich und dem Prinzip des Triebes: Das Ich ganz Schranke, der Trieb grenzenlos — und beide Prinzipien mit gleicher Macht", sagt C. G. Jung.

Die folgenden Seiten werden uns beweisen, wie sehr recht der Gelehrte mit dieser Feststellung hat.

Wäre die Seele ein Gefäß, versiegelt, das man mit einem geheimen Schlüssel öffnen könnte, dann sähe man etwa folgendes recht chaotisches Bild, vorausgesetzt, man „sähe" auch recht, was man vor Augen hat. Das setzt voraus, daß man den Inhalt teilt, ordnet, katalogisiert. Das alles wäre so ungefähr das letzte, was wir hier — weil allzu lehrhaft — zu tun gedenken. Doch einen ungefähren Überblick möchten wir zu Beginn dieses Abschnitts geben, denn nach unserer Erfahrung ist man in jedem Falle sicherer, wenn man weiß, was einen erwartet.

Man stelle sich „Bilder" in allen möglichen Formen der Lebendigkeit oder der Latenz vor, also solche, die vor Vitalität empor- und herausquellen wollen, andere, die erst „halb" leben, andere, die völlig reglos, wie „tot" sich zur Schau stellen. Dazu kommen in dreidimensionale Panoramen geprägte Situationen jeglicher Art, also, freudige, erschreckende, entsetzliche: Grundsituationen, die vom Urmenschen an hier gespeichert sind. Und da sind vor allem

Datum: 23.3.86

Exem.	Best.-Nr.	Verfasser	Titel	Preis
1	3-924624-19-4	H. Harrer	Thangka Kalender 86	39.80
1	14013	William S. Burroughs	Dead roads	12.80
			Kalender knickfest verpacken!	

Bestellung erfolgt ☐ Bank ☐ mit beigelegtem Scheck ☒ per Nachnahme
per Vorauskasse ☐ Postscheckamt München Nr. 325200 - 806

Ich interessiere mich für folgende Wissensgebiete:

- ☐ Astrologie
- ☐ Esoterische Schulen
- ☐ Magie
- ☒ Mystik, Christliche Musik
- ☐ Informationen über Abendkurse, Gruppen und Seminare
- ☐ Naturheilkunde
- ☒ Östliche Weisheit
- ☐ Kabbala, Tarot, Zahlenmagie
- ☒ Gesamtliste
- ☐ New Age Musik
- ☐ Naturkosmetik

Peter Hörth
Electronic-Techniker
Neuäckerstr. 3 · Tel. 07223 / 24914
7580 Bühl-Vimbuch

Antwortkarte

URANIA VERSAND
Rudolf-Diesel-Ring 26

D-8029 Sauerlach

— ebenfalls in den verschiedenen Übergängen von „Fast-Tod", zum „Halb-Leben" bis zur turbulenten Aktivität, — Kräfte, die sich mit aller Gewalt — so oder so — Befreiung verschaffen wollen.

Zu diesen auffälligen, oft bestürzenden, manchmal beglückenden Gestalten oder Bildern von äußerster Plastizität kommen noch die, sagen wir: in Teil-Iche gefaßten Mächte, von denen jedes eine bestimmte Kraft, einen Trieb, einen Wunsch, Erlebnissummen und anderes, das unserem Wesen — in welcher Potenz auch immer — zugehört, deren Summe, kurz gesagt, unser verborgenes Gesamt-Ich ausmacht, ein Gesamt-Ich, das mit den anderen genannten Kräften und Situationen und Hoffnungen und Resignationen in verschiedene Schichten angeordnet ist, einmal nach dem Grad der „Lebendigkeit", also der Aktivität, zum anderen nach der Nähe oder Ferne — oder der Gewalt — des Phänomens.

Wir wiederholen kurz: In den verschiedenen Schichtungen unserer Seele — in den meisten Fällen unerkannt, sich aber je nach Stärkegrad bemerkbar machend — harren die unbewußten, unterbewußten und tiefenseelischen Mächte, um sich *zu aktivieren* nach gegebenen Anlässen — die von uns selbst, also von innen kommen, oder durch äußeren Anstoß — Suggestionen z. B. oder Ideen — „belebt" werden können.

Wieder anders ausgedrückt, und immer möglichst nicht mit dem Vokabular der Fachliteratur, wir tragen unbewußt eine Last mit uns herum, die aus mehr oder minder starken Kräften und Grundsituationen, in denen z. B. diese Kräfte „leben", bestehen.

Das, was hier ein paarmal summarisch ausgedrückt wurde, wird uns in den folgenden konkreten Angaben, den Präzisierungen, noch recht deutlich werden.

Wir würden unsere Aufgabe nicht ganz erfüllen, wenn

wir nicht auch noch von seelischen Kräften sprechen würden, die — während die obenangebenen Wirkmächte teils individuelle Erfahrungen, teiles kollektive Grunderlebnisse und -Begegnungen ausmachen — ausgesprochen Kollektiveigentum der Spezies Mensch sind. Das sind — tief verborgen — psychische Bilder oder Erlebnisse, die der ganzen Menschheit Gemeingut sind, deshalb, weil sie erstens Urerlebnisse der Menschen sind, und weil sich diese zweitens durch ihre dynamische Anschaulichkeit tief in der Menschenseele eingruben: das sind alle die Gestalten und Erlebnisse, die beispielsweise mit der Natur — wie Werden und Vergehen, Tag- und Nachthimmel, also Sonne, Mond und Sterne, Naturkatastrophen wie Sindfluten oder Erdbeben, Saat und Ernte, Jagd, Flucht und kriegerische Auseinandersetzungen — also mit der Natur und mit Grunderfahrungen und -Erlebnissen des Menschen ganz allgemein zusammenhängen. Der erwachenden Seele muß es wunderbar und rätselhaft vorgekommen sein, daß das Tagesgestirn, die Sonne, auf der einen Seite auf- und auf der anderen Seite unterging, usw.

Nichts ist natürlicher — wir können das täglich an uns selbst beobachten, — als solche dramatischen Naturereignisse in Verbindung zu bringen mit uns selbst (denn der Mittelpunkt des Alls sind immer — wenn wir ehrlich sind — wir selbst). Alle dramatischen Akzente des Lebens, unseres Urerlebens, und des Naturgeschehens, wurden notwendigerweise inbezug gesetzt mit den Regungen in unserer eigenen Seele. In dieser Spiegelung des außen in uns selbst wurden uns die Erlebnisse überhaupt erst faßbar — und wir gewannen daraus die Fähigkeit, sie zu verarbeiten, d. h. zu überleben.

Das, was der Mensch solcherart vor langen Zeiten „verarbeitete" — buchstäblich: in seine Seele einarbeitete —, wurde entweder zu Geschehnissen übersinnlicher Wesen oder — vor allem — personifiziert und übertragen auf den Menschen überlegene Wesenheiten. So entstanden die ersten Kulte, die Grundlagen der kommenden Religionen.

Der Leser hat sicherlich gut aufgemerkt bei dieser seelischen „Grundsteinlegung" (es kamen noch andere Bausteine der Erstzeit des Menschen hinzu: Hunger und Liebe, Furcht und Verderbnis, Glücks- und Unglücksserien in Kampf und Lebensunterhalt, übermächtige Gegner, Riesentiere etwa oder riesige, gewandtere Menschen): Der Urmensch verarbeitete — und arbeitete in seiner Seele ein das äußere Geschehen und die inneren Reaktionen: Bewunderung — von der Anbetung z. B. von Sonne und Mond nicht mehr weit entfernt —, Erschrecken, Furcht, Entsetzen, Erd- und andere Natur-Katastrophen usw. *Eines* erkannte er nicht, und es lag ihm auch gänzlich fern: die Erkenntnis, daß sein Körper, seine „Seele" — soviel er davon begriff — und sein Geist — der ihn so zu handeln vorwärtstrieb, daß die Umwelt, Himmel, Gebirge und Meer einen Herrn und Schöpfer „über" sich haben müssen — denn eines lehrt das Gesetz von der Erhaltung der Energie — eine der großartigsten Entdeckungen — ganz bestimmt: das Nichts aus Nichts nicht erstehen kann. Die ur-treibende Kraft war dem Urmenschen fremd — wir möchten hinzufügen, fast so fremd, wie dem heutigen modernen Menschen wieder, der über das geschilderte Seeleninnere noch nicht hinweggeschaut und nichts von dem vernommen hat, was auch über den genialsten Menschen hinausragt: das Ewige, Göttliche, das den Kosmos schuf und erhält — und alles, was darinnen ist. Aus dem Gesagten erhellt, daß des Menschen Seele einen Niederschlag enthält von dem, was er handelte, erlitt, erlebte. Wir sprechen später noch über die Grundfähigkeit der Seele — die ganz sicher weder dem Mond noch der Sonne zu danken ist —, die aufgenommenen Erfahrungskräfte zu personifizieren und sogar zu verlebendigen.

Und noch später werden wir die höchste Fähigkeit der Menschenseele erläutern und durch Exerzitien beweisen, nämlich ihre Fähigkeit, die Gottheit zu erfahren. Und an dieser Erfahrung selber zu wachsen. Über sein bisheriges Selbst hinaus.

XIII *Die Stationen des zurückzulegenden Weges*

Der vorangegangene, ganz allgemeinverständlich gehaltene Überblick hat uns, wie wir hoffen, gezeigt, mit welchen Kräften wir grundsätzlich im tiefenseelischen Bereich zu rechnen haben. Nehmen wir nun noch alle diese Emotionen — komprimiert — hinzu, die unser engstes und intimstes Leben ausmachen, haben wir das Panorama der Seele fast vollständig. Zu diesen subjektiv-kollektiven Grunderfahrungen und Gestalten gehören vor allem noch (wenn wir die ein wenig später zu besprechenden Sensationen abrechnen, die den erweiterten Umkreis unseres Lebens ausmachen) das Vater- und Mutterbild, der Kind-Archetypus, der weibliche Gegner in der Brust des Mannes, den Freud/Jung Anima, bei Frauen Animus (als *auch* vorhandener maskuliner Teil des Weiblichen) nannten, haben wir eine weitere Ergänzung vorgenommen.

Im übrigen ist die Seelensumme ja kein organisches Ganzes, sondern einem wogenden Meer vergleichbar (en miniature), das durcheinander wellt, einmal diese Woge hochhebt, einmal dort am Strand verebbt. Die Seele ist etwas Dynamisches, und vor allem, sie ist etwas, was grundsätzlich dem Einfluß des Trägers der Seele, dem Menschen, unterworfen ist (womit nicht gesagt sein soll, daß der Mensch zugleich Herr seiner Seelensubstanz ist — das kann er nur unter besonderen, zu schaffenden Bedingungen, zeitweise und begrenzt, werden). Eine sehr lange Zeit seiner Entwicklungsgeschichte hindurch war der Mensch Gewalten unterworfen, die sehr tief in seiner Seele wurzelten und auch noch heute sich geltend machen können, sowie kongeniale Situationen oder Kräfte sie aufrufen. Da war erst einmal der Clan, der größere Familienverband oder eine Gruppe, der ein Haupt (Häuptling) vorstand, und ein „Zauberer" (Medizinmann), der auch Herr über die Geheimlehre und damit über die Götter und ihre Helfer, die Dämonen und Naturgeister, war.

Jeder Clan hatte oft seinen eigenen Götzen, jeder Krieger, der bald eine Familie zu gründen beabsichtigte, hatte sein „Privat-Totem" (ein Tier zumeist).

Eine lange Zeit später wurden diese „magischen Gestalten" zu Haus-, Schloß- oder Familiengeistern, wie zum Exempel die Weiße Frau im Berliner Schloß, die den Hohenzollern kurz vor dem ersten Weltkrieg noch den Niedergang des Geschlechtes — und Verlust der Herrscherwürde — angesagt haben soll. Sie haben somit, verehrte Leserin, geschätzter Leser, eine Vorstellung dessen, was sich in vorgeschichtlicher und geschichtlicher Zeit in der Seele des Menschen an archetypischen Symbolen, Bildern und Gestalten angesammelt hat. Doch vergessen Sie hierbei nicht, nun noch die rein subjektiv-individuellen Empfindungen, wie Liebe (Libido, Amor, Psyche, Eros), Haß, Machttrieb, Gier, auch Mordgier, in die Seelenunbewußtheit zu versenken, um den Gesamtinhalt einigermaßen zu komplettieren, denn — wir sagten es schon — die Seelentiefe ist etwas Nicht-Kompaktes, Dynamisches, ständigem Wechsel unterworfen, immer wieder neuen Eindrücken oder Schwierigkeiten aufgetan, jederzeit — um der Lebenserhaltung willen und aus Gründen geistiger Gesundheit — bereit, Unwillkommenes, Verdrängtes, aufzunehmen, bis eine (gelegenere) Zeit kommt, es aus der Tiefe hervorzuholen, wo es dann als physische Erkrankung mit seelischem Kern oder als Neurose oder ähnlichem in Erscheinung oder Wirksamkeit tritt.

Nachdem wir den Inhalt kennen, wenden wir uns nun der *Schichtung* zu. Dabei sind wir sicher, daß der aufmerksame Leser bereits in der Vorstellung der Kräfte und Grundsituationen erkannt hat, welche Urerfahrungen des Menschen sich als *erstes* um den Seelenkern ranken (um uns bildhaft auszudrücken), und das sind ganz selbstverständlich alle Kräfte, die mit der Lebens- und Arterhaltung zusammenhängen und mit den Mächten, die diese beiden fundamental-wichtigen Zielsetzungen des Urmenschen wie des heutigen Menschen bedroht haben oder noch bedrohen. Die Mächte und Arten dieser Bedrohungen haben sich — seitdem sich Staaten als Schutz- und Hegverbände bildeten — gewandelt, doch die Gefährlichkeit dieser Bedrohung hat durchaus nicht nachgelassen, sie hat sich nur auf andere Geleise verschoben. Und hier haben wir nun schon einen neuen wichtigen Tatbestand unseres Traumlebens — das bei modernen Schwierigkeiten ungeschminkt mit fast schon vergessenen archetypischen Bildern — etwa aus der Welt des Urwalds oder des Gebirges, der See — antwortet, also entweder die Gefahr kompensiert oder auf sie aufmerksam macht; letzteres eben oft in grober, erschreckender Form, die vielleicht dem Übel nicht ganz angepaßt erscheint (Albdruck, von Alb — Trollgeist, Kobold, Schreckgeist).

Die ältesten Urerfahrungen der Menschheit, verwoben mit den ältesten kultischen Empfindungen, mit der damals viel engeren Bindung an engste Familie und erweiterte Familie (Stamm), Volk, und allen Erlebnissen und Gefährnissen, die etwa damit zusammenhängen. Nach und nach schließen sich dann — von der Alt- und Neusteinzeit (Neolithicum) angefangen bis zum Beginn der menschlich-geschichtlichen Aera — die Schichten an, die nach „außen" zu immer neuere Zeiträume umfassen. Man hüte sich jedoch davor, diese bildhafte Darstellung wörtlich zu nehmen: die Seele ist, denken wir stets daran, ein Ozean, der wohl glatt an der Oberfläche sein kann, aber Stürme und Orkane birgt, von denen die Geschichte berichtet.

XIV *Die Wegweiser*

Eine Erklärung darüber, was Diesseits und Jenseits ist, erübrigt sich; jedermann weiß, daß mit Jenseits das Reich der abgeschiedenen Seelen, das Reich der Götter und Dämonen, der Engel und Teufel, und das Reich des Ewigen zu verstehen ist — also Himmel oder Hölle. Diese Begriffe, die durch religiöse und kirchliche Einflüsse eine bestimmte Färbung haben, sind für uns nichts weiter als termini technici, also Hilfsmittel, mit denen wir etwas ausdrücken, was etwa man sich darunter vorzustellen habe. Daß es noch üblere Wesen als Teufel gibt, wird noch offenbar werden, doch ansonsten gelten weder die Vorstellungen, die bisher darunter verstanden wurden, noch meinen wir etwa irgendwelche jenseitigen geographischen Orte oder auch nur Abläufe nach irdischem Maß. Schon der Traum, eine Art Zwischenreich zwischen Diesseits und Jenseits, kann uns lehren, daß der Zeitbegriff relativ ist: im Traum kann eine durchlebte Minute uns nach dem Aufwachen vorkommen, als hätten wir mindestens die ganze Nacht geträumt.

Unklarer schon wird gewöhnlich das Zwischenreich — das Traumleben ist nur eine Nuancierung davon — verstanden oder interpretiert. Nüchtern und klar gesagt ist das Zwischenreich (das Wort Reich stammt noch aus der Zeit des Heiligen Römischen Reiches Deutscher Nation), ein Nebuloses zwischen dem Hier und dem Dort, zwischen dem Diesseits (also irdischen Leben) und dem Jenseits (also allem, was *nicht* dem irdischen Leben angehört und anderen Gesetzen unterliegt).

Geographisch, wie schon gesagt, kann man es nicht bestimmen, denn einmal liegen alle *drei* Möglichkeiten *in uns selber* — Diesseits, Zwischenreich und Jenseits —, und zum anderen „liegt" es — jedoch nicht im irdischen Sinne — außerhalb unserer Körperperipherie.

Verworren sind auch die Vorstellungen, *was* alles Zwischenreich und Jenseits belebt. Denn wir haben ja inzwischen erfahren, daß wir eine unbekannte Welt und unzählige unbekannte Kräfte in uns tragen, von denen man ein Großteil dem „Jenseits" zurechnet. (Denken wir an den ewigen Streit zwischen Spiritismus und Animismus, also außerhalb unserer existente Geister oder durch unsere Seelen, und andere Kräfte (wir sprechen noch von ihnen) bewirkte Manifestationen von Geistern oder ähnlichen Kräften.) Diese Frage wollen wir zunächst — das genügt für unsere Exerzitien — dahin klären, daß die Kräfte des Menschen (Ektoplasma, Mana usw.) und seiner Umwelt — das heißt: sympathisierender Kräfte — durchaus ausreichen, nahezu jede jenseitige, geistige Macht zu personifizieren und zu „verirdischen".

Von den Welten der Dahingeschiedenen — das ist der eigentliche Spiritismus — sprechen wir in dieser Arbeit nicht, weil wir uns dann zersplittern würden.

Ohnehin fordert der Stoff, der vor uns liegt, imgrunde nicht einen, sondern zehn Bände. Dadurch — durch diese Ausdehnung — würde die Anschaffung für Viele unerschwinglich werden, und wir bemühen uns deshalb, den außerordentlich vielgestaltigen und umfassenden Stoff konzentriert und mit allem Wichtigsten versehen darzubieten. Käme nun noch das Gebiet des Spiritismus hinzu, wäre es einfach unmöglich, mit einem Band — der aus bestimmten Gründen eine Notwendigkeit ist — auszukommen. Wir beschränken uns demnach ganz entschieden auf die gestellten Probleme, die im Grunde nur eines sind: Wie kann ich als Angehöriger des Diesseits die kosmische und geistige Weite des Jenseits — und den daraus resultierenden Gewinn für Bewußtsein und Geisteskraft und Macht — gewinnen.

Imgrunde könnte man die letztgenannte Forderung erfüllen, indem man „einfach" ein Übungsschema aufstellt und es jedem Interessierten in die Hand drückt. Wir wissen jedoch, daß davon niemand einen Gewinn hätte, ja, daß zweifellos das angestrebte Ziel *nicht* erreicht werden würde, wenn man nicht erfahren würde, mit welchen Tatsachen des Seelischen man zu rechnen hat und was uns auf dem „Pfade" erwartet.

Es ist jedoch wichtig für uns, zu wissen, um welche irdischen, zwischenweltlichen und jenseitigen Bereiche es sich handelt. Auch hier wollen wir unsere Vereinfachung anwenden, ohne im Augenblick daran zu denken, daß diese Ordnung — die wir hier nachfolgen lassen — ja nur ein Hilfsmittel für *uns* ist, um überhaupt zu verstehen, was vorgeht. Wir werden hierbei ja nicht vergessen, daß sich die Ebenen, von denen wir sprechen werden, „vermischen", durcheinanderwallen, kurz, überhaupt nicht gegeneinander abgegrenzt sind. Wenn wir mit diesen Vorbehalten an das Studium der nachfolgenden Übersicht gehen — wir werden eine besondere Seite hierfür verwenden, die folgende —, werden wir Gewinn hieraus ziehen. Wir sind Menschen, sprechen mit menschlicher Zunge, verwenden die irdische Sprache, und wenden irdisch-menschliche Begriffe und Ordnungselemente an. Alles dieses *müssen* wir nun einmal auf jenseitige uns oft verworren dünkende Phänomene und Personifikationen anwenden, um sie in den Griff unseres Geistes zu bekommen. Hier folgt nun erst einmal die Übersicht, unsere Kommentare werden hinterherhinken.

XV *Panorama der Welten und Kräfte*

	Kraftquelle	adäquate Bewußtseinslage
1 der irdische Körper die irdische Welt	irdische Kraft	Oberbewußtsein
2 Odkörper Pranawelt	Lebenskraft	Zwischen- bewußtsein Empfindungswelt
3 die Astralwelt Astralkörper	astraler Stoff	Unterbewußtsein (a)
4 Seelenkörper	psychischer Stoff	psychische Welt Unterbewußtsein (b)
5 menschlich- geistiger Körper (Geist — nicht im Sinne von Intellekt verstanden)	Mentalstoff (a)	die geistige Welt kollektives Unterbewußtsein (c)
6 kosmisch- geistiger Körper	höherer Mentalstoff (b)	Intuitionswelt (All-Bewußtsein)
7 Urlicht-Körper	Urkraft „Odem" „Licht" „Das Wort"	Urlicht-Welt Gottbewußtsein Seelenkern

Man erkennt aus dieser Aufstellung, daß die Bewußtseinsstufen gestaffelt sind (gegliedert in A, B und C). Desgleichen ist der Mentalstoff in zwei Ebenen (A und B) aufgeteilt, nämlich in einen dem Menschen näheren Mentalstoff und in einen kosmischen Mentalstoff, zu dem der Zutritt erst erarbeitet werden kann, wenn die vorangegangene Ebene beherrscht wird (und entwickelt ist — im Menschen). Selbstverständlich ist das Erklären komplizierter als das Erleben. Aber erleben kann man nun einmal leichter Phänomene, die man kennt, als wenn man „wie die Kuh vorm neuen Tore steht".

Die unterbewußten Bewußtseinsstufen gehen ineinander über, sie sind ebenfalls nicht scharf voneinander getrennt. Zwar sind die in ihnen tätigen Kräfte unterschiedlich und sich über- oder untergeordnet, aber man kann gleichwohl Kräfte aus C in B antreffen und umgekehrt. Doch die *Norm* sind solche Austausche nicht. Nur sind die Kräfte, von denen wir sprechen, recht eigenwillig, und kümmern sich den Kuckuck um unsere Ordnungseinrichtungen.

XVI *Wanderung im Seelenbereich*

Da die Systematisierung im seelischen Bereich wenig zweckvoll ist — jedenfalls nicht, was die spätere praktische Arbeit anlangt —, wollen wir die „terra incognita" betreten, indem wir uns einige Besonderheiten vor Augen führen. Gerade diese manchmal extremen Fälle illustrieren am besten, mit welchen Kräften — und Launen — wir im Seelendschungel zu tun haben.

Stürzt sich beispielsweise ein Mensch auf eine besondere Aufgabe — etwa vom Ehrgeiz getrieben —, bastelt sich ein besonderes Programm zusammen und gewinnt Anhänger in ständig wachsender Zahl, dann züchtet er in sich die adäquate archetypische Macht, die — indem sie verlebendigt und aktiviert wird: das geschieht sozusagen automatisch — nach und nach die Herrschaft über den betreffenden Menschen antritt: der Ehrgeizige, der sicherlich glaubt, der Herr zu sein, derjenige, der „die anderen" treibt, wird in Wahrheit selbst getrieben, und zwar von der Kraft, die er selber ins Leben — oder wachgerufen — hat. Die Zielsetzung dieses Menschen ist derart, daß es sich bei der archetypischen Kraft um einen brutalen Dämon handelt — und dieser Dämon wird nicht eher Ruhe geben, bis nicht „sein Herr" vernichtet zu seinen Füßen liegt.

Wir führen gerade dieses — oft zu belegende — Beispiel an, weil nämlich in solchen Fällen einmal der Zeitpunkt eintritt, wo der Ehrgeizige die Herrschaft abtritt, also die „Geister, die er rief, nicht mehr los wird", und weil weiterhin die Beispiele beliebig auf andere Leidenschaften oder

Laster auszudehnen sind. Die Triebkräfte sind von einem bestimmten Zeitpunkt an unterbewußter Art — wir sprechen hier noch nicht einmal von schwarzer Magie, d. h. von absichtlich zu dem gedachten Zweck belebten archetypischen Kräften —, und diese unterbewußte Strömung oder Kraft erhöht die Macht des Ehrgeizlings, bis zu dem Punkt, wo die Peripetie eintritt, d. h. die Wende, und wo alles, was der Betreffende tut, Sargnägel für seinen eigenen Sarg sind — nichts anderes. Die getäuschte Masse — seine Anhänger und Mitläufer — sind obendrein noch die mehr oder weniger schuldigen oder unschuldigen Opfer der dämonischen Kräfte von Mensch und Archetyp. (Archetypus bedeutet keine Personifizierung, sondern eine Typisierung, also etwas numinoses.)

Der sich eine Schwäche erlaubt — gleich, welcher Art, denken wir einmal an ein „harmloses" Halluzinogen —, gibt bald, sehr bald, die Herrschaft an den „zuständigen" Archetyp ab — und ist dann nur noch Sklave, der seinem Untergang zusteuert.

Aus dem Beispiel des Ehrgeizigen erhellt eines mit ganzer Deutlichkeit: er wirkt ansteckend, er wirkt wie eine Epidemie, die — fast — alles in seinem Umkreis infiziert.

Dämonische Archetypen sind also nicht nur eine Gefahr für den, der sie weckt — und alle menschenfeindlichen Triebe tun das! —, der sie weckt und ihr Sklave wird, sondern auch für diejenigen, die sich für immun hielten.

Wir können das Beispiel mit dem Ehrgeizigen — der bereit war, „über Leichen zu gehen" und es auch tat: bezeichnend für das Böse Prinzip des Archetyps — noch weiter ausspinnen:

Der Dämon hat verwandte Geister, die sich ihm zugesellen, und damit die Macht des negativen Helden vermehren. Noch mehr: jeder Dämon hat einen „Oberen", einen Götzen über sich. Der Götze verfügt über eine ganze Zahl von Dämonen (oder Archetypen:: der Name wechselt, das Faktum bleibt). Setzt er sich jetzt noch selbst ein, wächst die Macht des unseligen Menschen, sein Einfluß, der Umkreis, den er durch seine Taten erobert, die Massen, die ihm — jetzt noch — zujubeln. Ist aber die Zeit des Verfemten „herum", läßt ihn der Götze kaltlächelnd — soweit er zu lächeln fähig ist — fallen: das verhängte Schicksal, die Hybris, nehmen ihren Lauf, verrichten das ihnen gemäße Werk: die Vernichtung von „Gottähnlichem" und all seiner Fans.

Im Tiefenbewußtsein des Menschen schlummern Kräfte unseligster Art, so daß man ihm zurufen möchte: „Begehre nicht zu schauen, was die Götter verbergen in Nacht und Grauen" (abgewandeltes Schiller-Wort). Hier müßte es heißen: richte deine Taten auf Ziele, die allen Menschen neue Glücksmöglichkeiten bieten, aber laß die schwarzen Gedanken fallen, diese Gedanken werden sich bald gegen dich kehren!

Wir wissen, daß der menschliche Körper — mittels Impulsen — bewegt wird durch seine Nervensysteme. In direktem Kontakt mit den Nervensystemen stehen die Seelenhöhen und -tiefen. Die gegenseitige Wirkung aufeinander ist ja bekannt. Wie die Nervenzentren Mittler sind zwischen Körper und Handlung, so ist die Seele Mittler zwischen Körper und unterbewußte Kräfte. So hat sich ein Zwischenreich herausgebildet, gleichsam zwischen Diesseits und Jenseits, und die archetypischen Kräfte gleichen Wesen, die in beiden Gefilden zuhause sind (ihre weitaus größeren Fähigkeiten und Kräfte werden wir noch kennenlernen).

Man stelle sich einmal vor, was geschieht, wenn jemand mittels jenen Drogen, die man Halluzinogene oder Rauschgifte nennt, sich Zugang verschafft in die Gefilde der Archetypen — die Dämonen früherer Zeiten, anderer Kulturen —! Wenn er sozusagen mit einem Sprung sich über die verschiedenen Seelenschichten und Bewußtseinsebenen hinwegsetzt — und mitten in das Sammelsurium von Kräften aller Art — wir wissen ja, daß sie sich durchaus nicht an „ihre" Ebenen halten — hineinspringt, gleichsam von einer Minute zur anderen.

Da ist erstens der Schock, ein Trauma, das die Seele für immer erleidet. Dann sind da zweitens die „Umgebungen" der seelischen Bewohner, und ein Teil ihres Wesens, also Geräusche unbekannter, nie gehörter Art, Töne, die erst lieblich klingen wie tausend Aeolsharfen, Gestalten, die zuerst — sie tasten sich ja auch erst heran, um zu wissen, wess' Geistes Kind in ihrer Mitte weilt — lieblich scheinen, engelhaft, und alles Bösartige zunächst verstecken.

Denn darüber seien wir uns von Anbeginn klar: den Himmel erobert man mittels Drogen nicht!

So sind meistens die ersten Eindrücke nach Einnahme von Drogen und nach Beginn ihrer Wirksamkeit freundlicher Art (durchaus nicht immer). Beherrschen kann man diese Geister jedoch nicht, und die Hilfe der freundlichen Wesen — *sie* halten ganz gewiß Distanz zu psychodelisch Beeinflußten! — hat man weder erbeten noch gewonnen, noch wird man sie erhalten.

Und das ist die größte Gefahr bei jeder Verwendung von Halluzinogenen, mögen sie nun suchterzeugend sein oder nicht: man springt in einen Hexenkessel einander widerstreitender untergründiger Kräfte. Daß man ihnen — in der Norm, nicht immer — erliegt, ist nahezu selbstverständlich.

Nur, wer systematisch die Organe seines Körpers vorbereitet — vgl. später den Abschnitt „Bereitung" — und wer sich schult, den archaischen Kräften gegenüberzutreten (also keinen Schock erleidet, der von vornherein eine Domestikenrolle aufzwingt) — und derjenige, der in systematischen

Exerzitien den Geist gekräftigt hat, um den Wesen, die ihm begegnen, *überlegen* zu sein, nur der wird „das Reich erobern", in diesem Falle Einlaß erlangen in die bereits vorgestellten Sieben Welten — und dringt er so vorbereitet in die höchste und letzte Welt ein, die des göttlichen Lichts, hat er nicht nur den irdischen Kampf gewonnen, sondern auch die Ewigkeit dazu.

Bevor wir den später folgenden Übungsteil in Angriff nehmen, wollen wir uns auch noch klar werden über die Wirkungsweise und Wirkungskraft, die der Mensch von sich aus — also aus seiner Initiative heraus — auf die seelischen Tiefenbezirke nehmen kann, ebenso wie umgekehrt die Kräfte dieser Bezirke auf den physischen Menschen wirken.

Ein — nehmen wir an — ethisch-bedeutsamer Wunsch wird zum festen Ziel erwählt. Wir bedienen uns zu seiner Verwirklichung dreier Faktoren: Der Suggestionen — psychologisch richtig formuliert —, der Vorarbeiten und Vorbereitungen, zum Beispiel Studium bestimmter Bücher, und der direkten Verwirklichung, das heißt, wir stellen einen „Schrittmacher" auf, einen Stufenplan, der von Anfang bis zu Ende in möglichst kleinen Etappen unsere Zielsetzung nennt. (Die Suggestionen können, wie bekannt, auf Couèsche Art direkt vor dem Einschlafen und kurz nach dem Erwachen geflüstert oder gedacht oder von einem entsprechend besprochenen Tonband abgespielt werden.)

Aber ein Viertes kommt Ihnen jetzt zu Hilfe: die unterbewußten Kräfte (es muß nicht gleich der Geist aus der Flasche fahren oder beim Reiben von Aladins Wunderlampe „erscheinen") arbeiten mit im Sinne Ihres Vorhabens: Sie ziehen auf Ihren Weg, was Sie benötigen, sie wecken schlummernde Kräfte und Fähigkeiten in Ihnen, sie rufen die fördernden Menschen auf Ihren Weg, sie ebnen den Pfad auf ganz unerwartete Weise (und freilich erfüllen sie Ihren Wunsch ebenfalls oft auf unerwartete Weise).

Von der Wunscherfüllung ist nur ein Schritt bis zu der direkten Mithilfe eines Archetyps: dieser Schritt ist grundsätzlich *nicht* anders, nur die anzuwendenden Methoden sind es — und über *die* sprechen wir im Übungsteil.

Zum Abschluß dieses Abschnitts noch einige Novitäten, die zu wissen für uns wichtig ist:

Archetypische Kräfte sind stets bestrebt — vornehmlich bei desolaten Wünschen — die Herrschaft über den Wünschenden zu erlangen. Das geht soweit — diese Herrschsucht und Machtgier der Archetypen —, daß sie, wenn sie irgend können, den seelischen Körper aus dem Menschenleib verdrängen und *sich* an deren Stelle setzen. (Fälle von Besessenheit oder noch Schlimmerem.) Ein Schock — fast immer bei Rauschgifteinnahme — wird sehr oft von den Archetypen benutzt, den hilflosen Körper zu „erobern", das heißt, sich an Stelle der menschlichen Seele zu setzen. „Stimmen" sind meist Verlockungen zum Untergang und enden oft in schizophrenen Zuständen. Mit diesen oft lebenswichtigen Feststellungen leiten wir zum nächsten Abschnitt über.

Zweites Buch / Exerzitien zur Bewußtseins-Erweiterung

XVII *Fazit der bisherigen Feststellungen*

soweit sie für die Weiterentwicklung unseres Themas bedeutsam sind. Möglicherweise war der eine oder andere Leser der Ansicht — als er dieses Buch aufschlug —, daß wir das Thema ein wenig zu weitschweifig angefaßt haben. Wir glauben nicht, daß er jetzt noch dieser Ansicht ist. Er wird im Gegenteil feststellen, daß ihm — und das trifft zu — sozusagen nur die Spitze eines Eisbergs dargeboten worden ist, während der größere Teil — in unserem Falle jedoch nicht der wesentlichste — ihm verborgen blieb.

Ganz sicher aber wird der Leser mit uns jetzt selbst die Frage beantworten können, was Bewußtseinserweiterung ist.

Konkret und erschöpfend beantworten können wir diese Frage bei diesem Stand unserer Untersuchungen allerdings noch immer nicht. Immerhin aber wollen wir versuchen, die Antwort in einen Satz zu prägen.

Bewußtseinserweiterung ist danach die Erweiterung nach jenen Bezirken geistig-seelischer Kräfte hin, die dem normalen Sterblichen gemeinhin verschlossen bleiben.

Ich glaube, Sie sehen selbst, wie unzureichend diese Antwort für uns ist, die wir ja den *praktischen* Weg zur Erschließung des Bewußtseins, seine Ausweitung und Durchforschung, gehen wollen. Mit Rücksicht auf das Ziel jedoch ist die Antwort absolut unzureichend. Denn ein Ziel haben inzwischen doch auch Sie sich gesteckt?!

Nämlich auf dem Wege der Bewußtseinsausweitung nicht

nur neue Welten mit glühenderen Farben kennenzulernen, sondern auch von diesem Erfahren zu profitieren, schon jetzt, für Ihr irdisches Dasein.

In dieser Sicht ist es also notwendig, auf dem einmal eingeschlagenen Wege fortzufahren, und zwar so konzentriert wie möglich, aber zugleich auch so vollständig wie denkbar unter den gegebenen Umständen Ursachen, Wirkungen und Ziele unserer Arbeiten festzuhalten. In etwa wissen wir jetzt, *was* die Seele, besonders ihr Unterbewußtes, ist (es wäre ein Irrtum, anzunehmen, daß man die dynamische und wandelbar-individuelle Seele jemals ganz ausschöpfen könnte). Wir haben uns mit ihren Kräften und Schichtungen vertraut gemacht, wir wissen jetzt, wie diese Schichten sich bildeten und täglich neu bilden. Vor allem haben wir zur Kenntnis genommen, daß eine wechselseitige Befruchtung vom Physischen zum Seelischen und umgekehrt *möglich* ist, daß man hier aber der „Wanderkarte" und des „Kompasses" bedarf, um ungefährdet das Land der Seele durchstreifen zu können. Denn uns kommt es nicht auf sensationelle Erlebnisse, auf Kenntnis von beglückenden und bestürzenden Phänomenen an, sondern auf einen dauernden Gewinn, und das möglichst ab sofort.

Wir wollen jetzt unsere Formulierung, *was* eigentlich Bewußtseinserweiterung *ist*, etwas weiterfassen, und zwar wie folgt:

Seelenerweiterung oder -Ausweitung ist die Fähigkeit des Menschen, in die Tiefen seines Unbewußten oder Unterbewußten (oder in sein Tiefenbewußtsein) hinabzusteigen;

Seelenerweiterung — sie geht Hand in Hand (wenigstens bei unserer Methodik *ohne* Drogen) mit Reifung und Ausweitung des (mentalen) Geistes, also jener Grundstruktur, auf der sich erst unser (irdischer) Intellekt aufbaut;

Seelenerweiterung ist — nachdem eine Brücke genommen ist — die gefahrlose Wanderung in geistig-seelische Bereiche, die vor Urzeiten einmal waren und in Urzeiten einmal sein werden — denn auch alles Kommende ist in der Tiefenseele schon „vorsigniert";
Seelenerweiterung geht — nach unserem Rezept — und jedes andere gehört in die Teufelsküche — einher mit einer steigenden Kraft von Seele und Geist;
Seelenerweiterung macht uns zum Herrn der Reiche, die wir betreten, und — bei ethisch-einwandfreier Zielsetzung — zum Nutznießer der schlummernden Kraftquellen;
Seelenerweiterung schenkt uns nicht nur im Irdischen unvorstellbare Freuden, sondern auch aus dieser Quelle hervorsprudelnde Intuitionen, die uns bei schöpferischen Arbeiten — gleichgültig, auf welchem Gebiet — von höchstem Nutzen sein werden. Diese aus den Seelentiefen stammenden Impulse können uns zum Meister auf jedem von uns gewählten Gebiete machen — auf jeden Fall schenken sie uns Kenntnisse und Einsichten (auf denen sich für gewöhnlich die Hochleistungen aufbauen), die uns zu qualifiziertester kreativer Tätigkeit befähigen;
Seelenerweiterung ist erstaunlicher, als etwa ein Flug ins All. Denken wir daran, daß Raum und Zeit irdische Begriffe sind, und daß sie ins Nichts versinken, sobald wir auch nur das Zwischenreich betreten haben;
Seelenerweiterung erlaubt uns nach und nach — nach festem, hier dargelegtem Plan — alle sieben Welten zu durchforschen und alle darin wirkenden Kräfte kennenzulernen. Nähern wir uns ihnen stark — d. h. sicher in der Zielsetzung, beharrlich in unseren Exerzitien, und sauber in unserer menschlichen Grundhal-

tung —, dann werden uns diese Kräfte entweder unbehelligt lassen oder aber uns — sind sie minderen Ranges — gehorsamen. Die Hohen Kräfte aber werden unsere Bemühungen unterstützen, denn nichts wirkt alarmierender auf das Unterbewußtsein — und zwar im besten Sinne — als ein Mensch, der sich anschickt, sich zu vollenden, zu vollenden hin zu dem einzigen Ziele, zu dem er erkoren;
Seelenerweiterung erfüllt künftig unser Leben und beherrscht — wenn wir wollen — unser Dasein. Dabei gilt auch das im irdischen bekannte Prinzip: die Liebe, die ich *Dir* schenke, strömt vervielfacht zu *mir* zurück;
Seelenerweiterung ist die Folge eines Exerzitiums, das wir uns auf den folgenden Blättern („Praktiken der Bewußtseins-Erweiterung" und „Vom Urmenschen zum Göttlichen") aussuchen können. Ist das erste (Praktiken) der präzise geschilderte, in der Technik vorbildliche Pfad — wie gesagt, mehrere Wege, damit jede Mentalität das ihr gemäße findet —, dann lernen wir im „Urmenschen" den Weg dessen kennen, der die Seelenerweiterung suchte und den Himmel fand. („Himmel" weder im kirchlichen Sinne verstanden, noch im Sprachgebräuchlichen);
Seelenerweiterung wird in allen Stufen in den Praktiken geschildert — und im „Urmenschen" als Verwirklichung offenbart. So orientiert sich das eine am anderen, die gegenseitige Ergänzung und Durchdringung sowohl, als auch die Erlebnisreiche sind, einfach gesagt, so vollkommen, wie die Prägung in irdischer Sprache möglich ist.
Nach dieser — wie wir hoffen, befriedigenden Erklärung, *was* Bewußtseinserweiterung ist, kehren wir zum „normalen" Text zurück, um noch einige Fragen, die uns auf dem

Herzen brennen, zu erörtern.

Im „gewöhnlichen" Leben (das es eigentlich nicht geben sollte, demjenigen, der „auf dem Pfade ist", auch nicht mehr möglich ist) im normalen Alltag also ist es besonders zu gewissen Zeiten des Menchenlebens schwer (denn jeder erlebt ein, zwei oder mehr Krisenzeiten, je nach seiner Bestimmung), seinen Pflichten nachzukommen und die vielen tausend physischen und geistigen Schritte zu tun, die uns abgefordert werden.

Nicht anders verhält es sich, wenn wir uns auf den Pfad begeben. Das Auf und Ab des Lebens verschont uns auf keiner Ebene, und ein erfolgreiches Leben hat mehr Niederlagen überwunden, als sich der „Durchschnittsmensch" (auch ihn sollte es eigentlich nicht geben) vorzustellen vermag. Dieses Auf und Ab begleitet uns bei unseren Exerzitien ebenfalls. Es gibt Zeiten, da wir eine lange Wegstrecke zurücklegen, und es gibt Tage und Wochen, da wir scheinbar auf der Stelle treten. Lassen wir uns nicht beeinflussen: die „Öffnung" der Seelentiefen muß Hand in Hand gehen mit unserer inneren Reifung. *Erzwingen* läßt sich auch auf diesem Wege nichts.

Gerade bei Schwierigkeiten oder scheinbar erfolglosen Epochen sollten wir daran denken, daß wir Schrittmacher sind für die uns Nachfolgenden, denen wir Beispiel und Leitbild sind. Und wir sollten die Gefahren unserer Zeit bedenken, die abgewehrt werden können, wenn jeder Einzelne von uns an sich arbeitet und nach dem Pfad trachtet.

Denken wir daran, daß wir nicht nur besseres Leben, eine bessere Welt für uns aufbauen wollen, sondern daß wir auch Bollwerk sein sollten gegenüber den Mächten, die sich das durch nahezu sechs Jahrzehnte Krieg geschlagene Vakuum einen Weg in die Brust der Menschen bahnen wollen, um die „so erfolgreich begonnene Zerstörung" fortzusetzen und — ist's möglich — zu vollenden.

Das mene tekel upharsin steht mahnend vor unseren Augen und wir rufen es an dieser Stelle dem „Zeitgeist" und jedem Gutwilligen zu:

Der Kampf zwischen Kulturmensch und Tiermensch ist aufs äußerste entbrannt;

bei der ewigen Zwiegespaltenheit des Menschen ist die Gefahr ins Ungeheure gestiegen;

ein neuer „dionysischer Freiheitsrausch", verbrämt mit „neuen Ideen" zieht durch die Welt — die Art der „Repräsentation" schon verrät, wes Geistes Kind Ideen und Rausch sind;

wir nannten das Jung-Wort, daß der durch Sex eingeleitete politische Kampf nur Vorläufer ist einer viel tiefer greifenden Erschütterung, die sich zweifellos auf das Religiöse auswirken wird;

wir erinnerten an die furchtbare Tatsache, daß der Mensch — in aller Welt! — in der Masse dem Blutrausch irgendeiner dämonischen Bestie verfallen wird, und daß er sie nach Kräften obendrein unterstützt (wie auch jüngst vergangene Geschichte schon lehrt);

der Sturz der bisherigen Götter — er spricht sich allgemach herum, ist aber schon seit langem wirksam — hat ein Vakuum geschaffen, das nur *einer* Kraft Raum gibt: entweder zerstörerischen Kräften (die an Blutrünstigkeit und abstoßender Gebärde ihresgleichen suchen) *oder* einem neuen — abermals reformierten — Glaubensaufschwung.

Die Summe dieser Betrachtungen zwingt nur zu *einem* Schluß: Die Verantwortung *jedes Einzelnen* war in der Weltgeschichte *niemals* so ungeheuer groß wie heute. Es gibt vor der Geschichte — genau so wenig wie vor einem Gerichtstribunal — kein Ausreden: „Ich habe es ja nicht gewußt" — mit dem Strafgericht werden *alle* als gleich schuldig hinweggerafft, aber die Gnade, die durch einige Wenige vermittelt und von jedem Einzelnen aufgenommen wird, rettet die ganze Menschheit. Wer Ohren hat zu hören, der höre!

XVIII Möglichkeiten der Bewußtseins-Erweiterung

Bevor wir auf die „Systeme der Bewußtseins-Erweiterung" nunmehr endgültig kommen — und damit zum Ziel der Arbeit —, wollen wir uns im Vorfeld der praktischen Übungen noch darüber klar werden, *auf welche Weise* man Zutritt zum Bewußtsein erhält, und wieso es zur *Ausweitung* des Bewußtseins kommt.

Vorausschicken möchten wir, daß Bewußtseinserweiterungen zur Grunderfahrung der ersten Menschen gehörten (und wir können uns nach folgenden Ausführungen denken, auf welche Weise sie auf das Geheimnis kamen), und daß *ein* Schritt in seelische Bezirke — (und sei es „nur" die Konzentration auf einen Punkt) schon weitere Schritte — besonders bei Prädisponierten — nach sich ziehen kann, im günstigsten Falle also die ganze Skala seelischer Phänomene in den verschiedenen Bewußtseinsbereichen.

Lassen wir uns durch etwa mangelnde Prädisposition nicht abschrecken. Es gab viele verbürgte Fälle, da ein Kandidat die ersten Schritte in seelisches Neuland fast automatisch tat, daß sich ihm danach nahezu alle seelischen Bereiche erschlossen, und daß er — körperlich-geistig-ethisch keineswegs auf diese schnelle Entwicklung vorbereitet und ihr durchaus nicht angepaßt — einen Rückschlag erlitt, von dem er sich nie wieder erholte (wenn nicht noch Ärgeres eintrat, nämlich eine Verwirrung der Sinne).

Nur methodische Arbeit führt zum sicheren Erfolg, und es ist weitaus besser, nur kleine Schritte — aber immer nach vorn — zu tun, als heute drei Schritte nach vorn, morgen vier Schritte zurückgehen zu müssen.

Das Land der Seele ist ein erstaunlicher Bezirk. Stößt man ein Tor auf, und steht man bewundernd und ergriffen in einer berauschenden Landschaft, da ersteht vor einem ein neues Tor, hinter dem — wie wir wissen — wiederum ein neues Land lockt, das wiederum von einem Tor abgeschlossen ist, das es zu entriegeln gilt.

Wer behauptet, im Seelischen ausgelernt zu haben, hat überhaupt nichts vom Seelischen begriffen, denn selbst der Größte unter uns, der die Siebente Welt sich eröffnete und in ihr verweilen *kann* — das ist eine sehr seltene Gnade —, selbst *der* findet wieder ein Tor nach noch weiteren, herrlicheren Welten.

Seelenland ist stets terra incognita, das will heißen: *immer* ist wieder ein neues, unentdecktes Land da, das erforscht werden will. Das Ende ist nicht der Tod — einen seelischen Tod gibt es für den Gläubigen ja nicht —, sondern immer wieder eine Neugeburt, und wer von dem Kreislauf von Geburt und Tod ausgeschlossen ist, wird gerufen zur großen Involution und Evolution — zum ewigen Stirb und Werde des Kosmos, zur Schöpfung neuer Sternensysteme im kosmischen Ausmaß.

Merken wir uns *eines* doch für alles Auf und Ab des Lebens, für alle Erfolge und Mißerfolge auf unserem Wege: ein Kilometer besteht aus 1000 Metern und man braucht etwa 1200 Schritte, diese Strecke zu durchmessen. So schreitend — ehern, Schritt für Schritt — *kommen wir ans Ziel,* wenn wir uns nicht darum kümmern, wie eben oder steinig der Weg ist, wenn wir uns nicht um die großen und kleinen Raubtiere auf und am Wege kümmern, wenn wir uns nicht scheuen — falls wir stürzen — immer und immer wieder aufzustehen. Was glaubt Ihr, liebe Leser, welche Kraft, welche Zähigkeit man am Ende des Weges gewonnen hat. Ganz sicher aber das Wissen: *ich habe es trotzdem geschafft!*

Schrittweise, nach Stufenplan, kann man nahezu *jedes* Ziel auf dieser Erde erreichen, und deshalb sieht unser Übungsplan — in seinen verschiedenen Variationen — kleine Etappen vor, die wir erst verlassen, wenn wir sie hinter uns gelassen haben, das heißt, wenn wir den Schwierigkeiten des Weges bis dahin gewachsen waren (dann nämlich sind wir für kommende Strapazen gerüstet).

Ein herrliches Wort hat der Dramatiker Hebbel gesagt, das sinngemäß etwa lautet: Und habe ich für dieses Mal als Mensch, als kämpferischer Held, verloren, und gehe ich als Folge dessen unter — dann werde ich am anderen Ufer (des Flusses Lethe, des Flusses, der den Totennachen aufnimmt) erneut meine Fahne aufpflanzen: Banner des Kampfes, den ich erneut aufnehmen werde, wenn ich auf Erden wieder erscheine.

So gesehen, ist keine von einer aufrechten Gestalt getragene Tragödie ein wahrhaftes Trauerspiel. Der Sieg bleibt stets dem Helden.

Wir glauben, daß sehr viel Leid und Kampf dazu gehören, ein solches Wort auszusprechen und ihm nachzuleben. Aber wir wissen, daß diese Einstellung die Haltung des Menschen sein sollte, der sich an ein anderes Ufer begibt, an das Ufer der Seele, die im Grunde uferlos ist und trügerisch. Nur der Herr behauptet sich hier (oder die Herrin, die man mit einem schönen Wort Dame nennt). Wenn wir noch immer nicht zu den praktischen Übungen übergehen — sie liegen im wesentlichen protokolliert vor uns —, dann aus dem Grunde, weil wir die Dinge, die uns einmal Beschwer machten, *vorher* besprechen möchten. Ihnen zur Hilfe.

Möglichkeiten, das erweiterte Bewußtsein — Teile der unbewußten oder Tiefenseele — kennenzulernen, bieten sich vielfach:

Im Traumleben, von dem wir schon sprachen, „durchleben" wir in oft recht drastischen Bildern — die aus der Vorzeit stammen können — die Komponenten dessen, was uns bewegt. Oft sind Traumerlebnisse Ausgleich, Kompensation, oft Warnung, selten Prophezeiungen (dann aber von höchster Bedeutung); in pathologischen Zuständen (zu denen auch die durch Halluzinogene hervorgerufenen gehören, die wir später aber getrennt besprechen), zum Beispiel Epilepsie, ein von den Ur- und Naturvölkern als heilig angesehener Zustand (eben *weil* er Einblicke in den seelischen Urgrund erlaubte);

in spontanen Manifestationen, die gleicherweise der Liebe wie der Katastrophe entspringen können, auf jeden Fall aber einen recht seltenen, innig-menschlichen Kontakt voraussetzen. Vorherrschend sind hier Ausnahmesituationen, die das Seelenfeld „öffnen" und unverhofft Einblick gewähren;

als Folge systematischer geistiger Vervollkommnung — hier bedarf es durchaus keiner zusätzlichen Exerzitien —, denn dieser ethischen Vervollkommnung — offenbar das höchste Ideal des Kosmos — entspricht die seelische Reifung, durch die nahezu automatisch höchste seelische Reifeprozesse und gleichlautende Verlautbarungen ausgelöst werden;

als Ausdruck einer Prädisposition: es kommen Menschenseelen auf diese Welt, die von Anbeginn alle Zeichen höchster menschlich-ethischer Vollkommenheit tragen, Seelen, denen selbstverständlich *alle* seelischen Welten und Kräfte verfügbar sind (zumindest erkennbar sind);

als Folge der Jung'schen Individuation: es gibt recht viele beglaubigte Fälle, bei denen dieser Reifegrad erreicht wurde und damit die Möglichkeit, mit den höchsten Kräften, die selbst über das Archetypische hinausgehen, Kontakt zu erlangen;

als Folge systematischer Schulung, zu denen auch die von uns nachfolgend aufgeführten Übungen gehören; und als *vorübergehender* Einblick, der durch den Ausnahmezustand erreicht wird, den Rauschgifte — oder Halluzinogene — hervorrufen.

Außerordentlich erwähnenswert ist die Tatsache, daß durch eine sich über Tage erstreckende Übung (die auf dem Wort, Mantram, basiert) beinahe über Nacht dasselbe erreicht werden kann, wie durch eine wochen-, monate- oder jahrelange Übung. Wir wollen auf diesen Punkt hier nicht eingehen, weil er nicht zu unserer Aufgabe gehört.

Es gehört zu den erstaunlichsten Erfahrungen *auch* des modernen Menschen, daß der „Glaube" an überirdische Kräfte (die in Wahrheit, wie wir jetzt wissen, belebte Kräfte des Zwischenreichs oder Jenseits sind, die „Glauben" als *ihre* Sprache anerkennen und verstehen), daß eben der Glaube *an* diese Kräfte sie verlebendigt, in Wirksamkeit setzt (wir erkennen, daß es garnicht anders sein *kann*).

Wir bemühen uns, hier den Leser in ein vielgestaltiges Land einzuführen, damit er sich von Anfang an darin zu Hause fühlt, wenn er sich ihm nähert, denn so besitzt er die innere Gelassenheit, den Situationen und Erscheinungen gelassen entgegen zu sehen, die ihm begegnen werden.

Es gibt viele Beispiele für die fundamentale Tatsache, daß der „Glaube" die Sprache des Jenseits ist (darum sagte Jesus Christus, daß der Glaube Berge versetzen könne).

Es genügt nicht, daß ich einen warnenden Traum habe, ich muß an ihn glauben, wenn er für mich segensreich sein soll: in Krisensituationen geführte, solcherart geführte Menschen, wissen um den Wert von Traum-Warnungen und Voraussagen.

Merkwürdigerweise wirken solche Traumvoraussagen auch in der heutigen Zeit, merkwürdig freilich nur für den, der die — so lange Zeiträume umfassenden — Voraussetzungen nicht kennt.

Auf anderen Gebieten ist der Glaube noch wichtiger.

Wir wollen jetzt nicht sprechen von dem Hebbel'schen Glauben, der am Lethe-Ufer erneut die Kampffahne aufpflanzt. Wir sprechen unter anderen Fällen von dem Glauben, der uns selbst in der letzten Kriegszeit begegnete: da gab es Soldaten jeden Ranges, die *wußten* (glaubten), daß der mörderische Krieg sie verschonen würde, und wir hörten von Zivilisten, die glaubten, daß sie den Krieg nicht überleben würden. In beiden Fällen traf der Glaube ohne Ausnahme zu. Vor allem aber sprechen wir von dem Glauben, den wir uns — wenn nicht anders — anerziehen müssen, nämlich den Glauben an die Höchste Gewalt, der wir uns Schritt für Schritt nähern wollen. Wir setzen nicht den blinden Glauben voraus, wir sind ein Zeitmensch, d. h. ein Mensch, der im modernen Wirtschaftsleben steht, und wohl verlernt haben „sollte", an höhere Gefühle zu appellieren! Wir tun es trotzdem. Wir lieben nicht die Tragödie, wir haben gelernt, aus jeder Katastrophe noch ein Plus für andere und uns herauszuholen.

Bringen Sie zunächst einmal rein-gläubig den Glauben mit für die folgenden Exerzitien: der Lohn wird Ihnen durch einen Erfolg, den Sie sich bei aller guten Phantasie *nicht* vorstellen können.

XIX *Erstes Exerzitium*
Versenkung mit Hilfe von Vokalen

In Abschnitt VI begannen wir mit der Vorübung zu diesem Exerzitium. Wer sich ernsthaft und regelmäßig mit dieser Übung beschäftigte, hat festgestellt,
daß die Monotonie, verbunden mit der Entspannung des Gesamtkörpers, schon nach wenigen Tagen zu einer Art von Schlaf, von Müdigkeit führte, die jedoch trotzdem voller — möglicher — Aktivität war. Auf gut Deutsch heißt das, daß schon die ersten Tage gelassener, ungestörter Übung zu dem Vorplatz führten, von dem aus *alle* Wege von Exerzitien abgehen, nämlich keineswegs — sofern man frisch ans Werk ging — zum Schlaf, sondern zur Trance; und das ist der Beginn einer Versenkungsübung, die wir nun in den einzelnen Phasen schildern wollen. Übrigens haben die meisten bei der „Vokalbelebung in den Füßen" etwas recht Auffälliges festgestellt: es begann sich mit dem Hineinsprechen der Buchstaben (wir hatten uns ja bis jetzt auf die Füße beschränkt) eine Art von Rhythmus, ein Vibrieren, einzustellen, das der Fachmann „Weben" nennt.
Bei einigen besonders prädisponierten und gut konzentrierten Übenden hat sich aber noch ein weiteres Phänomen gezeigt, daß nämlich dieses Weben sich nicht auf — die doch allein bisher „angesprochenen" — Füße erstreckte, sondern den Unterschenkel hinaufwanderte, womöglich schon das Knie ergriffen hatte.

Dann ist das Weben also bereits von den Knöcheln zu einer weiteren, wichtigen „Schaltstelle" des menschlichen Körpers angelangt, da nämlich nach den Knöcheln die nächste Station die Knie sind. Wer noch nicht bis dahin gelangt ist, übe unermüdlich weiter: Bei rechter Konzentration (also völliger Abgezogenheit von der Außenwelt — man muß sie garnicht mehr wahrnehmen —) *muß* sich der geschilderte Erfolg einstellen, mit einer verstärkten Beziehung auf das eigene Ich, das hinwiederum sich keinerlei Äußerungen (Jucken auf der Haut, Neigung, sich zu bewegen usw.) erlauben darf. Alle Sinne, der Geist (Intellekt), die Seele, die Physis —alle ordnen sich der Konzentration unter, *nicht* wahrgenommen zu werden.

Wir wollen Ihnen verraten, daß mit dieser an sich einfachen Übung — sofern die Bedingungen beachtet werden, vor allem Frische und Ungestörtheit und unbelasteter Magen — die größten Schwierigkeiten auf dem Weg in die Seele — und damit zur Bewußtseinserweiterung — bereits bewältigt sind. Die folgenden — kleinen — Schritte sind lediglich Steigerungen des bereits Erreichten — den Vorplatz nämlich zu verlassen und einen der Pfade einzuschlagen.

Wir wollen gleich an dieser Stelle verraten, daß es sich bei dem jetzt behandelten Exerzitium keineswegs um unsere Hauptübung — so genannt, weil *wir* glauben, dafür besonders eintreten zu können — handelt, sondern eben um einen der üblichen Wege, den Schlüssel zur Seele in die Hand zu bekommen.

Deshalb wollen wir nun diese Übung in den weiteren Schritten schildern, versehen mit den nötigsten Anmerkungen, damit wir auch wissen, *was* wir tun, *was* geschieht.

Würden wir der „alten Schule" folgen — denn die

vorliegende Übung hat schon eine lange Tradition —, dann würden wir Ihnen raten, die Übung einfach solange fortzusetzen, bis Sie zum Endziel — der Ekstase, also völliger Abwesenheit vom Körper, mit höchsten Erlebnissen und Sensationen — kommen. Unsere Erfahrung hat uns jedoch gelehrt, daß an einem bestimmten Punkt bei den Schülern — etwa bei der Hälfte — Schwierigkeiten auftreten, die wir nicht wünschen (es gibt an dieser Stelle eine Fortsetzung mittels anderer Methode, die diese Schwierigkeiten vermeidet). Von diesen Schwierigkeiten sprechen wir deshalb nicht, weil sie bei unserem Verfahren nicht auftreten, und weil wir auch keine Suggestivwirkungen aufkommen lassen wollen. Sie haben nur nötig, sich nach den hier niedergelegten Übungsschritten zu richten.

Wir wollen aber von *dem* sprechen, was *wirklich* mit Ihrem Organismus geschieht, wenn Sie solcherart üben. Es bleibt ja nicht bei diesem körperlich spürbaren Vibrieren (Weben), es geschieht außer der sich verstärkenden Trance noch weit mehr. Das Weben ist gleichsam nur Symptom für das, was im nervlich-seelischen Bereich sich vorbereitet. Sie „schließen" mit dieser Übung, wenn Sie den „Vorplatz" verlassen (wie wir die Vorübung der Entspannung und Fuß-Vibration nannten) bereits bestimmte Organe auf, *die* wiederum direkt die Tiefenseele ansprechen. Wir erinnern uns sicherlich: diesem Bezirk nähern wir uns nur vorbereitet, nur als Herr, nicht als halt- oder fassungsloser Sklave.

Wir werden in dem betreffenden Übungspunkt darauf hinweisen, wenn sich das Erwachen der Seele ankündigt.

Nach dem *ersten Schritt*, der *Weckung der Füße*, folgt als *zweiter Schritt* die Weckung des *Kniegelenks* (wobei wir ganz nebenbei bemerken wollen, daß diese Übungen auch körperlich sehr gesund sind, abgesehen davon, daß die erlernte Konzentration Ihnen auch sonst im täglichen Leben sehr zugute kommt).

Der *dritte Schritt* bringt — nachdem wir nun schon Übung darin haben, unsere Imagination jeweils eines Vokals auf jeweils zwei Stellen — zwei Füße, zwei Knie usw. — zu richten — eine Erweiterung: Wir nehmen zu der Knie-Vokal-Übung nun auch noch die *Hände* dazu, und zwar jeweils *erst* die Unterfläche der Hand, *dann* — in der gleichen Übung — auch die Oberfläche der Hand, und zwar immer die rechte und linke Hand *zusammen*. Also erst die Füße — a, e, i, o, u oder i, e, o, u, a — unten und oben, dann die Knie, und nun noch zusätzlich die beiden Hände, indem wir auch in die Hand-Unter- und -Oberfläche die Buchstaben — plastisch vorgestellt — in die Flächen hineindenken, ohne uns um irgendetwas zu kümmern.

Der *vierte Schritt* — inzwischen werden wir schon eine recht tiefe Phase der Versenkung oder Abkehr von der Welt (dem Weltaußen) oder Trancezustand erreicht haben, sowie eine Vibration, die rhythmisch von den Füßen bis zu den Knien geht, und dann auch die Hände ergreift (Belebung von Füßen, Knien, Händen zusammen).

Für solche Übenden, die infolge günstiger äußerer Bedingungen oder gar durch Prädisposition einen gewissen Vorsprung vor den anderen haben, machen wir schon jetzt die Anmerkung — die für die anderen je nach ihrem Fortschritt dann ebenfalls gilt —, daß es jetzt nicht mehr ungewöhnlich ist, wenn infolge des Erwachens des Seelenkörpers bestimmte Phänomene auftreten. Zwar möchten wir Prä-Suggestionen vermeiden, noch mehr aber irgendeine Unsicherheit bei unseren Übungsaspiranten. Deshalb wählen wir das kleinere Übel, und sprechen hier — *wenigstens an dieser Stelle noch* (denn später sind der Entwicklungstechnischen Variationen soviele, daß Vorbemerkungen auf das zu Erwartende nur Verwirrung stiften würden), also an dieser Stelle erwähnen wir einige nach und nach einsetzende Phänomene, die beim Nichtwissen den einen oder anderen erschrecken könnten: es sind dies Geräusche, ähnlich einem leichten Donner (der aber nur für uns erklingt), es *können* leise Stimmen sein, um die wir uns genau so wenig bekümmern, wie um das Donnern, es können aber auch „Augentäuschungen" sein, wie ein vorbeihuschender Schatten, der anfangs dunkel (schwarz) ist, sich später jedoch aufhellt. Am auffälligsten ist bei vielen, wenn sie eine Weile die Handübungen mit absolvieren, daß auf der Handoberfläche — aber manchmal *auch* an der Handunterfläche — auf einer Hand oder bei beiden — „Wundmale" erscheinen. Sie sind nur bei Hysterikern — die als Nichtgesunde ja nicht teilnehmen sollten — sehr stark ausgeprägt — bis zum Bluten — ansonsten aber sind es nur mehr oder weniger starke Rötungen, die bald wieder vergehen. Daß es sich um eine erste Bestätigung — von Einweihung wollen wir hier noch nicht sprechen — handelt, dürfte jedem Übenden klar sein und ihn in seinen Anstrengungen beflügeln. Fußgelenke und Kniegelenke sind besonders sensitive Punkte im menschlichen Körper, weil sie mit bestimmten metaphysischen Zentren in Kontakt stehen. Das Gleiche gilt für die Hände (weniger für die Handgelenke).

Von da ab kommt eine Zeit der *Wiederholung*, besser eine Epoche der gründlicheren Durcharbeitung infrage, und zwar werden hier dann auch die Unterschenkel (Schienbeine) einbezogen *(fünfter Schritt)*.

Die Übungszeit sollte sich zweckmäßigerweise von anfangs 10 bis 15 Minuten auf 20 bis 30 Minuten erstrecken, täglich versteht sich, und immer um die gleiche Zeit- und unter den gleichen Bedingungen. Wer die Zeit hat, kann auch zweimal täglich — morgens und abends — üben. Es ist auch nicht ausgesprochen falsch, *liegend* die erwähnten Exerzitien zu absolvieren, doch empfiehlt sich bei diesem erstgenannten Exerzitium, nach Möglichkeit einen bequemen Sessel mit gerader Rückenlehne zu wählen, damit unser Auftrag, gänzlich gerade — ungezwungen zu sitzen — die Hände auf den Knien *oder* den Sessel-Armlehnen —, leicht erfüllt werden kann. Unterbrochen werden sollten die Übungen unter nahezu gar keinen Umständen. Das Vorhaben ist so unendlich wichtig, daß andere, selbst wichtige Dinge, zu anderen Zeiten erledigt werden müssen. Schwere Krankheit — soweit sie unser klares Bewußtsein beeinträchtigt — ist freilich ein schicksalhaftes Unterbrechen, über das wir selten Herr sind. Sobald wie möglich sollte man aber die Exerzitien wieder aufnehmen, und zwar ohne das schlechte Gewissen, etwas versäumt zu haben. Wer aus anderen Gründen die Übungsreihe unterbricht, wisse schon jetzt, daß es doppelter Anstrengungen und Zeiten bedarf, um das Versäumte nachzuholen — oder nur den vorherigen Stand zu erreichen.

Jede Übung — auch die Wiederholungszeit — sollte *etwa* eine Woche betrieben werden, im übrigen aber richte man sich nach den Fortschritten, die sich unmißverständlich melden. Wenn zum Exempel bei den Fußübungen plötzlich die Knie mitzuschwingen beginnen, wird es Zeit, sie miteinzubeziehen.

Der *sechste bis elfte Schritt* umfaßt nachstehende — aufsteigende, und zugleich immer wichtiger werdende — Sensibilitätspunkte unseres leiblichen Körpers, mit dem entweder oder sowohl die Nervenzentren harmonisieren als auch bestimmte metaphy-

sische Zentralpunkte, die man indisch-hindustanisch Chakras nennt, und die zugleich bestimmte Drüsensysteme des menschlichen Organismus erfassen. Wir gehen beim 6. bis 11. Schritt genau so vor wie bisher, nur mit der Maßgabe, daß wir recht streng die nachfolgenden Richtlinien beachten — oder aber die Übungen mit der siebenten (Sonnengeflecht) *abbrechen*.
Die Bedingungen für die Fortsetzung folgen nach Nennung der Körperzentren:

6. das Zentrum direkt hinter dem Schritt, also hinter den Geschlechtsmerkmalen;
7. das Sonnengeflecht (das unser vegetatives Nervensystem umschließt)
8. die Herzgrube;
9. die darüber liegende Halsgrube;
10. der Augenzwischenraum;
11. der Kopfscheitel.

Der Novize, der bis zum Sonnengeflecht den unteren halben Körper durchgearbeitet hat, konnte noch verhältnismäßig ungezwungen leben. Er kann bei diesen Übungen bleiben, er kann zu einer — noch zu nennenden — weiteren, anderen Übung übergehen, er kann auch den erreichten Stand halten — das ist ganz in sein Belieben gestellt. Wer aber ernsthaft nach der Krone greift, sei sich darüber klar, daß er sich nun den auf den früheren Blättern ausführlich geschilderten Seelenreichen nähert (das zeigt ihm die immer tiefer werdende Versenkung bei seinen Übungen und die auftauchenden Phänomene, Vorzeichen der sich belebenden Archetypen). Und diese Annäherung setzt voraus, daß er den Körper und den Geist auf einen bestimmten Stand bringt, der ihm erlaubt, *mit den guten* Kräften in Kontakt zu kommen, und die *üblen Kräfte* abzuwehren.
Hierzu ist nötig: Keinerlei Exzentrizitäten in der Le-

bensführung, keine orgiastischen Genüsse (weder in der Liebe, noch beim Trinken oder Speisen), möglichst wenig oder gar kein Fleisch (dagegen ist Fisch nicht unerwünscht), möglichst keinen Alkohol und kein Nikotin oder andere Körpergifte (Pillen, Tabletten). Sie bemerken schon: wenn wir uns auch nicht den viel härteren Proben etwa indischer Saddhu unterwerfen müssen, sind die Bedingungen für einen großen Aufstieg auch für Europäer noch streng.

Was hier — bei der Ersten Übung — im allgemeinen gesagt wurde, gilt auch für die folgenden Übungen im Grundsätzlichen, es sei denn, es wird eine Ausnahme ausdrücklich erwähnt.

Nehmen wir an, Sie entschließen sich, den Pfad zu beschreiten, also die Übungen vom Sonnengeflecht aufwärts fortzusetzen.

Dann können wir Ihnen — damit Ihnen die Befolgung der aufgestellten Gebote leichter fällt — den guten Rat geben, sich in „vierzig Tage Wüste" zurückzuziehen. Das ist nun keineswegs wörtlich zu verstehen. Gemeint ist ein stiller Urlaubsort, an dem Sie ungestört meditieren können.

Hier wird — wenn Sie die bisherigen Übungen treulich ausführten — Ihre Entwicklung in der Ungestörtheit von Nachbarn und Arbeit um so schneller vor sich gehen, je mehr Sie sich auf Ihre Exerzitien konzentrieren.

An dieser Stelle müssen wir vor dem Übermaß warnen.

Und seien Sie berufen, in kürzester Zeit die höchste Weihe zu erlangen — diese Weihe *erfahren* Sie, niemand wird sie aussprechen oder vollziehen —, so sollten Sie doch nicht mehr als täglich höchstens dreimal eine Dreiviertelstunde für Ihre Übungen verwenden. Der Organismus — es sind mittlerweile drei geworden: der physische Leib, der Nervenkörper in seiner Zweiheit und der metaphysische Körper, der allmählich heranwächst, *damit* Sie Herr sind dann auch der metaphysischen, also der tiefenseelischen

Welt, die Ihnen alle die Wunder geben wird, die Ihnen — vielleicht: wir kennen mehrere Menschen, denen es so erging — vorschweben. Daß Sie bei Ihren Übungen nicht nach rechts und nicht nach links zu schauen haben, sagten wir Ihnen bereits. Bleiben Sie unter allen Umständen dabei. Und! Welche Fähigkeiten sich bei Ihnen auch plötzlich zeigen mögen — oder welche seltsamen Dinge Sie auch erleben sollten — *kümmern Sie sich nicht darum.* Wer greift nach dem Ministerhut, wenn er die Königskrone haben kann!

Und dann noch: Wir sind im allgemeinen viel stärker — in unserer physischen und psychischen Leistungsfähigkeit, vom Intellekt ganz zu schweigen —, als wir im allgemeinen glauben. Bei den Übungen stärken sich die benötigten Organe mit den Übungen von Tag zu Tag und befähigen Sie zu den großen Dingen, die Sie sich vorgenommen haben. Und vergessen Sie nicht die Hilfe der „Unirdischen", jener unterbewußten Kräfte, die *daran* interessiert *sind,* daß Sie siegen (gegenüber allen Widrigkeiten, die sich etwa vielleicht in Ihren Weg stellen).

Und nun — ein herzlich Glückauf zum Pfad.

Zweite Exerzitien-Reihe:

XX *Ekstase mit Hilfe von sich steigernder Absence vom Irdischen*

1. Vorbemerkungen
2. Erster Schritt: Negierung von Welt und Körperlichkeit
3. Zweiter Schritt: Der „Punkt im All"
4. Dritter Schritt: Das „Absolute Nichts":
Die aktive Sekunde
5. Vierter Schritt: Der Prüfstein: Ausdehnung (Fixikation) des Nichts
6. Fünfter Schritt: Das unfaßbare Licht
7. Sechster Schritt: Die Extase (Ekstase)
8. Fazit des Exerzitiums

1. Vorbemerkungen

Vor dem unter 5 markierten Prüfstein gibt es noch ein bedeutsames Merkmal — auch der Richtigkeit — dieses Exerzitiums: Die erste Begegnung mit dem archetypischen „Hüter der Schwelle", der Kraft, die dem *Unmündigen* (will heißen: Unreifen, nicht Gereiften) den Eintritt in das Reich „jenseits der Schwelle" verwehrt. Dem „Kriminellen" auf diesem Wege — der etwa geschafft haben sollte, bis hierher vorzudringen, was starkem Willen und großer Zähigkeit möglich ist — wird hier in einer Weise Halt geboten, daß der oder die Betreffende es niemals wieder wagt, *ungeläutert* jemals wieder den Blick auf das jenseitige Reich zu werfen. Sonst schwankt das „Bild" des Schwellenhüters vom harten erbarmungslosen Dämon bis zum gütigen Helfer, der fast dem Archetypus „Vater" *ähnelt* (nicht *ist*).

Zielsetzung, Absicht und Grad der Bereitung sind für den Übertritt über die „Schwelle" entscheidend, natürlich auch Intensität und Echtheit der Übungen, ohne die man ohnehin nicht bis zu diesem Punkt kommt.

Die Erlebnisse, Sensationen und Phänomene bis hierher sind schon von solcher Lebendigkeit, Wechselhaftigkeit und Eindrucksstärke, daß jedes auf anderem Wege etwa derart erzwungene Erlebnis dagegen verblaßt — sintemalen es — das letztere — nur wiederholbar wäre bei erneuter Begehung des „anderen Weges" (worunter z. B. die Verwendung von Halluzinogenen zu rechnen wäre).

Warum wir die folgende Exerzitienreihe an die zweite Stelle setzen und ihr damit einen wichtigen Rang einräumen, mag aus der Tatsache erhellen, daß wir diesen Weg nicht nur selber genau kennen, sondern daß wir ihn auch eine ganze Anzahl edler Menschen betreten „sahen", d. h. miterlebten, was ihnen geschah und mit welchem Erfolge.

Dabei war es besonders bemerkenswert — abgesehen von dem unter Anleitung und Kontrolle tortzdem erreichten Ziel —, daß die Erlebnisse bei den verschiedenen Kandidaten durchaus unterschiedlich waren, das soll heißen, daß jeder gemäß seiner Vorbereitung, seiner Prädisposition, seiner weltanschaulichen Einstellung, seiner mehr oder weniger strengen Zielsetzung, und seiner Vorübungen die ihm aufgrund so geschaffener individueller Eigenart gemäßen Erlebnisse hatte. Die Reihenfolge — nach dem Hüter der Schwelle und nach der unter 4 genannten strengen Prüfung — war nahezu bei jedem anders, d. h. die Reihenfolge, in der er — oder sie — die archetypischen Markierungen passierte. Im Grund kann man sagen, daß *alle* nahezu dieselben Archetypen trafen (mit wenigen Ausnahmen), daß aber bei dem einen die Anima an erster Stelle kam und einen breiten Raum beansprucht, und daß bei einer anderen das „Vaterbild" eine übermäßig starke Hemmung — denn meist ist die fördernd, wenigstens in *diesem* Bereich — bedeutete. Man kann daraus, glauben wir, folgern, daß die übermäßige Bindung an das Vaterbild früher oder später im Leben der Absolventin eine Krisis — sei es eine Neurose, sei es ein unglückliches Erlebnis — herbeigeführt hätte, die durch *Überwindung* des Vaterbildes auf unserem Wege durch Auflösung des Supranormalen vermieden wurden. Beweis: sonst hätte die Anwärterin das metaphysische Ziel nicht erreicht, das nur auch psychisch absolut normalen Menschen winkt.

2. *Erster Schritt:*

Diesmal ziehen wir es vor, uns niederzulegen, obwohl wir sonst die gleichen Bedingungen beachten, wie im Ersten Exerzitium angegeben, also vor allem absolute Ungestörtheit, Entspannung, keine Belastung von Magen oder Darm, eine Losgelöstheit von der Welt und von allen Körperempfindungen, die nun einmal erübt werden muß. Dabei ist jeder Zwang falsch, ja, führt das Gegenteil der Absicht herbei. Wir verlieren keine Zeit, sondern gewinnen welche, wenn wir uns einige Male unter den genannten Versuchsbedingungen ausstrecken — nicht warm, nicht kalt — und versuchen, den schweifenden Geist ein wenig zur Ruhe kommen zu lassen — also an nichts zu denken. Nur betonen, bitte, noch nicht ernsthaft vornehmen. Sicher fällt uns dabei der Spaniel „Cäsar" ein, der vielleich noch Gäßchen gehen muß, vielleicht überlegen wir ungewollt, wie wir diesen Monat unser Geld einteilen, kurz, der Intellekt versucht — eifersüchtig, wie er nun einmal auf seine Hauptrolle (die er bisher spielte) bedacht ist — den irdischen Verstand zu stören, wo und wie er nur kann. Also lassen wir ihn gelassen sich austoben. Mittlerweile passen wir — ungezwungen, bitte! — schärfer auf, und siehe da, mit einem Male scheint dem Verstand der förmlich herbeigezwungene Stoff auszugehen. Das ist der rechte Moment, von diesem Augenblick *keine Notiz* zu nehmen, sonst gibt es einen kleinen Schock, und das Theater fängt wieder von vorne an. Nein, wenn sich nach diesem Augenblick offenbarer gänzlicher Ruhe von Gedanken *doch* wieder irgendeine Idee einschleichen *sollte* (oder wollte), wehren wir sie milde lächelnd ab (wie überhaupt ein leichtes Lächeln auf den Zügen entkrampfend für Antlitz *und* Körper wirkt).

Aber jetzt einmal erst zu den einzelnen Phasen der Entspannung überhaupt. Manchmal wird übersehen, daß dieser wichtige Punkt nicht so ohne weiteres „erscheint", sondern daß man ihn vorbereiten muß, anfangs mit großer Gründlichkeit — später nimmt man halt den Abkürzungsweg.

a) Zuerst läßt man alle Glieder „fallen" — fallen ist der richtige Terminus. Regelrecht Arme und Beine von sich strecken, als wäre man sanft hingeworfen (auf ein bequemes, nicht zu weiches Ruhebett), den ganzen Organismus gleichermaßen „abschalten", und dann — vor allem — den Verstand. Aber darüber sprachen wir ja schon.

Bei dieser Gelegenheit könnten wir etwas unvorstellbar wichtiges lernen: Geräusche, Störungen und andere Belästigungen *nicht* wahrzunehmen. Es *ist genau so einfach*, sich anzugewöhnen, bei jedem lauten, unwirschen Wort in die Höhe zu fahren, bei jedem Mißton sich an die Ohren fassen, bei jedem Flugzeuglärm Herzklabastern zu kriegen, wie umgekehrt, *sich* und seine Sinne *anzugewöhnen*, diese Störungen überhaupt nicht wahrzunehmen.

Es gibt Leute, die haben das während des letzten Krieges so meisterhaft gelernt, daß sie selbst Gefahrensignale (alo Lebensbedrohungen) *nicht mehr* wahrnahmen. Das ist selbstverständlich falsch. Man kann sein Unterbewußtsein durchaus trainieren, wichtige oder bedrohliche Geräusche oder Störungen zu melden(genau so, wie wir ihm angewöhnen, uns zu einer bestimmten Zeit zu wekken), auf jeden Fall aber ist es in unserer gedrängten Welt ein Segen ohnegleichen, wenn man nachbarliche Lärmkulissen und Straßenlärm (den hört man zum Beispiel meist sowieso nicht mehr) nicht mehr wahrnimmt. Bei unseren Exerzitien käme uns eine solche Einstellung sehr zugute — wir könnten dann nämlich üben, wo es uns einfällt, nicht, wo es einem ausgelassenen Nachbarn etwa nicht paßt. Also, bitte, *alles* ausschalten: Umwelt, Körper, Denken, Fühlen. Den Körper trainieren wir — etwa nach dem Muster, wie in Exerzitium eins gezeigt, nur anders:

b) Wir „denken" in die Füße, den Unterschenkel, den Oberschenkel hinein, daß sie sich gänzlich entspannen, und zwar die Knochen, das Fleisch, die Nerven, die Sehnen und Gelenke, die Haut, kurzum, das ganze *linke* und das ganze rechte Bein. Dann tun wir das gleiche mit den Armen, Händen, Unterarmen, Oberarmen, Schultergelenken, Schultern: vielleicht nicht beim ersten Male, sicher jedoch bei einigen Wiederholungen (an den darauffolgenden Tagen) werden wir bemerken, daß die Extremitäten auch *tun,* was wir ihnen suggerieren.

c) Dann nehmen wir den Oberkörper mit allen seinen Organen (in Summa), danach ebenso den Leib und Unterleib vor, also den ganzen Rumpf. Den Kopf bedenken wir nicht gesondert, hier ist „nur" nötig, ihn von allen Gedanken und Empfindungen freizuhalten.

Bitte, versuchen Sie auf diese Weise es einige Male: Sie wären eine Ausnahmenatur, wenn bei Ihnen nicht nacheinander die Beine und Arme, dann der Rumpf, warm und schwer werden — so daß sie die sichere Empfindung haben, nun *wirklich* ganz entspannt zu sein. Wenn Sie dann noch den Kopf frei halten von irgendwelchen Eindrücken, dann bemerken Sie plötzlich — das hängt von Ihrer Konstitution ab — daß Sie so leicht sind wie eine Feder, also völlig immateriell, oder daß Sie schwer sind, fast wie *ein* ganzer Klotz, der aber gleichwohl das Gefühl der völligen Losgelöstheit vom Irdischen vermittelt. Und dann haben Sie diese Stufe erreicht, und daß Sie sie erreichen, liegt *nur* an der Befolgung der aufgestellten Weisungen. Im Grunde haben Sie damit den Hauptschritt dieses Exerzitiums mit dieser an sich leichten Maßnahme schon erreicht: Sie nähern sich mit der irdischen Empfindungslosigkeit der Schwelle.

3. Zweiter Schritt
„Der Punkt im All"

Es ist keine Inkonsequenz, wenn wir den Untertitel des zweiten Schritts hier besonders erwähnen. Es gibt — ganz nüchtern betrachtet — im Leben des Menschen nichts Wichtigeres, als diesen Punkt im All — nein, nicht zu sehen — wahrzunehmen. Wie das vor sich geht, werden wir Ihnen mit aller Akribie, Etappe für Etappe, erläutern. Dabei möchten wir eine Bemerkung von grundsätzlicher Wichtigkeit machen: Alle bisher erläuterten Übungen oder Exerzitien *hören* sich vielleicht kompliziert und umfangreich an, aber sie *sind* es nicht, sie sind im Gegenteil denkbar einfach. Nur müssen Sie bitte bedenken, daß wir für Jedermann schreiben, also auch für Menschen, die weniger schnell auffassen als Sie, für Damen und Herren, die erst genau *lesen* wollen, worauf sie sich einlassen, und schließlich auch für solche, die mit großem Mißtrauen an diese Übungen herangehen. Ihnen allen müssen und wollen wir hier gerecht werden. Diese Zeilen sind nicht für ein paar hundert Menschen geschrieben — die Auflagen der bisher veröffentlichten Bücher sprechen eine deutliche Sprache.

Also, bitte, entschuldigen Sie die scheinbare Weitschweifigkeit, die in Wahrheit nur eine Notwendigkeit ist für eine Arbeit, die *alle* Bevölkerungsgruppen anspricht, und die zudem rechtschaffen von *wirklichen* Erlebnissen berichtet: und nur derjenige, der *erlebt* hat, *kann* jedes Detail so genau kennen. Es ist *richtig*, daß bisher über derlei Details peinliches Schweigen beachtet wurde, aus mancherlei Gründen. Heute aber, da sich die Wetterwolken auf der einen Seite derart drohend zusammenballen, daß *jede* positive Stellungnahme dagegen notwendig ist, kann Schweigen *nicht* mehr beibehalten werden. Jetzt gilt es, auch auf unserer Seite alle Kräfte zu sammeln und herbeizurufen, wer zu unserer Fahne stehen will. Und das sind, glauben wir, alle Jene, die unverbrüchlich das Idealbild des sich mühenden, strebenden Menschen aufrechterhalten wollen, gelte es, was es wolle.

Der Punkt im All ist die Konzentration alles Seins — das in einem Menschen seit Aeonen gespeichert ist — auf *einen* Punkt, so daß also außer diesem Punkt — man mag ihn sich farbig, hell (im umgebenden Dunkel) oder Dunkel (im umgebenden Hell) vorstellen — *nichts* auf dieser oder irgendeiner anderen Welt besteht.

Nach den Vorübungen muß es uns *verhältnismäßig* leicht fallen, wenigstens den Bruchteil einer Sekunde diesen Punkt — und sonst nichts — wahrzunehmen bzw. zu erleben. Denn dieses Erlebnis ist so auffällig, daß man es überdeutlich spürt, und es ist von solch entscheidender Bedeutung (die erste Berührung mit der Ewigkeit), daß man es nie wieder vergißt.

Zusammenfallen mit diesem Erlebnis, ihm vorausgehen oder nachfolgen *kann* — muß nicht, immer entscheidet der

Standpunkt des Einzelnen im Ewigen — ein erstes Lichterlebnis (hierüber mehr unter dem fünften Schritt).

Wer nicht auf Anhieb — also beim ersten ernsthaften Versuch — die Konzentration alles Seins auf diesen einen Punkt im All oder Universum erreicht, gräme sich nicht. Den meisten der Kandidaten geht es wie ihm. Aber nachlassen mit seinen Bemühungen sollte man nicht. Und in einer gnädigen Stunde — die besonders gesegnet ist — wird jedem ernsthaft Strebenden dieses hohe Ziel zuteil.

Wir wiederholen: die Konzentration auf *einen* einzigen Punkt im All wird eingeleitet durch vorangegangene absolute Entspannung, wie wir sie im einzelnen erläutert haben. *Dabei ist jeder genannte Faktor von Bedeutung* (also Ungestörtheit genau so wie gliederweises Entspannen), und keine winzige Kleinigkeit darf übersehen werden. Der Erfolg — das Erreichen dieses Vorziels — ist so über alle Maßen herrlich, daß jede Mühe vielfach aufgewogen wird.

Vor allem bedenke man eines: wer sich etwa mit philosophischen oder geschichtlichen Studien beschäftigt (im Gegensatz zu unseren Übungen tut er das nicht nur jahrelang, sondern meistens ein Leben lang), entwickelt förmlich — auch ein unterbewußtes, helfendes — Organ für dieses, sein, nennen wir es Steckenpferd. Der ganze Organismus stellt sich auf diese Liebhaberei ein, der Geist wird durch einschlägige Geleise darauf eingestellt, das ganze Interesse — oft auch selbst den Broterwerb überglänzend — richtet sich ausschließlich auf dieses *eine* Gebiet, auf dem unser Freund ganz sicherlich bald eine Koryphäe ist, die selbst manchen geschulten Fachgelehrten in Erstaunen versetzt.

Ungefähr so ist es auch mit unserem Aufgabengebiet. Mit dem Unterschied, daß in unserem Falle die höchsten Kräfte — und die tiefsten Schichten des Unbewußten — daraufhin angesprochen und entwickelt werden, und zwar hin zu einem Punkt, richtiger gesagt, zu dem nächstgesteckten

Nahziel, in unserem Fall der vorliegende Schritt: die Konzentration auf den „Punkt im All". Inzwischen ist der gesamte mehrfache Organismus erzogen worden, sich *mit* einzurichten auf die Erreichung des nächsten Nahziels, und Sie können sich darauf verlassen, daß jede Pore Ihres Körpers, jede Körperzelle, vor allem jede unterbewußte Kraft dazu das ihre beitragen wird, daß Sie Ihr Ziel — *so Sie nur fest bleiben* — unter allen Umständen erreichen.

Wir hoffen, daß Sie bemerken, daß es uns ferne liegt, irgendwelche unerfüllbaren Illusionen zu wecken. Schritt für Schritt werden wir Sie in ein Wunderland führen, und Schritt für Schritt können Sie uns folgen — so Sie nur die unerschütterliche Absicht haben.

Der dritte Schritt — die Ausdehnung des Nichts (und die darauffolgende *Ausschaltung auch des Punktes*) ist die nächste Aufgabe, die uns gestellt ist. Bereiten wir uns auf sie vor.

4. Dritter Schritt
Das „Absolute Nichts": die aktive Sekunde

Wer sich an dieser Aufgabe noch nicht versucht hat, weiß nicht, was harte geistige Arbeit ist. Arbeit nicht im Sinne des Intellekts, etwa die Arbeit eines Wirtschaftsmanagers, eines führenden Politikers: das alles sind unbarmherzig harte Arbeiten des Verstandes. Doch hier wird eine andere Art von geistiger (mentaler) Art gefordert.

Einmal ist diese Kraft zwar bei jedem Menschen latent vorhanden, doch sie muß *entwickelt* werden, zum *anderen* hilft bei dieser Arbeit nicht etwa eine gewaltsame Anstrengung, im Gegenteil, *sie* wäre gerade verkehrt. Nein, *diese* geistige Arbeit reicht buchstäblich — und man merkt das —

in das Zentrum des Alls, dort wo schöpferische Kraft tätig ist, dem Menschen übergeordnete schöpferische Kraft.

Versuchen wir es: Die gleichen Versuchsbedingungen wie zuvor, es ist uns den Bruchteil einer Sekunde gelungen, *nur* den Punkt im All wahrzunehmen, und sonst nichts. Es ging ein merkwürdiges Gefühl durch uns — obwohl wir doch garnicht „da" waren —, aber wir spürten deutlich, daß mit uns etwas unsagbar Großes geschehen war: wir hatten, bildhaft gesagt, dem Unendlichen für eine Winzigkeit von Zeit die Hand gereicht.

Die Upanishaden und andere Lehrbücher des Fernen Ostens sagen, daß ein Mensch in diesem Augenblick den Pakt mit der Ewigkeit geschlossen und die individuelle Unsterblichkeit errungen habe (obwohl, andererseits, in fernöstlicher Doktrin es die individuelle Unsterblichkeit nicht gibt).

Wir gehen nicht ganz so weit. Doch möchten wir behaupten, daß der erste Kontakt mit der Ewigkeit tatsächlich geschlossen wurde, daß er aber durch nachstehenden Umstand erst besiegelt wird: durch die Negierung des Punktes, indem wir dem absoluten Nichts „gegenüberstehen". Wir meinen, daß dieser Augenblick noch erschütternder — und sicherlich auch tiefgreifender — ist, als der vorangegangene. Bevor wir diese wichtigste Sekunde im Leben eines Erdenbürgers ein wenig genauer umreißen, wollen wir noch einige, dem Verständnis dienende Vorbemerkungen machen.

Nach allem, was wir wissen und erfahren haben, steht der Rang der Menschenseele eindeutig fest. Darüber sprechen wir später noch ausführlich. Uns allen ist sicherlich klar, daß jeder Mensch gemäß seiner Entwicklung den derzeitigen Stand einnimmt, der ihm zukommt (hier im metaphysischen Sinne zu verstehen). Die *Entwicklung*, die der Einzelmensch Kraft des Antriebes erlangt, *der von ihm selbst ausgehen muß* — von nichts anderem! — bestimmt den kommenden — endgültigen — Rang. Der Mensch, der Herr sein kann über unbewußte Kräfte, also Gebieter über Kräfte, die man in früheren Zeiten und anderen Regionen den Göttern und ihrem Gefolge zurechnete, dieser Mensch sollte geringer sein als das Getümmel, das auch in ihm steckt (nach kabbalistischer Lehre entspricht das Oben dem Unten, das Innen dem Außen, das heißt, die dem Menschen adäquaten, unbewußten Seelenkräfte — und ihre Personifizierungen — müssen sich auch im All wiederfinden)?

Wir wiederholen: der Mensch, Gebieter über eine Schar von Göttern und ihrem Gefolge, *muß über ihnen stehen*, will er wirklich der Herr sein: ansonsten ist er der Sklave, der am Ende zum Dank erwürgt wird. Und *unter* ihnen steht er dann, wenn er nicht Herr ist über sich selbst.

Sinnbildlich muß die Vernichtung des irdischen Körpers des Chelas (des Schülers) *vollständig* sein, will besagen, er darf weder sich selbst noch seine Umwelt wahrnehmen, ja, er muß zu guter Letzt nun auch noch den Punkt im All negieren, d. h. auflösen, so daß er dem absoluten Nichts gegenübersteht, das ihm entweder wie ein nachtdunkler, sternenloser Himmelsdom vorkommt, oder auch gänzliches „Nichts" sein kann, das man erfahren, aber nicht verständlich machen kann.

Haben Exerzitien-Fortschritt — bis hierhin — und ethische Reifung (die vor allem Toleranz gegenüber jedermann und Liebe umgreift) den gleich hohen Stand erreicht — sind sie also einander ebenbürtig, dann wird es dem Strebenden gelingen, den „Punkt" zu löschen und zum ersten Male — unvergeßlich! — das Nichts zu erleben. Wie jedermann zugeben wird, etwas Unvorstellbares — und doch Erreichbares.

5. Der vierte Schritt
Ausdehnung der Dauer des „Nichts" als Prüfstein

Die echten Fortschritte macht auf die Dauer nur der Neophyt, der das in der vorangegangenen Übung erlangte Dunkel „festhalten" kann, dessen Konzentration und „Absence" einen so hohen Kraftgehalt haben, daß das Dunkel erst für kürzere, dann für längere Zeit festgehalten werden kann. Dies ist der Prüfstein für den endgültigen Eintritt in das Wunderreich der Ewigkeit. Man mag den Himmel suchen, wo man will, geographisch ist er irdisch sicherlich nicht bestimmbar, aber wenn er irgendwo *erlebt* werden kann, dann in den Momenten, da der Mensch der Erde entrückt ist.

6. Der fünfte Schritt

Dem einen früher, dem anderen später geschieht etwas kaum zu schilderndes: Er erhält die Einweihung aus allein autorisierter Quelle: der Kraftquelle des Kosmos, Oberste Instanz genannt.

Und diese Einweihung geschieht im und durch den Strahlenkranz „des Lichts", das von der Herzgrube auszugehen scheint, und doch den ganzen Menschen erfüllt, ja, übergreifen kann in den Raum, der ihn beherbergt. *Jetzt*, jetzt erst ist der Bund mit dem Höchsten, dem Schöpfer, untrennbar geschlossen: der Sohn ist Teil des Vaters geworden, der Vater hat den heimgekehrten Sohn umfangen.

7. Der sechste Schritt

Man glaubt, eine Ewigkeit im Lichte zugebracht zu haben, doch vielleicht war es nur eine Sekunde, mehrere Sekunden, eine Minute. Die *Ausdehnung* — der Dauer — des Lichtes, das man erkennt, wenn es ausgesandt wird, diese Ausdehnung geht voraus dem letzten Schritt, der unio mystica, der Vereinigung mit dem Vater.

Und hier schweigt der Autor.

8. Fazit des Exerzitiums

Gleich einem vom Herzen des Universums ausgehenden „Es ward" geht bei der Niederschrift dieser Zeilen (genau zwei Monate vor dem Geburtstage des Autors) ein schweres Gewitter nieder. Harte Donnerschläge, grelle Blitze begleiten gleichsam diese letzten Zeilen des niedergelegten Exerzitiums, der höchsten Weihung, die einem Menschen werden kann.

Was kann unter diesen explosiv-gültigen Besiegelungen von Blitz und Donner noch weiteres gesagt werden?

Wir werden uns keine Zeile, die wir uns vorgenommen haben, schenken, aber für jetzt werden wir dem Aufruhr der Natur zuschauen, der so merkwürdig zu der inneren Ruhe des eigenen Herzens kontrastiert. Denn wir meinen, daß Gewitter nicht nur dem alten Wotan geweiht waren, sondern auch noch heute eine besondere Bedeutung haben: dem einen ein Zeichen der Gnade — hier der Erlösung von arger Hitze —, dem anderen ein himmlischer Zorn, immer aber Sprache und Sinnbild der unterbewußten Kräfte, die beides sein können, himmlische Ruhe und göttlicher Zorn.

Dritte Exerzitien-Reihe

XXI *Imagination als Machtmittel des Unbewußten*

Diese Übungen sind Gift, und nur Macht in der Hand des Starken, Vollendeten. In unseren Landen dürfte man sie aus unten angegebenen Gründen nicht finden. Wenn wir sie trotzdem bringen, dann einmal deshalb, weil *jeder* Übende willkürlich oder unwillkürlich auf *seinem* Wege mit ihnen in Kontakt kommt, und zum anderen, weil man Gift nicht aus der Welt schafft, indem man es ignoriert. Man muß im Gegenteil — schon um schwarzmagischen Praktiken begegnen zu können — so weit wie möglich mit den Imaginationen vertraut sein, denn wie der Glaube die *Sprache* ist im anderen Reich, so ist Imagination das *Machtmittel*, und beide — Glaube und Imagination — wurzeln zwar im Unbewußten, sie wirken aber *auch* im irdischen Bereich.

Für jeden metaphysische Pfade Beschreitenden besteht die Gefahr, entweder unbewußt die Imagination anzuwenden — zum Beispiel die Konzentration auf den „Punkt im All" ist auch eine imaginative Übung —, und dadurch vielleicht auf gefährliche Seitenwege zu geraten. Oder er begegnet einer gegen ihn gerichteten Imagination — die er ja in Unkenntnis nur in der Wirkung erkennt —, und ist dann ziemlich fremder Kraft ausgeliefert.

Aus allen diesen Gründen haben wir uns entschlossen, Methoden zu erläutern, die *nicht* direkt mit dem Wege (dem Pfade) zusammenhängen, jedoch mit dem unbewußten Reich, dem zu nähern wir uns ja mühen. Gefahr erkennen, heißt sie vermeiden, und für solche, die Arges im Sinne haben, gibt es andere Informationsquellen über Imagination (z. B. in der fernöstlichen Literatur). Uns liegen einige Standardwerke über fernöstliche metaphysische Systeme vor (die wir schon seit recht langer Zeit kennen, die wir erst jetzt aber gründlich studiert haben), die — jedes zu einem bestimmten Teil — *auch* die Imagination einschließen, und manchen Suchenden — der die fernöstlichen Gegebenheiten eben *nicht* hat — verlocken können, sich gerade dieserart Übungen —in Unkenntnis der Gefahr — herauszusuchen.

Die *Tarnung* dieser Werke gegen Unberufene schirmt sie vielfältig ab. Ein wesentlicher Teil der Abschließung gegen Uneingeweihte — also ethisch nicht fundierte — ist der Gebrauch der fernöstlichen Terminologie, besser: die Beibehaltung der termini technici.

Die größte Schwierigkeit des Verständnisses fremdländischer, besonders fernöstlicher Geheimlehren in unsere Sprach- und Denkweise liegt vor allem darin begründet, daß die meisten Autoren — die nicht in Deutsch schreiben — die fremdländischen Formulierungen und Begriffe einfach übernehmen. Wir haben die Jahrtausende alten Lehren aus Japan, China, Indien usw. von Anfang an in *unsere* Sprache gebracht und unsere Stilistik und Denkweise angewendet. Dadurch wird der Text naturgemäß unheimlich klar in seiner wirklichen Bedeutung, und wir hüten uns davor, diese unseren privaten Arbeiten in andere Hände fallen zu lassen.

Es ist *nicht* merkwürdig, daß sich manche der genannten Lehren überschneiden. Dann haben wir sie auf einen Nenner gebracht und weiterhin vereinheitlicht. *Auszüge* dieser unserer Interpretation, mit persönlichen Erfahrungen und Experimenten ausgestattet, findet der geschätzte Leser — obwohl er das Original auf diese Weise sicherlich nicht wiedererkennen kann — zum Teil auf diesen Blättern: soweit sie uns dienen können, unsere eigenen Erfahrungen zu untermauern oder zu erweitern oder Gefahren aufzuzeigen, wie sie eben durch Anwendung der Imagination — um nur *ein* Exempel anzuführen — entstehen *können* (wenn man sie, wie gewisse Archetypen, „links" liegenläßt, *kommt* man erst garnicht in Gefahr).

Wie gesagt: der dieser Schriften unkundige Leser — mag er sie nun gelesen haben oder nicht — wird das, was wir in unserer Version daraus etwa hier bringen, nicht erkennen: der Fachmann aber weiß überdies, daß *alle* Geheimlehren *das gleiche Fundament* haben, und nur in bestimmten Ritualen oder Einweihungswegen — und Terminologien — voneinander abweichen. Zur weiteren Illustration des von uns Gesagten führen wir einen Abschnitt an aus dem von Findeisen in beispielhafter Weise geschriebenen Buch „Schamanentum" (Stuttgart, 1957), das in anderen Worten etwa das sagt, was wir zu erläutern versuchen:

„Die Schamanen-Medien" heißt es auf Fo. 190, „sind also zunächst Künstler, weil der Mensch von einer künstlerisch arbeitenden seelischen Potenz aufgebaut und erhalten wird, die auch die Leistungen dieser ihrer Schöpfung veranlaßt und durchdringt. Diese Potenz verfügt aber auch über — der oberbewußten Persönlichkeit nicht zugängliche — tiefe Einsichten in den Aufbau und die Funktionsweise der „Natur" überhaupt. Dieser selben Potenz kommt ferner die Fähigkeit zu, Wirkungen in der Natur zu vollziehen, die über die der (bekannten. Der Autor) physikalischen Gesetzmäßigkeit hinausgehen, da sie selbst ein über der Natur stehendes Etwas darstellt, das die Materie nach Belieben handhabt und sie, etwa bei Apportphänomenen, dematerialisiert und wieder rematerialisiert." Und weiter: „Diese Potenz ist deshalb aus der Natur nicht ableitbar, sondern stellt den zeit- und raumlosen geistig- schöpferischen Wesenskern des Menschen dar und dürfte deshalb als eine Unterkraft des das All durchwaltenden göttlichen Geistes selbst anzusehen sein."

Mit diesem Absatz müssen wir uns — weil er genau das ausdrückt, was wir zu erläutern uns vorgenommen haben — näher beschäftigen.

Das genannte Buch beschäftigt sich in vorbildlich gründlicher Weise mit Art und Wirkung des Schamanentums — also eines „Medizinmannes" nordasiatischer Prägung —, und betont in der angeführten Stelle, daß dem Schamanen erlaubt ist, eine „tiefe Einsicht in den Aufbau und die Funktionsweise der Natur (Natur steht im Original in Paranthese)". Weiter schreibt Findeisen über die Übersinnliche Potenz der Naturpriester, um dann zu betonen, „daß diese Potenz deshalb aus der Natur *nicht* ableitbar" ist.

Damit, scheint uns, widerspricht sich der Forscher. Einerseits billigt er den Schamanen eine tiefe Natureinsicht zu, andererseits betont er, daß diese — übersinnliche — Potenz aus der Natur nicht ableitbar sei. „Hier irrt Goethe", hätte man im vorigen Jahrhundert gesagt, um zu meinen, daß hier eine Kapazität aus seinen eigenen Forschungen nicht den ganz richtigen Schluß zieht. Denn — darüber wollen wir uns doch klar sein — *Natur* ist doch schließlich alles, einschließlich unbekannter Funktionen oder Kräfte der Natur, die man in Unkenntnis deshalb die übersinnlichen Kräfte nennt.

Die Klärung dieser Frage ist um so wichtiger, als *alle unsere Übungen* durchaus eine *natürliche* Erklärung haben, und der Sinn unserer so minutiös aufgeführten Experimente ist kein anderer als der, *eben schrittweise* in diese verborgene Seite der Natur — aber übungsmäßig erreichbar — einzuführen. Was aber naturverborgen ist, *bleibt* doch Natur, ebenso wie Elektrizität Natur war, bevor sie überhaupt bekannt wurde.

Unsere durch Experimente erhärtete Ansicht wird unterstützt — nicht nur durch die unzähligen Werke über Metaphysik überhaupt —, sondern unter anderem auch durch einen Professor der Naturwissenschaften, der ein ungeheuer interessantes und wichtiges Buch geschrieben hat über „Magie als experimentelle Wissenschaft" (Ludwig Staudenmaier, Leipzig, etwa 1925). Und jetzt kommen wir zum Kern unseres Vorworts zum Imaginations-Exerzitium, das sich im übrigen aufbaut:

1. Vorwort und Erläuterung des Phänomens
2. Die Bereitung
3. Vorübungen
4. Das System
5. Die Praxis
6. Die Möglichkeiten — soweit sie hierher gehören

Den Punkt 1, Vorwort, wollen wir durch Kurzerläuterung des Phänomens „Imagination" abschließen, denn wir mußten lange verweilen, uns an das Thema heranzutasten — weil es zu den „unbekannten Naturkräften" gehört.

Staudenmaier hatte sich zur Aufgabe gestellt — und sie über Erwarten gut gelöst —, sogenannte „Nerven-Zell-Komplexe" zu konzentrieren und zu materialisieren. In unserer Ausdrucksweise: St. hat archetypische Kräfte personifiziert (er hat sie, sei bemerkt, *seine* Aufträge ausführen lassen, jedoch *meist* belästigten sie *ihn* in so furchtbarer Weise, daß er die Übungen gänzlich abbrach. Sie sind ihm übrigens nicht gut bekommen — eine erneute Warnung davor, mit diesen Kräften zu „experimentieren"). *Wie* das überhaupt möglich ist, wollen wir dem Leser allmählich näherbringen, mit der dringenden Bitte, keinerlei Experimente in dieser Richtung anzustellen. Er sollte auch auf diesem — der Metaphysik zugehörigen — Gebiete Bescheid wissen, aber nicht versuchen, durch Imaginationen darin zu herrschen. Eine durch bestimmte Exerzitien, insbesondere mit Hilfe der Evokation und der Imagination erworbene Disposition *lockert* die erwünschten Nervenzellkomplexe — oder, in unserer Terminologie: Archetypischen Kräfte — in so auffälliger Weise, daß — unter Beachtung der bekannten Vorsichtsmaßnahmen — nahezu alle dämonologischen Phänomene sozusagen im Nu gelingen, besonders leicht dann, wenn man die vorschriebenen Rituale (lies: Vorschriften hinsichtlich Vorbereitungen und Konzentration und Beachtung der üblichen Schutzmittel) auf nur *eine* Kraftgruppe beschränkt.

Das Leben mit archaischen Kräften — oder wie immer man sie nennen mag — ist *immer* ein gefährliches Leben. Bedroht ist man stets, wenn nicht an der physischen Gesundheit, dann an der seelisch-geistigen, und zwar auch von an sich „guten Kräften". Denn sie sind *wandelbar,* nicht allein durch den dynamischen Menschen, sondern auch durch Natureinflüsse, jedenfalls durch Gewalteinflüsse, ob von innen oder von außen, die dem Experimentator oft nicht einmal bewußt werden: danach aber *kann* ein Unglück schon geschehen sein.

2. Die Bereitung

Bereit ist der Experimentator für sein Arbeiten mit archetypischen Kräften dann, wenn er — in Körper, Seele und Geist — absolut *neutral*, d. h. leer, gereinigt, ist. Die „andere Kraft" darf in ihm keine Angriffsfläche finden, auf die sie sich vielleicht stürzen könnte, um erst einmal einen Angelpunkt zu haben. Der Körper ist rein, wenn er nüchtern ist, sich möglichst tagelang von Genußgiften und sinnlichen Genüssen ebenso wie von Exaltationen irgendeiner Art freigehalten hat, wenn sein Geist sich in den vorangegangenen Tagen nur mit hohen Gedanken (Lesen guter und zweckmäßiger Bücher) beschäftigte, wenn die Seele frei ist von Emotionen oder negativen Wallungen.

3. Vorübungen

Dienlich sind alle Imaginations- und (unmittelbar damit zusammenhängenden) Konzentrationsübungen. Sehr ratsam ist die im vorangegangenen Exerzitium erwähnte Fähigkeit, übungsmäßig immer schneller die „Fixikation auf das Nichts" (nach Löschen des Punktes im All) zu beherrschen. Denn bei jeder etwa eintretenden kritischen Phase bei der Arbeit mit archetypischen Kräften ist nichts so sehr von Nutzen, schützt nichts so sehr vor irgendwelchen Störungen, als sich möglichst blitzschnell ins „Nichts" zurückzuziehen, weil das Nichts — als „Vorkammer zum Allerheiligsten" — jede etwa bedrohliche Kraft sofort abwehrt oder vernichtet (auflöst).

4. Das System

Wir wollen hier aus den angegebenen Gründen kein komplettes Übungs-System nach vorangegangenen Mustern aufstellen, sondern an Beispielen die Handlungs- und Wirkungsweise erläutern. Wer bis zum „Nichts" vorgedrungen ist, bedarf weiterer Aufklärungen nicht, wer bis dahin noch nicht kam, sollte dieserart Übungen, wie schon gesagt, meiden.

a) Prof. Staudenmaier hatte — zweifellos durch besondere Prädisposition — Konzentrationen auf bestimmte Archetypen in nicht unterbrochener Übungsfolge — und durch absolute Konzentration auf diesen Komplex — lange Zeit erst spielerisch, dann ernsthaft-konsequent vorgenommen. Dieses Programm wäre für den Menschen mit sehr starken Nerven, der in St.'s Fußtapfen treten will, das Modell. Der Erfolg in mehr oder weniger starker Materialisation hängt ab von dem Grad der Mediumität, das heißt von der (erworbenen) *Eignung, Ektoplasma abzugeben*. Hierbei ist der Trance-Zustand Voraussetzung.

b) Durch Ausdauer und die unter a) erwähnten Eigenschaften und Experimente können sogenannte „Seelische Engramme" auf suggestive Weise geprägt werden, die zu denselben Folgen wie unter a) führen. Der Weg, der zu beschreiben ist, muß klar umrissen und eingeengt sein, daß eben nur *ein* Kraftbündel angesprochen wird.

c) „Gedankenformen" setzen die Fähigkeit voraus, mindestens etwa eine Minute im „Nichts" verweilen zu können. Es wäre freilich bedauerlich, wenn diese erworbene, hohe Kraft für zweitrangige Experimente vergeudet werden würde.

d) Zuletzt bleibt noch die Versetzung in die absolute Leere, während der man ein mechanisches Suggestionsmittel (Tonband, Kassette) auf sich einwirken läßt. Bei länger ausgedehnten Übungen — oft sind Wochen, ja Monate nötig —, werden die gewünschten Erfolge nach Maßgabe der Kräfte erreicht.

5. Die Praxis

Die Praxis besteht in der Durchführung eines der geschilderten Systeme. Man sei sich vorher darüber klar, daß man nur *einen* der genannten Wege gehen kann, daß man ihn nicht wechseln sollte, und daß der Erfolg — oft das Ergebnis jahrelanger Mühen — keineswegs den Kraft- und Zeiteinsatz rechtfertigt. Dieser Weg ist für Schwarzmagier, die ihre unsterbliche Seele aufs Spiel setzen wollen — denn das ist der Preis — allerdings verlockend. Aber wir können hier voraussagen, daß sie zum Schluß, „die Geister, die sie riefen, nicht mehr los werden".

Es heißt zwar im „Don Carlos": „Eine Nacht gelebt im Paradies, ist mit dem Tode nicht zu teuer bezahlt", aber es heißt — in unserem Bereich — auch: Ein kurzer Glanz im Ird'schen Glück, ist mit dem Seelentod zu teuer bezahlt.

6. Die Möglichkeiten

So sehr wir davon abraten, mit seelischen Tiefenkräften — die schließlich mit dem kosmischen Weltganzen zusammenhängen — zu experimentieren, so sehr sind wir davon überzeugt, daß man in absehbarer Zeit mit den archetypischen Kräften Großexperimente — und zwar auf einer ganz anderen Ebene — vornehmen wird. Das kann geschehen von gewissenlosen Fanatikern, die auf diese Weise ihre „Ideen" durchzusetzen hoffen (und das heißt, höchste Macht zu erlangen), das ist aber auch möglich als Programm für gewissenhafte Forscher, die sich in größeren Teams — unter Zuhilfenahme ganz bestimmter Geräte — mit diesen Fragen im größeren Rahmen beschäftigen.

Von diesem Gestade aus könnte nicht nur eine völlig neue Wissenschaft erstehen, von hier aus können nicht nur Anregungen für alle Wissens- und künstlerischen Zweige ausgehen, aus dieser Quelle könnten auch Inspirationen kommen, die unser Weltbild verändern.

XXII *Vierte Exerzitienreihe:*
Zur Extase mit Mantren

Aufteilung dieses Exerzitiums:

1. Vorbemerkungen
2. Bereitungen, Hilfen
3. Die erste Stufe: bis zur Gedankenstille
4. Die zweite Stufe: Meditation
5. Die dritte Stufe: Kontemplation
6. Die vierte Stufe: Nirwana
7. Die fünfte Stufe: Urlicht

1. Vorbemerkungen

Der Lesende, zugleich Studierende, evtl. schon Experimentierende, wird bemerken, daß diese vierte Exerzitienreihe ein schärferes, strengeres Tempo vorlegt.

Er wird weiter feststellen, daß eine *scheinbare* Lücke — ein komplettes System, Punkt für Punkt, in der Imaginationsreihe — *hier* nachgeholt wird, weil sie hier nicht mehr Programm für alle denkbaren Vornahmen ist, sondern ausgerichtet wird auf *das* Ziel, das wir mit allen Exerzitienreihen zu erreichen trachten. Mantram (plural: Mantren) heißt sinngemäß übersetzt: Feuerwort; als Mantram kann ein Wort stehen (z. B. „Errette"), ein Satz (bekannt ist das lamaistische „Om mane padme hum"), jedoch auch ein Gedanke (z. B. „Der Herr ist mein Hirte, mir wird nichts mangeln").

Hier, wie in allen sogenannten Geheimlehren, gilt das

eine Prinzip: zuerst wird ein mediumistisch-trance-artiger Zustand, jedoch bei unbeeinträchtigtem Oberbewußtsein erlangt, dann folgt eine systematische Stärkung und Weitung erst der Seele (Unterbewußtes, Tiefenbewußtsein) und des mentalen (also kosmischen) Geistes, um mit den so geschaffenen Hilfen — erweiterte Seele und entwickelter mentaler Geist — im „anderen Land" arbeiten zu können. Und diese Arbeit ist (abgesehen von der passiven Tätigkeit des Schauens, Erlebens, Lernens, Kennenlernens) ausgerichtet auf *ein* Ziel: Die Erlangung des kosmischen Bewußtseins. Wie der Mensch *wurde* dadurch, daß er ein Selbst-Bewußtsein (Bewußtsein seiner selbst) erlangte, so wird der Körper in der nicht-irdischen Welt gebildet durch Ausbildung der von ihm benötigten Organe. Seine Verständigungsmöglichkeiten — die ihn auch mit der irdischen Welt in Zusammenhang erhalten — sind Glaube und Vorstellung (Imagination), sein Körper ist rein fluidischer — also immaterieller — Art:

Er besteht aus dem Seelen- und (mentalen) Geistkörper — und seiner Individualität. Das alles rankt sich um den Kern seines kosmischen Seins: um den göttlichen Funken oder Lebenskern.

Alle metaphysischen Übungen zielen darauf ab, erst den jenseitigen Körper mit seiner nur ihm eigenen Selbständigkeit zu bilden, seine Organe und Kräfte oder Bestandteile und seine Verständigungsmittel Glaube und Vorstellung (Imagination) zu schaffen und zu verstärken. Je weiter dies gelingt, um so reifer *ist* der Kosmische Körper, um so stärker kann er sich im Kreise der ihn umgebenden Kräfte und Welten behaupten und durchsetzen.

Da Geburt und Besitz *dort* nichts gelten, liegt alles Gewicht allein auf der Ausbildung des Kosmischen Körpers, und dieser Aufgabe dienen alle hier aufgeführten Exerzitien.

Wir haben erfahren, daß wir uns um so eher und um so stärker der Mitarbeit unserer strebenden Freunde versichern, je *klarer* und deutlicher wir ihm sagen, worum es im Grunde geht. Und aus diesem Grunde nehmen unsere Erklärungen fast stets einen breiten Raum aus — sie ersetzen oft Wochen unsicheren Übens in unbekanntem Gelände.

2. Bereitungen, Hilfen

Zum Unterschied z. B. von dem Sprechen von Vokalen in die einzelnen Gliedmaßen, Chakren und Drüsenzentren erstreckt sich das Sprechen der Mantren von Anfang an auf den ganzen Körper. Er muß also völlig in unsere Gewalt geraten, und das heißt hier fast das Gegenteil dessen, was man sonst darunter (irdisch) versteht: wir müssen den Körper tatsächlich aus unserer (willentlichen) Gewalt *entlassen*. Je weniger wir ihn fühlen — und die Taktik dazu haben wir mehrmals beschrieben —, um so besser ist es für unsere Zielsetzung. Ob nun Schwere, Wärme oder Leichtigkeit der absoluten Entspannung vorausgeht (und das hängt sowieso von Konstitution und Entwicklung ab), ist nicht wichtig. Entscheidend ist, daß wir am Ende dieser Übungen den Körper nicht mehr spüren. Sobald wir diesen Zustand befriedigend erreicht haben und unbeschränkt lange durchhalten können, gehen wir über zum zweiten Punkt dieser Phase: zur absoluten Gedankenstille oder „Kosmischen Leere": Wir dürfen also nicht nur unseren Körper nicht mehr wahrnehmen, auch unsere Umwelt mit allen ihren Bekundungen muß für uns versunken sein, der letzte Gedanke unser Hirn verlassen haben, keine Regung unsere Seele mehr füllen: *dann* ist die absolute, die Kosmische Leere oder Gedankenstille erreicht. Der eine braucht Tage dazu, der andere Wochen oder Monate: bei Geduld und rechter Einstellung (rechtem Verhalten, rechtem Tun, rechter Diät, rechter Enthaltung) gelingt das immer.

Gute Hilfen leisten uns folgende fast jedem zur Verfügung stehende Möglichkeiten:

a) Wir suchen eine Gegend aus (Urlaub!), wo wir wirklich völlig ungestört sind.

b) Wir gewöhnen uns — vor den eigentlichen Übungen — zunächst einmal daran, zum Beispiel sitzend, den Geist nur auf *einen* einzigen Gegenstand zu richten (und ihn nicht abschweifen zu lassen und auch keinem Gefühl Eingang zur Seele zu erlauben).

c) *Geduldsübungen* sind für viele ausgezeichnete Konzentrationshilfen: Wer hundert Mal hintereinander einen Beutel mit Murmeln (oder anderen Gegenständen) ausgeschüttet und seelenruhig (darauf kommt's an) wieder eingesammelt hat, der hat eine beachtliche Kraft für seine Exerzitien gewonnen.

d) Man wähle sich das Mantram, das man wünscht (und das nicht nur Mittel zur Entspannung — und tiefere Zustände — sein soll, sondern zugleich auch nach Möglichkeit klar das Ziel umreißen soll), schon vor Beginn der eigentlichen Exerzitien und spreche es recht konzentriert in sich hinein. Damit werden bestimmte seelische Bereitungen getroffen, die uns dann sehr nützlich sind.

e) Wunder hinsichtlich schneller Förderung bei unseren Exerzitien wirken manchmal Fastenkuren. Wenn man drei Tage — wenn man gesund ist, kann man es sich ungestraft leisten, besonders wenn man über normal wiegt — von Bananen und täglich mindestens zwei Liter Heilbrunnen lebt, befreit man sich von manchem Ballast und macht „Geist und Seele" frei.

3. Die erste Stufe

geht, streng in Unter-Stufen eingeteilt, wie folgt vor sich:

a) Schaffen der räumlichen und körperlichen Vorbedingungen;
b) Vorbereitung auf die notwendigen inneren Bedingungen (frei von Gedankenballast, Emotionen, Sorgen);
c) Bereitung der richtigen Ruhe-Unterlage (nicht zu fest, nicht zu weich, nicht kalt, aber noch weniger warm, eine Zeit, die erfahrungsgemäß am ruhigsten ist);
d) Entspannung, Glied für Glied, wie früher beschrieben;
e) Gedankenstille — wie oben geschildert — bis zum Aufhören jedes Gedankens, jeder Empfindung, jeder Wahrnehmung;
f) *Festhalten* dieses Zustandes solange wie nur irgend möglich. Gelingt es heute nicht genügend lange (wenigstens einige Sekunden), bis zu diesem Ziel weiterüben.

4. Die zweite Stufe

Meditieren ist das Festhalten an einem kultischen Gegenstand oder Gedanken. Wir unterscheiden zwei verschiedene Reihen, Gegenstand, Gedanke. Danach richtet sich die Ausbildung, die möglichst *beide* Reihen umfassen soll. Deshalb sind sie hier nebeneinander gestellt:

Gegenstand (hier: Kreuz)	Gedanke (hier: *Gedanke* an das Kreuz, und
a) Erst ein Kreuz sitzend vor sich aufstellen, es lange betrachten, dann mit geschlossenen Augen geistig nachbilden	alles was sich davon ableiten läßt: der geschichtliche Hintergrund ist bekannt, der Phantasie sind jedoch keine Grenzen gesetzt, sofern sie den Grundgedanken nicht verlassen).

b) Geistige Vorstellung *ohne* Vorlage
c) an den nächsten Tagen in Ruhelage Vorstellung des Kreuzes ohne Vorlage
d) Vorstellung des Kreuzes ruhend in völliger Entspannung
e) einige Tage Versuche, die „Leere" herbeizuführen und *dann* das Kreuz zu materialisieren (mit geschlossenen Augen)
f) nach gelungenem Versuch völlige Gedankenstille mit Nachschöpfung des Kreuzes erst mit geschlossenen Augen
g) dann mit offenen Augen Materialisation — immer in absoluter Leere — des Kreuzes in den Raum
h) Verstärkung der letzteren Übung bis zur Sicherheit

a) Das Kreuz als Sinnbild der Menschenseele vorstellen, aber nicht das Kreuz, sondern die Vorstellungen, die sich daran knüpfen
b) Überlegung — das *ist* hier meditieren— warum das Kreuz zum Symbol des Christentums wurde
c) Versenkung in die Leiden des Erlösers am Kreuz
d) *Einfühlen* in die Leiden des Gekreuzigten
e) was uns das Kreuz heute zu sagen hat
f) der Grad der Versenkung von Entspannung zu Gedankenstille und ihrer Festhaltung — sollte jetzt bei den gleichen Betrachtungen (a-e) ständig vertieft werden

5. Die dritte Stufe

Erst, wenn die vorangegangene Stufe beherrscht wird — also nach wochenlanger Übung (die Materialisation des Kreuzes in den Raum richtet sich nach dem Grad der Abgabe von Ektoplasma, also nach den allmählich erworbenen mediumistischen Fähigkeiten). (Wer auch nach Monaten hier keine Erfolge verzeichnete, gebe diese Phase auf, da die Eignung offenbar fehlt — oder die Leere nicht ausgeprägt genug ist), also nach Bewältigung der vorangegangenen Stufe folgt die jetzige, dritte Stufe.

Die Kontemplation ist eine absolute Versenkung in einen

heiligen Gedanken (Vorstellung) bei immer länger anhaltender Gedankenstille. Nach der Erleuchtung (vgl. „das Licht") fällt diese Übung, wie auch die vorangegangene, verhältnismäßig leicht.

Wichtig ist bei der Kontemplation, sich auf das letzte Ziel auszurichten und diese Vorstellungen langmöglichst auszudehnen.

6. Die vierte Stufe

Das Nirwana, aus dem buddhistischen Begriffsschatz, bedeutet im Grunde „Nichts", freilich nicht die Leere, sondern das ewige Sein. Zum Unterschied von der Europäischen Zielsetzung (die sich der Verewigung des Selbst, also der Individualität verschreibt) strebt der Buddhist nach seinem Glauben nach der Auflösung im „Nirwana".

Wir neigen nicht dem buddhistischen Gedankengut zu und erstreben die persönliche Unsterblichkeit, die — wir erläuterten es vorstehend ausführlich — verbunden ist mit der Bildung des „Urlichtkörpers", oder, wie wir es vorstehend nannten, des „Kosmischen Körpers" (beides ist dasselbe).

Wer in das Licht — nennen wir es die göttliche Zentralsonne — will, muß durch das Nirwana gehen, das in etwa der „Gedankenstille" oder Leere auf höherer Stufe entspricht.

Es gibt nur einen Leitsatz für die hier zu befolgende Übung: Dem, der das „Licht" kennt, brauchen wir nichts mehr zu raten, dem, der die Gedankenstille kennt, tut nur noch not, länger in ihr zu verharren: er wird Nirwana und Licht kennenlernen.

Die Anderen, Nachfolgenden, mühen sich, eben erst die Gedankenstille zu erüben, um dann der anderen Seligkeiten teilhaftig werden zu können.

7. Die fünfte Stufe

Wir meinen, daß Urlicht und Nirwana nicht das Gleiche sind. Wir wissen, um die Macht des Glaubens, um die formende Wirkung der Vorstellung: Ein jeder erhält, was er erwartet. Der Buddhist erwartet und ersehnt nichts weiter als das Nirwana, gut, er erhält es. Wir wissen, daß dahinter die ewig-strahlende Schönheit des wirklichen Paradieses auf den ewig Strebenden wartet. Und das Urlicht ist nichts mehr und nichts weniger als die Summe der Seelenlichter aller gewesenen, seienden und kommenden menschlichen Geschöpfe (frühere Zeitalter nannten es den „Allgeist"). Worte bedeuten hier nichts, Begriffe sind Schall und Rauch, Erleben, Erwarten, Erfahren, Sein sind alles.

Wir glauben und wissen, daß die Aufgabe des Menschen seine eigene, jedoch individuelle Verherrlichung in der Ewigkeit ist. Hierüber wird noch zu reden sein.

Die Gefahr der Halluzinogene
XXIII *Es sind drei Arten von Gefahren,*

die durch Halluzinogene auf uns zukommen. Wir sprechen *hier* grundsätzlich *nicht* von Suchtmitteln, sondern von Mitteln, die zu irgendwelchen — nur erklärten oder tatsächlichen — halluzinatorischen Sensationen führen. Hierzu gehören Drogen, wie Haschisch (Marihuana), Peyotl usw., die *nicht* süchtig machen *sollen* (obwohl es eine seelische Gewöhnung gibt, die ebenso schlimm sein kann wie die rein körperliche Sucht nach immer stärkeren Drogen).

Die drei Arten von Gefahren sind:

die Gefahr der Wegbahnung für stärkere (Sucht-) Mittel;

die Gefahr, durch Drogen hervorgerufene Halluzinationen als Selbstzweck zu nehmen, denn Mittel zur Selbsterhöhung sind sie *nicht;*

die Gefahr, sozial abzusteigen und für immer verloren zu sein für jene Ziele, für die wir uns hier einsetzen.

Wie schon gesagt, sprechen wir hier nicht von den weiteren Folgen, die sich eben aus diesen drei genannten Gefahrenquellen ergeben. Diese Gefahren — die sich beinahe zwangsläufig aus den genannten drei Quellen ergeben — sind unmittelbar der Übergang zu LSD (das zu tödlichen Gefahren für den Nehmenden *und* für seine Umgebung werden kann), zu Heroin (das unbedingt zur Rauschgiftsucht führt, die kaum heilbar ist) (die Rückfallquote beträgt 90 Prozent) und Morphin. Daß Rauschgiftsucht auch bei vorsichtiger Dosierung — wie z. B. beim Opium zu beobachten ist — zu körperlichem Verfall und zu sozialem Abstieg führt, wird kaum mehr bestritten. Am verheerendsten erscheint mir die *Ansteckungsgefahr*, also die Übertragung der Sucht auf andere (die Statistiken lehren, daß *jeder* Süchtige zwischen zehn bis fünfundzwanzig *Mitläufer* heranzieht).

Seit Jahrtausenden versucht der Mensch mit Hilfe von Halluzinogenen, zu denen auch die sogenannten Hexensalben gehören, sich „Erfahrungen" in anderen Bereichen zu verschaffen, ohne zu bedenken, daß er nur Negativismen eintauscht: das mehr oder weniger seltene Experimentieren und dementsprechend dosierte körperliche und seelische, oft tödliche Geschehen wollen wir auch *hier* außer acht lassen: das geht jeden Einzelnen an, der auf diese Weise Mord und Selbstmord verbinden will. Uns kommt eine moralische Wertung *nicht* zu — und wir verzichten auf sie gänzlich. *Daß* aber jemand mit dem Drang, von unbekannten Welten zu erfahren — und das ist ein durchaus positiver Zug — auf die angedeutete Weise früher oder später zugrunde gehen sollte, statt zu den Pionieren auf unserem Gebiet zu gehören — dieser Gedanke ist uns unerträglich.

Und dieser Gedanke ist der Hauptgrund dafür, daß wir uns der keineswegs simplen Aufgabe unterzogen, zusammenzustellen, was nunmehr vor Ihren Augen steht.

Wir haben nicht nur an jene gedacht, die etwa der einen der drei genannten Gefahren ausgesetzt sind — oder mehreren. Wir haben auch derer gedacht, die vielleicht von den Dingen, die wir hier besprechen, nichts wissen, oder nur nebulose Vorstellungen von dem haben, was uns das Herz füllt.

Auf *drei* Wegen hat die Menschheit von dem „Jenseits der Seele" erfahren: durch krankhafte Zustände (u. a. Epilepsie), durch Rauschmittel (Halluzinationen) und durch Prädisposition (Gesichte, Prophetie u. a.).

Der Mensch schon der frühesten Zeit hat „Wahnsinnige" (seelisch oder geistig Kranke) als Heilige verehrt und ihren oft verworrenen Worten gelauscht, die doch oft einen gewissen, echten Kern aufwiesen. Als eine gewisse Übereinstimmung festzustellen war zwischen den Erfahrungen der Geistig-Gestörten und den Menschen, die Rauschmittel zu sich nahmen — wenn auch Welten zwischen diesen beiden Erfahrungen liegen —, zählte man zwei und zwei zusammen und schuf sich ein transzendentes Reich, bunt wie eine Palette, vielgestaltig wie die Landschaften der Erde, unterschiedlich in Rasse und Entwicklung. *Systematik* kam erst in die „jenseitige Welt", als Berufene, als vom Geschick vorbestimmte — man sagte: mit übernatürlichen Gaben ausgestattete — Menschen das, was sie geistig erlebten, *formten,* zu Kulten gestalteten. Von hier aus zu den Urreligionen war ein zwar zeitlich langer, geistig jedoch kurzer Weg. Vergessen wir nicht, daß selbst die Urreligionen oder Kulte — wir erinnern nur an die dionysischen — sich fast stets der beiden Ursachen bedienten, um die *scheinbar gleiche* Wirkung hervorzurufen.

Die Priester genannten Gottesdiener, von Jugend auf unterwiesen und mit den seelisch-geistigen Vorbedingungen ausgestattet, leiteten die großen Feste, die ein- oder mehrere Male im Jahre stattfanden: *sie,* die Priester, hatten die Gabe, mit klarem Verstande zu *schauen,* und kraft dessen zu lenken und sich zu entwickeln, die anderen, *das Volk,* jedoch wurde Opfer der großzügig eingesetzten Rauschmittel, die zum Schluß durch Orgien den von den Priestern vorbestimmten Zweck schufen, nämlich die *Massen* der Lenkung zu unterwerfen — mindestens bis zum nächsten Fest. Die Menge hatte nach Ablauf der festlichen Tage einen argen Katzenjammer, die Leiter der Zeremonien den Gewinn.

Wer offenen Blicks im Buch der Geschichte — auch der Vorgeschichte — liest, wird feststellen, daß durch die Jahrtausende hindurch stets dasselbe Prinzip der Kulte und Urreligionen erkennbar blieb, nämlich *selbst* sich die höchste Einweihung und das Wissen vorzubehalten, die *Masse* aber in Abhängigkeit zu halten durch rauschhafte und orgiastische „kultische" Feierlichkeiten.

Erst die echten Religionen räumten mit diesem Spuk auf und verdammten ihn sogar.

Sobald aber eine bestimmte Zeit nach Begründung einer neuen Religion verstrichen war, verlor sie ihren ersten triumphalen Charakter, den ihr eigenen *Rausch* der Gottesseligkeit, und zwar aus dem klar erkennbaren Grunde: jetzt hatten selbst die obersten Priester nicht mehr die echte Einweihung, und die Massen erkannten mehr und mehr, daß ihr Leben durch die bisherigen Lehren nicht gefüllt werden konnte. Und dann brandeten rauschhafte Orgien auf, die gleich seuchenhaften Wellen durch die jeweilige Kulturwelt gingen, und alles mit sich fortrissen, was bis dahin an Kulturguten geschaffen war, was am „Bilde des Menschen" gemeißelt war. Die Urwelt hatte diese Teile der Menschheit wieder in ihrer Gewalt — und wir erinnern uns, was der Gelehrte C. G. Jung über diese Ausbrüche schrieb.

Auch *heute,* in unseren Tagen, geht eine Art dionysische Welle um die Erde, und auch sie arbeitet mit den bekannten Mitteln, wird gespeist aus den gleichen, bekannten Quellen, von denen wir gesprochen haben. Beiden Symptomen — Abfall von der Kirche und Sturz der alten Säulen sowie der neuen „dionysischen Welle des Rausches und des Fanatismus" — ist gemeinsam, daß sie die Folge einer Leere, eines Negativen sind: an Stelle des Glaubens ist bloßes Wortgeklingel getreten, an Stelle der gestern Angebeteten findet man heute ihre Ruinen, zertrümmert und leer, und der haltlose Mensch, sein vakuumhaftes Unterbewußtes, *verlangt* nach einem echten Inhalt — und solange es *den nicht* erhält, nimmt sie mit Ersatz vorlieb. Dieses Buch will an Stelle des Ersatzes auf das Echte, Ewige hinweisen, es will versuchen, den Strebenden, Gequälten, Ruhelosen, Einsamen, oft genug sonst Verlorenen eine neue Heimstatt zu bieten, erfüllt mit den kühnsten Träumen des Menschen, ergänzt durch die Wege, diese Träume zu verwirklichen.

XXIV *Die sinnlosen Opfer*

Zugegeben, daß es schon jetzt der Menschen auf Erden zuviele sind. Doch müssen gerade die wertvollsten Volksteile, die Jungen, Idealgesinnten, Suchenden und Strebenden, nach neuen Ufern ringende Menschen elend zugrunde gehen?

Genau das ist das Ziel der Dunkelmächte, die hinter den Parolen stehen, nach denen man dauernde Glückseligkeit und schöpferische Kraft unter Verwendung von Halluzinogenen erlangen kann. Seht Euch doch die Opfer an! Sprechen sie nicht selbst gegen diese Unholde, die die Elite der Völker vergiften wollen, aus Gründen, die wir andeuteten, die im Grunde aber letztlich noch nicht klar erkennbar, noch weniger in den dafür Verantwortlichen *sichtbar* zu machen sind. Je öfter und stärker man die uns nunmehr bekannten unterbewußten Kräfte aufrührt, um so stärker und explosiverer — also zerstörerischer — Art treten sie in Erscheinung. Das Arge bei der Verwendung psychodelischer Drogen ist, daß sie nur bei den ersten paar Mal den Anschein erwecken, schöne, friedliche, beglückende Bilder und Kräfte hervorzurufen.

Bald jedoch machen sich die aufgescheuchten entsetzlichen Tiefen der Seele bemerkbar und ergreifen — nach dem ihnen innewohnenden Gesetz, zu dominieren, wo ihnen höhere Kräfte nicht im Wege stehen — die Herrschaft. Es liegt in der Entwicklung des Menschen begründet — wir werden es später noch deutlicher erkennen —, daß (durchaus nicht merkwürdigerweise) die negativen Eigenschaften

— jene auf Erhaltung von Leben und Art bedachten zuvorderst — sich bemerkbar machen, sobald die oberste Kruste (teilweise freundlicher Bilder und Kräfte) abgebrochen ist.

Die wahrhaft teuflische Täuschung bei Verwendung von Drogen, vor allem bei Rauschgiften, liegt bei den meisten Menschen darin, daß vor allem — schon nach kürzester Zeit — die düsteren Aspekte der seelischen Kräfte geweckt werden. Doppelt teuflisch erkennt man die Täuschung dann, wenn man bemerkt, daß man einem unaufhaltsamen Persönlichkeitsverfall — oft katastrophal beschleunigt — ausgesetzt ist, und daß von irgendwelcher Erkenntnis oder Reifung der Persönlichkeit überhaupt keine Rede sein kann.

Es ist unbestreitbar, daß eine große Anzahl von Menschen ein Leben lang *mit* Alkohol leben können, ohne jemals „trunksüchtig" im Sinne der Psychiatrie zu werden. So sicher gibt es auch Menschen — uns liegt an der Wahrheit, nicht an Sinnverdrehungen —, die *mit* Rauschgiften — z. B. Opium —, sorgsam dosiert, lange und fast ungestraft leben können. *Doch die überwiegende Mehrzahl der Menschen kann das eben nicht,* und in Krisensituationen können es die wenigsten.

Weiterhin ist wohl bekannt, daß ein guter Prozentsatz Suchtgefährdeter — also Menschen, die entweder Vor-Rauschgifte wie Marihuana nehmen, oder sorgfältig dosiert Rauschgifte hin und wieder verwenden — eine gute Zeitlang *mit* der Gefahr leben können —, bis eines Tages bestimmte Umstände eintreten, die etwa eine Erhöhung der Dosis bringen, einen argen „Kater", wenn man ihn am wenigsten brauchen kann, und der eben durch eine neue, stärkere Dosis vertrieben werden soll, eine besonders „lustige" Stimmung, die eine zusätzliche Drogendosis erfordert, die Gelegenheit, der Zwang, sind da, und diesen erhöhten Gefahren erliegt dann ein sehr erheblicher Teil der bisher „friedlich" mit Rauschgiften Lebenden. Die so Betroffenen sacken dann unweigerlich ab, der Weg führt buchstäblich in die Hölle. Der Sklave seiner inneren Kräfte ist ein elender, zerrissener, in Rauschzuständen vielleicht „glücklicher" Mensch, der aber von diesem „Glück" wenig hat, da er seiner selbst nicht bewußt ist. Im Gegensatz ist der Herr über sein inneres Erleben und Leben der Gebieter in mehreren Reichen und der darin herrschenden Kräfte. Es hängt mit dem Aufbau der unterbewußten Kraftzentren ab — die in Rauschzuständen oder nach dem Willen des seine Exerzitien Betreibenden erlebbar werden —, daß Rauschgifte enthemmend und zerstörerisch wirken.

Gäbe es ein Mittel in der Pharmakologie, daß — wie bei unseren Exerzitien — die Seele aufschließt, stärkt und die verschiedenen Schichtungen nach und nach zum Leben erweckt, wir wären die Ersten, die ein solches, wenn nicht suchtgefährdendes Mittel befürworten würden. *Eben dieses Mittel gibt es nicht, und wird es niemals geben.*

Aus welchem Grunde wohl nicht? Weil ein lasches Hingeben an seelische Sonderzustände — denn alle Psychodelika versetzen uns seelisch in einen passiven Zustand, mögen wir auch *körperlich* fit und high erscheinen — kein Wachstum der Seele bringt und damit die Entwicklung des Menschen nicht fördert, sondern hemmt und unmöglich macht.

Gewinn aus einer Bewußtseinserweiterung hat — wir wiederholen es mit aller Deutlichkeit — nur der Mensch, der unter Kontrolle des Oberbewußtseins in die seelischen Tiefenschichten eindringt. *Jeder* einem Rausch Verfallene hat im Grunde genommen nur einen *Augenblick* der Fülle überirdischer Weite: in dem Augenblick des Übergangs von einem Zustand in den anderen, also in dem Moment des Übergangs in seelische Tiefenschicht, solange noch eben der Verstand diesen Vorgang bewußt macht. Im nächsten Augenblick aber liegt der Verstand schon am Boden und die *unbewußte* (uns nachträglich irgendwie, angenehm oder ungenehm, bewußte) kurz, die *unbewußte Herrschaft der Tiefe hat begonnen* — ohne daß auch nur noch ein Funke unseres wachen Verstandes, unseres Selbst-Bewußtseins, daran Teil hat.

Seien wir uns um Himmelswillen ein für allemal klar darüber, daß es zu nichts führt, mit einem Ruck — also in einer Sekunde sozusagen — mehrere seelische Tiefendimensionen zu durchstoßen. Die Folge *kann* nur eine plötzliche oder lange dauernde Katastrophe sein. Es ist dem Menschen nicht *möglich,* in geistig unerschlossenen Seelengebieten zu herrschen, er kann nur vergewaltigt werden — und er wird es auch. Selbst wo in Ausnahmefällen — zum Beispiel des nach neuem Ausdruck ringenden Künstlers — offenbar *Neuland* erschlossen wird, stellt sich in Kürze heraus — die Beweise dafür liegen auf unserem Tisch, doch wir versagen uns die Aufzählung dieser Elendsliste —, daß der Teufel *nachträglich* seinen Tribut fordert.

Denn *erstens* kommt der Künstler in Zukunft überhaupt nicht mehr ohne Stimulatien aus, und zweitens beginnt auch er, allmählich die Dosis zu steigern und zu „härteren" Sachen überzugehen.

Rauschgiftsucht — sie beginnt ja fast immer mit dem „harmlosen" Marihuana — ist deshalb so teuflisch, weil sie nicht nur eine körperliche Abhängigkeit von den Drogen („Sucht") herbeiführt, sondern weil sie darüber hinaus auch buchstäblich „Höllenkräfte" der Tiefenseele freisetzt, die nach der absoluten Herrschaft streben — die man Besessenheit nennt.

Ein weiterer, oft unterschätzter Gefahrenpunkt ist die *Täuschung,* der man sich prinzipiell aussetzt, sobald man auch nur von dem Gifte gekostet hat. Wir werden über Tatsachen getäuscht, wir werden — wo erschiene das Düstere anders als erst verheißungsvoll? — mit glänzenden

Farben, Tönen und Bildern getäuscht, mit der Leichtigkeit, die uns plötzlich schwerelos zu machen scheint — und uns im nächsten Augenblick — blind und unkontrolliert, wie wir sind — in den Abgrund stürzt.

Verhängnisvoll ist neben der Ausschaltung des Wachbewußtseins vor allem die Tatsache, daß der Verblendete — es gibt keinen besseren Terminus — mit *allen* seinen Sinnen dem Verhängnis ausgeliefert ist, und das heißt hier: dem verhängnisvollen Untergang. Immer wieder wiederholt sich die Geschichte von dem ersten Male, da man eben nur mitmachte, von der Wiederholung, von der lustigen Party, an der alle Hüllen fielen und eine Extradosis genommen wurde, von der Wiederholung dieser Parties, von dem Übergang auf Heroin, LSD, Morphium (Morphin), von der Gewöhnung, von dem langsamen oder schnellen Verfall und Abstieg, von der Polizei, dem Krankenhaus, der Klinik — und entweder einem zerbrochenen Leben (mit Rückfall in die alte Gewöhnung), das oft mit dem Selbstmord endet, wenn es nicht den „üblichen Weg" geht — mit langsamem Dahinsiechen, dem Aufleben bei „High"-Sein, und schließlich der übergroßen tödlichen Dosis — versehentlich oder mit Absicht.

Das Leben des Menschen „zwischen den Welten" ist von Grund an hart und stellt an ihn Anforderungen, denen die meisten ohne Schaden an körperlicher oder seelischer Gesundheit nicht gewachsen sind. Noch härter wird das Leben dann, wenn „eigentlich" keine Krankheit besteht, der Organismus aber schon von der Überlast an Sorgen und Nöten gezeichnet und überbeansprucht ist, wenn der tägliche Zwangstrott nur noch ein klägliches Schritt für Schritt ist, mindestens zeitweise, denn wir alle kennen das Auf und Ab des Lebens.

Wie schrecklich aber kann sich ein Menschenleben gestalten, wenn es mit dem, den Zeitgeist vergiftenden Gift, den sogenannten Psychodelika, in Verbindung kommt. Dann ist überhaupt von einem Kampf nicht mehr die Rede, dann gibt es außer den ach so kurz bemessenen Rauschzuständen überhaupt keine Ruhepause mehr, dann wird Streß zur Hektik (nach der neuen Dosis), dann wird mühsames Schreiten zum qualvollsten aller Wege auf dieser Erde. Und dann gibt es kein Auf und Ab mehr, keine Möglichkeit einer plötzlichen, glücklichen Wende, die uns alle mindestens einmal im Leben beschert wird, dann gibt es eben nur noch die einfache Hölle. Und Hölle kann man nicht besser oder schlechter machen — sie bleibt immer Hölle — und kein denkendes Wesen sollte sich je in den Bann dieses höllischen Kreises von Sucht und Rausch begeben.

Es gibt, wir haben es nun vielfach beschrieben, und sicherlich auch schon da und dort erfahren, einen sauberen, kraftvollen, gradlinigen Weg in die Urgründe der Seele, die uns Weite und Macht des Geistes und der Seele schenkt. Und Erlebnisse, die wir mit wachem Bewußtsein, mit nicht betäubten Sinnen empfinden und verarbeiten, dabei unmerklich Tag für Tag ansteigend auf *dem Wege*, den wir den Pfad nennen, und der buchstäblich die Wünschelrute des Märchens ist.

XXV Die fünfte Exerzitienreihe
Weckung und Stärkung des Unbewußten mit Hilfe der Augen

Die folgenden Übungen sind ein Exerzitium besonderer Art, besonders, was die Art des Übens und was die Ergebnisse angeht, jedoch auch in bezug auf „kosmische Zeiten", angehende Dauer und nicht zuletzt wegen der vielfältigen Wirkungen, die erzielt werden.

Voraussetzung sind gesunde Augen. Ein wenig kurz- oder weitsichtige Augen sind kein Hindernis, jedoch muß der Augenhintergrund ohne Befund und die Nerven intakt sein.

Für gewöhnlich macht man ähnliche Übungen vor einem kleinen Spiegel, vor dem man sitzt, auch vor einem geschwärzten Glas oder einer Kristallkugel, auch mit Hilfe von Kerzenlicht.

Unsere Übung zielt auf lange Dauer ab, kann — und sollte — liegend ausgeführt werden, und zwar derart, daß der Kopf etwas höher liegt. Augen und die etwa drei Meter entfernte Augensicht müssen kongenial sein, die Augen müssen also direkt — ohne die geringste Gradabweichung, auf das Schau-Objekt fallen, also etwa so: Augenstellung — Blickpunkt.

Wir legen uns am besten zum Schlafen bereit, allerdings in jener bequemen und entspannten Lage, die für alle Entspannungs- und Vertiefungsübungen charakteristisch ist.

Bei den ersten Malen — mehrere Abende hintereinander — haben wir nichts weiter zu tun, als die Augen an drei verschiedene Blickstellungen zu gewöhnen: auf einen Punkt, der der direkten Augen-Blickverlängerung entspricht, auf einen Punkt so weit wie möglich rechts von ihm und auf einen Punkt, so weit wie möglich links davon. Wir haben also drei wechselnde Gesichtspunkte: Mitte, rechts und links. (Augen und Blickpunkt kongenial, *nicht* konträr.)

Die Vorbedingung ist, daß man nicht blinzelt, die Augenlider sich also während dieser Übung an die Unbeweglichkeit gewöhnen. Die gleiche Unbeweglichkeit nehmen auch die Augäpfel ein, mit Ausnahme der Fälle, wo sie nach rechts, links oder zur Mitte zurückwandern (letztere Übung beendet stets das Exerzitium). Weitere Bedingung ist, sich im Verlaufe einiger Abende ganz frei von Gedanken und Empfindungen zu machen, und möglichst auch von der Außenwelt nichts wahrzunehmen.

Die Übungen sollten an keinem Abend unterbrochen werden. Der hier in Rede stehende Fall — mit seinen folgenden Entwicklungen — arbeitet seit 1948, also seit jetzt mehr als vierundzwanzig Jahren, und mir sind nur wenige Übungsausfälle — bei starkem Fieber etc. — bekanntgeworden.

Die Augen sind ein merkwürdiges Organ. Sie sind zwar „fast" ausschließlich zum Sehen da, doch unter diesem „fast" verbirgt sich eine Fülle von Merkwürdigkeiten.

Wir wollen einige davon andeuten.

Die Augen werden von mehreren Muskeln bewegt. Die Muskeln wiederum stehen in Beziehung zu wichtigen Hirnzentren, insbesondere zum Hinterhauptlappen des Großhirns.

Das Hirn speichert und verarbeitet seelische und Sinnes-Eindrücke. Über die Augen und die durch Übungen gestählten Augenmuskeln wird — besonders im Verlaufe längerer Zeiten — die Wirkung übertragen nicht nur auf die motorischen, sondern auch auf die sensiblen Hirnzentren — davon weiter auf andere Hirnbereiche (da im Hirnfelde nichts geschieht, was nicht das große Ganze angeht).

Ist an sich schon das Festhalten an einer bestimmten Übung eine Gedulds- und Energieleistung, so wird sie im Bereich des Augen-Hirnfeldes noch vervielfältigt durch die direkte Einwirkung auf Hirnnerven, Hirnfunktion, Stärkung bestimmter Hirnfelder und Anregung u. a. auch der Hypophyse, die physiologisch verantwortlich zeichnet für Hormon- und Drüsenhaushalt, psychologisch aber Aufgaben zu erfüllen hat, die man heute an der Wirkung ablesen kann. Morphologisch hängt die Bedeutung der Hypophyse sehr wahrscheinlich zusammen mit der Wichtigkeit, die ihr schon vor der Entwicklung der Urmenschen zukam.

Wir fassen zusammen: Unsere Augenübung bringt uns einen Zuwachs an Energie, Geduld und Zähigkeit, sie stählt die Augenmuskulatur — wie jeder Muskel durch Training gestärkt wird — und trainiert bestimmte Hirnpartien und -Zentren, die durch ihre Anregung und verstärkte Tätigkeit z. B. auch auf das Altern, einen günstigen Einfluß ausübt.

Darüber hinaus wird die Sehkraft des Auges gestärkt, schwache Augen wieder besser, die übliche altersbedingte Schwächung des Sehens wird meistens nicht nur vermieden, sondern gewisse Augenschwächen können schwinden. Dies sind Erfahrungstatsachen, die selbstverständlich nur für gesunde Augen gelten.

Manch ein Außenstehender wird vielleicht bei dem einen oder anderen Exerzitium sagen: „Himmel, was sind das doch alles für Vorschriften!" Nun, wir wollen in eine „andere" Welt: und da müssen wir schon die „Lebensbedingungen" dieser anderen Welt akzeptieren, nicht? Übrigens hört es sich stets schlimmer an, als es in der Ausführung ist: wer einige Male — gleich, bei welcher Übung — die Grundstellung (also Übungs-Ausgangsstellung) eingenommen hat, wird erstaunt sein, wie einfach und problemlos im Grunde alles verläuft. Doch unsere Vorbemerkungen sind noch nicht zu Ende.

Je öfter man die Übung vollzogen hat, um so schneller werden die Übungsziele erreicht: mit der Routine kommt die durch Gewöhnung beschleunigte Ergebnissumme.

Zu den ersten, schneller zu erreichenden Ergebnissen gehören die Versenkung (jenseits von Raum und Zeit) und der Anschluß an unterbewußte Kraftzentren.

Als Hilfsmittel für die ersten Übungsabende hat sich erwiesen, lautlos oder flüsternd vor sich hin zu zählen, damit kann man zugleich die Uhrzeit, die man für das Üben festgesetzt hat, kontrollieren. Die Konzentration auf das Zählen mindert sehr das Abschweifen in unerwünschte Gedankengänge oder Empfindungen. Weiter unten werden wir genau nach Stufen die Übungsvorgänge schildern, für jetzt noch einige Hinweise.

Die Übungen sollten, wie schon gesagt, an jedem Abend, vor dem Schlafengehen, jeweils zur gleichen Stunde absolviert werden. Man beginnt mit drei Minuten, also je eine Minute Mitte, rechts und links, um dann abschließend noch kurze Zeit auf die Mitte zu schauen. *Starren* und Verkrampfung sind unerwünscht, wenn die Lider leicht zugekniffen werden, ist das kein Fehler. Das Tränen der Augen ist ein Zeichen dafür, daß sie überfordert sind. Also bricht man für diesmal die Übung ab.

Man steigert *wöchentlich* um je eine Minute, also zwei Minuten Mitte, zwei Minuten rechts, zwei Minuten links, abschließend nach Belieben noch einmal Mitte. In der dritten Woche dann je drei Minuten usw. Es ist nicht nötig, über je 10 Minuten, also insgesamt rund 30 Minuten hinauszugehen. Und zwar erhöht man soweit nur dann, wenn man keine Störungen in Augen oder Kopf bemerkt. In den kontrollierten Fällen sind derartige Schwierigkeiten über lange Jahre hinaus in keinem Fall eingetreten, ein Zeichen, daß die Übungen eine günstige Wirkung ausüben.

Es ist wichtig, sich von Anfang an daran zu gewöhnen, Lider und Augäpfel in der einmal eingenommenen Stellung (Mitte, rechts oder links) unbeweglich zu halten. Das macht nur am Anfang Schwierigkeiten. Nach einigen Wochen könnte man — wie Stichproben beweisen — genau so gut stundenlang ohne zu blinzeln und ohne Augapfelbewegung ruhen.

Die Vorbemerkungen haben deutlich gemacht, daß die Übungen nach Einnahme der Grundstellung so verlaufen:
1. Woche: je eine Minute Mitte, rechts und links,
   noch einmal kurz Mitte
2. Woche: je zwei Minuten Mitte, rechs, links, kurz Mitte
3. Woche: je drei Minuten Mitte, rechts, links, kurz Mitte
4. und folgende Wochen: je eine Minute steigern, bis höchstens je zehn Minuten — mit den Ausnahmen, daß bei besonderen Ereignissen oder Zielsetzungen die Zeit bis zum gewünschten Resultat verlängert werden *kann* (nicht soll).

Nach einigen Wochen der Übung zeigen sich bei den meisten Aspiranten schon Zeichen des erwachenden unterbewußten Kräftespiels.

Doch nun sollen endlich die Angaben folgen, *welche* Augenkonzentrationsvorlage am besten verwendet wird. Was sonst üblicherweise benutzt wird, sagten wir schon (Spiegel, Kristall etc.). Für unseren Zweck und für die vorliegende Übungsreihe eignet sich am besten eine Scheibe (für die Mitte) etwa 30 bis 40 cm Durchmesser (man muß das vom Liegeabstand ausmessen, wie man am besten die Augen „drinnen" behält, also innerhalb der Scheibe). Die Scheibe selbst kann aus Holz, Pappe oder Preßmaterial sein. Wir schwärzen sie mit Tinte oder stumpfem Lack. Die Scheibe sollte *nicht* glänzend sein, also Glas ist aus diesem Grunde ebenso zu vermeiden, wie bestimmte Kunststoffarten.

Für die Ecken rechts und links kann man — sind diese Ecken durch das Nachtlicht dunkel genug gehalten — auf Scheiben verzichten. Die eigentliche Konzentration und Wahrnehmung findet auf der Mittelscheibe statt, deshalb verzichtet man besser auf Scheiben rechts und links, weil diese vorübergehenden Abschweifungen lediglich der Stärkung der Augenmuskulatur dienen.

Sobald sich — nach Ablauf der vorgeschriebenen Übung — irgendwelche Phänomene einstellen, kehrt man zu der Mittelscheibe stets zurück.

Die ersten Wahrnehmungen werden gewöhnlich trotz stillgehaltener Augen — sie zu schließen, widerstehe man — Flimmern, Schatten, blasse Lichtreflexe sein. Es sind aber auch schon, besonders bei stark fluidaler Eignung (Medium, Fluidalausstrahlung, Ektoplasma) figürliche Materialisationen beobachtet worden.

Kurz: von verschwommenen Schatten und Farben geht es mit fortdauernder Übung (an den folgenden Abenden, manchmal wieder durch einige Wochen unterbrochen: Vollmond begünstigt Manifestationen) zu konturierten Gestalten und Symbolerscheinungen über. Letztere ähneln stark den aus Träumen bekannten Gestalten und Symbolen.

Die Ziele der Augenkonzentrationsübungen erstrecken sich vornehmlich auf nachstehende Gebiete:

a) Stellung von Fragen präziser Art und ihre Beantwortung (die Antwort erscheint oft in allegorischen Figuren, die eigene Intuition deutet sie meistens richtig, oft hilft ein Traumbuch);

b) Konzentration auf ein Problem. Die Lösung wird ebenfalls in der vorstehend erläuterten Art erfolgen;

c) Konzentration auf die eigene Entwicklung: „die Übung soll mir bessere Fortschritte bringen", ist solch ein Musterfall, der oft rasche Frucht trägt;

d) Übertragung von Wünschen, die man für nahestehende Menschen hegt — doch keinen Eingriff in fremde Willenssphäre — keineswegs ungute Gedanken (sie fallen auf uns selbst zurück);
e) alle anderen etwaigen Phänomene, mögen sie vielgestaltig oder überraschend sein, nehmen wir positiv zur Kenntnis, mehr nicht.

Wir schlagen die Augenkonzentrationsübung durchaus nicht als Hauptübung vor, aber wir empfehlen sie als „Zweitübung", denn man kann sie gut auch neben einer anderen Hauptübung zusätzlich betreiben. Sie ist sehr nützlich in vielerlei Beziehung, und sie hilft und fördert auch andere Übungen.

Als Willensübung steht sie würdig neben den Atemübungen. Deshalb zur Atemgymnastik einige für Leben und Entwicklung entscheidende Worte.

Bewußt atmen sollte man nur mit dem Gedanken — woher die Luft auch kommen mag, und wir wissen, daß sie nicht immer von größter Reinheit ist —, *reine Lebenskraft* einzuatmen, in jede Zelle des Körpers zu verteilen.

Man beginnt *stets* die täglichen Atemübungen — die man das ganze Leben beibehalten sollte wie Duschen und Wandern — leicht nach vorngebeugt mit tiefem *Ausatmen*. Dann richtet man sich langsam auf, während die Brust von Luft frei bleibt, und atmet dann zwanglos ein (die Tiefe der Ausatmung ist entscheidend für die Aufnahme der Atmungsluftmenge). Während des Einatmens führt man langsam seitwärts die Arme bis über den Kopf, wo sie zusammentreffen. Dann fallen die Arme wieder an die Körperseiten. Der Atmungsrhythmus beginnt von neuem.

Wenn diese *vier* Fundamente — Atmungsgymnastik, Augenübung, Hauptübung, täglich wenigstens zwei Stunden laufen — beibehalten werden, verbunden mit täglich mindestens einmaligem Duschen, Haltung des Normalgegewichts (möglichst etwas darunter), guter Ausgewogenheit zwischen Arbeit und Ruhe, dann kann in eines Menschen Leben, so er jedes Extrem, auch bei Genußgiften meidet, nicht sehr viel schief gehen, aber die Grundlage für stetigen Aufstieg sind gegeben. Bei täglich acht Stunden Arbeitszeit, acht Stunden Schlaf, zwei Stunden Laufen (etwa zur Arbeitsstätte und zurück) und kaum mehr als eine Stunde für die täglichen Übungen bleibt normalerweise genügend Zeit für geruhsames Essen, Erholung, Lesen und andere Hobbies. Durch ein solches, festgefügtes Leben wird eine Gefahr gebannt, die *jeden* Menschen bedroht: aus der Form zu kippen, die Gerade zu verlassen, über die Stränge zu schlagen, und wie der schönen Ausdrücke noch mehr sind für Fehlhaltungen des Menschen. Und wer sich nicht in Gefahr begibt, kommt auch nicht drin um.

Wenn jetzt ein sanguinisch-exaltierter Mensch nun entgegnet: das ist das engumgrenzte Leben eines Spießbürgers, dann kennt er die Übungen und ihre Folgen nicht: sie bieten mehr Abenteuer, als man auf den sieben Meeren erleben kann.

XXVI *Ver-Irdischung von Wünschen, Vorstellungen und Plänen*

Leeres Stroh bliebe alle Theorie, die nicht zur Praxis führt. Auch die Erläuterungen der einzelnen *technischen* Phasen einer Exerzitienreihe sind erst *einseitige* Ausrichtung, die nach der praktischen Probe aufs Exempel förmlich ruft. Diese Tatsachen sind der Anlaß zu der nun folgenden Übungsreihe.

Exerzitienreihe Nr. VI

Immer müssen wir bei den in den vorangegangenen Exerzitien aufgestellten Prinzipien bleiben, weil wir sonst in die Gefahr geraten, entweder im luftleeren Raum zu operieren, oder aber auf falsche Bahnen zu geraten.

Aus diesem Grunde ist auch hier die strenge Beachtung der schrittweisen Entwicklung von großer Wichtigkeit, ja, von fundamentaler Voraussetzung.

Wir nehmen auch hier einen als Beispiel hingestellten Grundübungsplan, der gekoppelt ist mit den praktischen Forderungen bzw. Zielen und ihrer stufenweisen Angleichung an den Übungsplan:

das technische Gerüst	*die konkreten Ziele* (bei jedem Anfang sollten geistige Ziele gesetzt werden, um die „Gleitbahnen" zu trainieren)
1. Schritt: Versenkung auf die bisher	1. Zielsetzung: Beschleunigung der Übungs-

erübte Art, wir setzen hier voraus, auf dem Wege der Imagination, die plastizisiert werden sollte, im Verein mit einem möglichst tiefen Versenkungsgrad

resultate, denn der Fortschritt der Übungen ist die Grundlage für die Durchführung weiterer Ziele (auf die wir noch zu sprechen kommen)

2. Schritt:
Autosuggestive Formel, möglichst morgens und abends je 20 Minuten (ansteigend) geistig oder leise flüsternd vor sich hingesprochen, am besten vor dem geistigen Auge zugleich als Formel (Buchstaben) sichtbar vorgestellt

„Ich komme dem Ziel näher" (das Ziel selbst — Förderung der Resultate) braucht *nicht* ausgesprochen oder vorgestellt zu werden: denn es ist dem Unterbewußtsein ja bekannt (Beispiel aus alter Praxis: „Ich wache pünktlich auf", ist die *Formel*, die gedacht oder geflüstert wird, während geistig der Uhrzeiger etwa auf 7 Uhr bildhaft vorgestellt wird)

3. Schritt
Die autosuggestive Formel muß nun „eingekörpert" sein, damit soll gesagt sein, daß es nicht mehr der bewußten Suggestion bedarf. Vielmehr „erklingt" die Suggestion im Körper — im *ganzen* Körper — nun „von selbst".
Desgleichen sollte die Imagination sich derart verstärkt haben, daß es keinerlei Anstrengung mehr bedarf, sie „vor dem geistigen Auge festzuhalten" — die Imagination muß also pausenlos — „bleiben" oder sogar „leuchten" (wenn man sich die Buchstaben und Wörter hell auf dunklem Grunde vorstellt).

Jeder Schritt wird so lange beibehalten, bis er „sitzt". Er muß demnach sicher verkörpert sein — das Geheimnis aller Metaphysik, und der wachgerufenen Kräfte hierzu.
Nach wochenlanger Übung machen sich irdische Folgen bemerkbar: z. B. innere Antriebe zu bisher unbekannten Handlungen, Reaktionen und Emotionen.
Letztere — die Empfindungen und Gefühle — halte man im Sinne der Zielsetzung unter Kontrolle.

4. Schritt
Wir zeigen hier gleich die beiden Wege, die nun folgen können:
Entweder man fällt durch Monotonie und Erwartung (Autosuggestion) in einen tranceartigen Schlaf — dann arbeitet das Unterbewußtsein im Sinne der suggestiven Zielsetzung —
oder die Entspannung geht über in *den* Zustand, den wir mit der „Konzentration auf den Punkt im All" beschrieben, mit dem Unterschied, daß jetzt Konzentrationsgegenstand die plastizisierte Idee (Leitidee) ist.

Folgende Erläuterung *könnte* als dritte Möglichkeit zu den nebenstehend beschriebenen erscheinen, ist aber konkret *nicht:*
Es ist vielmehr eine neue, zusätzliche geistige Aktivität, die sich jetzt entfalten sollte: die Idee in Bilder zu formen und sich — immer im gleichbleibenden Zustande — vorzustellen: lebendig, farbig, plastisch.

5. Schritt:
Man kann längere Zeit im „4. Schritt" verbleiben — und damit den Übungserfolg verstärken, man kann aber auch hier — nach der gesetzten Frist — aufhören. Auf jeden Fall sollte man — hierüber wird noch zu sprechen sein — bewußt *erstens* eine postsuggestive Formel mit „hinausnehmen" (also ins irdische Leben) *und dann erst,* ebenfalls klar bewußt, den derzeitigen Zustand aufheben.

Beim weiteren Verbleiben bemühe man sich, die Bilder (Worte) *noch* mehr zu verlebendigen, das gleiche jedoch am Schluß *auch* mit der postsuggestiven Formel vorzunehmen und bei Aufhebung des Exerzitiums auch mit der Schlußform.

An dieser Stelle machen wir uns einmal ganz klar, *was* eigentlich wir bei unseren Exerzitien *tun:* Wir bemühen uns
1. das Irdische weitgehend, an bestimmten Wegstellen *ganz* auszuschalten;

2. Einen Zustand zu erreichen, der weitgehend dem *Schlaf* ähnelt, mit dem Unterschied, daß dieser „Schlaf" ein somnambuler (Autosomnambulismus) ist, der geistiger Kontrolle unterworfen bleibt, also keine Eigenständigkeit gewinnt und *niemals* der Kontrolle des Verstandes entgeht (es sei denn, wir sinken in ein Unbewußtsein, in eine Vertiefung, die automatisch den Verstand abschaltet: dann besteht *keine* Gefahr, weil die Suggestiv- und Zielformel dem Unterbewußtsein immer gegenwärtig bleibt).

Unter gar keinen Umständen erlauben wir — solange wir noch *wissen,* daß wir nicht schlafen — dem Unterbewußtsein, mit uns zu treiben, was *ihm* paßt. Im Gegenteil: alle unsere Übungen zielen ja gerade darauf ab, dem Unterbewußtsein unsere Wünsche — die ja, sofern sie nicht *gegen* andere Menschen gerichtet sind, *legal* sind — klarzumachen, und es zu gewinnen, diese unsere Wünsche verwirklichen zu helfen. Und da das Unterbewußtsein — als buchstäbliche All-Macht — dazu durchaus fähig ist, brauchen wir nicht zu befürchten, daß unsere Ziele vom Unterbewußtsein ignoriert werden.

Verlangen wir am Anfang jedoch nicht zuviel!

Wir haben uns jahre-, jahrzehntelang, nicht um unser Unterbewußtes gekümmert, es im Gegenteil tun lassen, was es wollte — gemäß den Prädispositionen —, ja, wir haben ihm noch zusätzliche Lasten aufgebürdet, ohne vielleicht davon zu wissen (unbewußte Verdrängungen). Nun verlangen wir mit einem Male, daß das Unterbewußtsein zum absoluten Befehlsempfänger wird — das *geht nicht.* Man muß das Unterbewußtsein *schrittweise* daran gewöhnen, daß es künftig mit uns — d. h. unserem irdischen Verstand und Willen und Zielsetzen — zu rechnen hat. Und das gelingt mit Hilfe methodisch aufgebauter Übungen, wie wir sie hier schildern.

Allmählich gewöhnt sich das Unterbewußtsein an unser „offizielles" Dasein, bequemt sich unseren Forderungen an.

Doch *eines* müssen wir dem Unterbewußten doch wohl zugestehen: uns *anzumelden,* wenn wir mit ihm in Kontakt treten (das geschieht durch bewußte Einstellung auf es und durch Einstellungen auf das Unbewußte, die wir Entspannungs- und Versenkungsübungen nennen).

Und desgleichen müssen wir uns *abmelden,* wenn wir uns wieder ganz dem irdischen Leben zuwenden.

Denn wie der Schlaf ein Übergangsstadium zum „anderen Reich" (Jenseits) ist, so ist es auch unser Hinwenden zum unbewußten Reich, und bei unseren Übungen werden wir sicherlich oft mehr auf der anderen, als auf der hiesigen Seite sein.

Die Abmeldung besteht darin, daß wir uns eine Gestik von Anbeginn angewöhnen, die eben dieses Abmelden bedeutet: das Öffnen der Augen genügt nicht, man kann auch bei offenen Augen durchaus im somnambulen Zustand bleiben, es muß erstens der bewußte Entschluß ausgedrückt werden, durch eben diesen oder jenen Vorgang „den augenblicklichen Abbruch der Beziehungen" kundzutun und es muß zweitens eben dieser deutlich erkennbare und wirksame (weil autosuggestiv vorbereitete) Vorgang erfolgen: gut ist dabei die Bewegung der Extremitäten: also rechten Arm hochstrecken, linkes Bein, linken Arm, rechtes Bein: das sind durch den (irdischen) Willen bewußt gesteuerte Aktionen, die dem Unterbewußtsein deutlich sagen: für heute und jetzt (oder jetzt) ist Schluß mit der Direktunterhaltung, jetzt kehren wir zu dem früheren — wenn auch verbesserten — Zustand zurück.

Warum das sein *muß?* Weil es sonst tatsächlich passieren *könnte,* und auch schon oft geschehen ist, daß das Unterbewußtsein — oder gewisse Nervenbündel, also Teile, die gewisse unbewußte Schichten beherbergen — ohne unseren Willen aktiv wird, schließlich sich sogar unseres irdischen Körpers bemächtigt, die „andere Seele" (wir haben ja gesehen, daß wir verschiedene Schichtungen besitzen) vertreibt, und selber in uns „Hof hält". Und das würde unweigerlich — wie auch durch Arbeit mit Halluzinogenen bewiesen, wo eben jede Kontrolle *fehlt* — zu schizophrenen Zuständen oder zur Besessenheit, auf gut deutsch: zum Irrsinn, führen.

Deshalb: auch wenn man *nicht* spürt, schon in einem „anderen" Zustand zu sein — wir werden noch bemerken, wie gleitend die Übergänge sind —, *auch dann* abmelden!

3. Und *dann:* Je genauer wir die Bedingungen und Vorschriften beachten, die in jenem anderen Bereich gelten oder „bei gegenseitigem Verkehr" in Anwendung kommen müssen, *desto besser kommen* wir mit den unbewußten Kräften aus, d. h., um so eher haben wir Übungserfolge und Fortschritte zu verzeichnen.

Fehlschläge oder gar Schädigungen sind nur dann zu befürchten — dann aber ziemlich sicher —, wenn die genannten Bedingungen *nicht* beachtet werden. Und zu diesen Bedingungen — des Umgangs mit *guten* unterbewußten Kräften — gehört *auch* die Bereitung, der wir uns jetzt noch einmal, und zwar mit aller Gründlichkeit, zuwenden wollen.

Die Bereitung

Hier wird nicht der Eintritt in einen Mönchsorden erwartet, noch die Frauen- oder Männerlosigkeit zum Gesetz erhoben. Wir hoffen, daß man solche Überspitzungen von uns nicht erwartet.

Doch machen wir uns bitte einmal klar, mit wem wir zu tun haben wollen im „Schattenreich", wie es manche nennen, wohl zu Unrecht, denn nichts ist lebendiger, bunter, vitaler als die sogenannten „Schatten". Wir wünschen — mindestens zu einem sehr hohen Prozentsatz aller Leser dieser Zeilen — wir wünschen den Kontakt mit Wesenheiten — lebendig oder nicht —, die unsere *guten* Ziele fördern. Folglich müssen wir Kontakt suchen mit *guten* unterbewußt-seelischen Kräften. Das ist nur folgerichtig; Erfahrungen beweisen diesen Zusammenhang von Ursache und Wirkung.

Gute Kräfte — im unterbewußten Leben — harmonieren nun einmal nur mit *guten* (irdischen) Menschen, also mit jenen, die sich (vielleicht) ein hohes Ziel stecken und ihm mit allen Mitteln — nur nicht mit Brachialgewalt, und nicht über die Leichen der Mitmenschen — zustreben. Jene — wir — sind bereit, für dieses Ziel sehr viel zu *opfern*: Unsere — ach, so kostbare — Zeit, unsere Kraft, andere Interessen, Wünsche, Sehnsüchte. Und im Anfangsstadium unserer Exerzitien erhalten wir für unsere Opfer meistens so gut wie nichts, außer zusätzlicher Mühe, oft vergeblich scheinender Anstrengung, zerbrechender Freundschaften (denn nicht jeder gute Freund macht gleich mit), aufgegebenes Hobby, bitter vermißter Genüsse mancherlei Art.

Opfer. Was verstehen wir darunter — und wie wird es „dort" gewertet?

Opfer ist — selbstverständlich — alles, was uns aufzugeben schwer fällt. Wenn ein Supermillionär hunderttausend Mark für irgendetwas spendet, ist das *kein* Opfer, und wenn eine arme Frau für die Armen ein Zehnpfennigstück *opfert,* dann *ist* das ein Opfer.

Man verlangt von uns nicht, daß wir wie Asketen oder arme Sünder leben. Uns scheint, daß diesen Leuten der besondere Segen des Himmels auch nicht gerade zufällt.

Opfer wird — wie Glaube und Imagination — in der anderen Welt — also im Reich der unterbewußten Kräfte

— ganz groß geschrieben. Wenn Glauben eine — rechte — Einstellung ist gegenüber den „Unirdischen", und wenn Imagination die wirkende Kraft im Reich der schicksalgestaltenden, der schöpferischen Kräfte ist, dann ist Opfer die (irdische) *Handlung,* die *immer* im unterbewußten Bereich *ankommt.* Das hat natürlich nichts mit Klingelbeutel zu tun, nichts mit dem berühmten Wort: „Wenn das Geld im Kasten klingt, die Seele sich zum Himmel schwingt". Nein, es wird von uns nur verlangt, *daß wir uns auf die Wellenlänge einstellen, die uns die Kommunikation* mit den unter- oder oberirdischen *Kräften erlaubt!* Und zwar mit den *guten* Kräften, die uns ja fördern sollen (und auch gerne wollen: *das ist ja ihre Aufgabe!).* Nur, wenn man von dieser Aufgabe nicht Kenntnis nimmt, ihr zuwiderhandelt, dann ist etwas „verstört" im Menschen, dann gibt es Neurosen und andere Verstört- oder Gestörtheiten, die der Psychiater heilen muß (oder der Psychoanalytiker).

Die „Wellenlänge" — um bei diesem technischen Terminus zu bleiben — setzt voraus, daß *beide* Ebenen — die des irdischen und die des unirdischen Landes — sich *angleichen,* und das heißt hier wieder: Harmonisierung, keine Extreme, keine Exzesse, keine Exaltationen, keine „Leiden"-schaften, und natürlich auch keine Laster, die Tür und Tor den dämonischen Kräften in uns öffnen. Kurz und klar: Die Freuden *dieser* Welt ein wenig zu Gunsten der zu erwartenden Freuden in *jener* Welt *opfern!* Das ist die richtige Einstellung. Und wer etwas weniger von „Getötetem" (Fleisch) zu sich nimmt, etwas weniger raucht, trinkt und liebt — der opfert nun tatsächlich zu Gunsten des Fortschritts seiner Exerzitien!

Denn je weiter wir von den Freuden dieser Welt abrücken, desto mehr — und leichter — nähern wir uns jenen Bereichen, in denen zu herrschen wir erstreben.

Im übrigen kann ein jeder an seiner Einstellung — gegenüber Welt und Menschen, denn reißende Tiere gelangen höchstens in den Bereich teuflischer, niemals im Guten helfender Mächte —, an seinem Tun und an seiner Haltung den irdischen Genüssen gegenüber den Fortgang — oder das Stagnieren — seiner Exerzitien kontrollieren. Was bei dem Einen kein Hemmnis ist, kann bei einem Anderen *der* Punkt sein, der Halt gebietet und jeden Fortschritt hemmt. Auf die Disposition kommt es *auch* noch an, und gerade aus diesem Grunde — um einen möglichst weiten Kreis von Interessenten zu erfassen — wollen wir auch die sogenannten „Talentlosen" auf metaphysischem Gebiet gesondert erfassen (dabei brauchen sich die Begabten für Metaphysik nicht auszuschließen, denn ihnen kann das *auch* zugute kommen), und besondere Exerzitien, „Sonder-Exerzitien", für die erste Gruppe erläutern.

Es gibt — wie kann es anders sein? — auch auf unserem Gebiet Prädisponierte, durchschnittlich Veranlagte und Minderbegabte. Da wir nicht einsehen, warum die letzten beiden Gruppen es schwerer haben sollen als die Prädisponierten, oder warum sie gar infolge allzu schwerem Vorwärtsschreiten ganz ausscheren sollen, haben wir die „Sonder-Exerzitien" zusammengestellt, die auf jahrzehntelanger Praxis beruhen und fast alle Anfangsschwierigkeiten — unter Beachtung des unter „Bereitung" Gesagten — beseitigen. Aber von diesen „Sonder-Exerzitien" im Zweiten Teil dieses Buches. Hier muß noch von einem sehr wesentlichen Punkt — den wir vorher nur eben andeuteten — gesprochen werden: von den Kräften, mit denen wir zu tun bekommen, von den Welten, in denen sie herrschen, von den Möglichkeiten, von einer Welt in die andere zu gelangen — Aufgabe aller Exerzitien überhaupt — und von den Seitenwegen, die den Kühnen vom rechten Wege abziehen wollen.

Wir bedienen uns dabei einer Übersicht (Panorama, vgl.

1. Buch, XV), die wir schon erstellten. Doch wollen wir *jetzt* dazu (daneben) eine „Übersetzung" geben, d. h. für jeden leicht verständlich in klarer Sprache sagen, worum es sich bei den Welten und Kräften (und Zuständen der Seele) handelt. Je klarer wir hier sehen, um so sicherer sind wir bei unserer Arbeit.

Wir wollen zuvor bemerken, daß die „Alltagssprache", also die „irdische Umgangssprache", nicht immer *genau* das ausspricht, was gemeint ist, aber wir geben ja ergänzend unsere Kommentare, sodaß *jeder* — wie wir hoffen — am Ende klar weiß, worum es sich handelt.

Panorama (Welten/Kräfte)	*Bewußtsein*	*Erläuterung*
1 irdischer Körper und Welt, irdische Kraft	Oberbewußtsein	bewußtes Denken und Handeln
2 Odkörper, Pranawelt, Odstoff	Lebens- oder Odkraft	Zwischenbewußtsein: zwischen Schlaf und Wachen *Vor*-Mediumismus
3 Astralwelt und Körper und Stoff	Empfindungswelt Unterbewußtsein	Die Welt der Gefühle (Emotionen) ist seelisch veranlagt und wird auch nur dort verstärkt oder getilgt. Dem Unterbewußtsein entspricht die Imaginationswelt, also ein recht fortgeschrittener Zustand des Abgezogenseins von der Welt, Trance.
4 Seelenkörper, psychischer Stoff und Welt	tieferes Unterbewußtsein	Im Seelischen absolute „Leere" oder Gedankenstille —

5 menschlich-geistiger Körper, niederer Mentalstoff geistige Welt (obere Schicht)	Tiefenbewußtsein	völlige Abgezogenheit von der irdischen Welt. Die Kräfte des Kollektiv-Unterbewußten, also die Archetypen und ihre Umgebung
6 kosmisch-geistiger Körper, höherer Mentalstoff, Intuitionswelt	die „Hülle um den Seelenkern"	All-Bewußtsein: Möglichkeit, über das Kollektiv-Unbewußte hinauszugelangen (Kontemplationswelt)
7 Urlichtkörper, Urkraft, „Odem", „Licht", „Wort", „Seelenkern" Urlichtwelt Erkennung des Daseins einer schöpferischen Kraft	der unsterbliche Menschenseelenkern, wenn er nicht durch „Sünden, die der heilige Geist nicht vergibt" zerstört wird	Das gesamte Universum ohne jede Beschränkung durch Zeit und Raum oder anderes.

Unter „Erläuterungen" steht für uns nichts absolut Neues, aber es ist an dieser Stelle manches in das rechte Licht gerückt.

Daß Oberbewußtsein das bewußte Denken und Handeln umschließt, ist selbstverständlich, gewinnt aber an Hintergrund, wenn man sich die Abgrenzung gegenüber dem Unterbewußten oder gar Unbewußten (Tiefenbewußtsein) ganz klar vor Augen führt. Das Zwischenbewußtsein — halb der einen, halb der anderen Sphäre angehörig — ist der Mittler zwischen Ober- und Unterbewußtsein. Von hier aus gehen — wie von einer Schaltstelle — die Wechselwirkungen zwischen der einen zur anderen Zone und zurück.

Daß unsere Charaktere (Choleriker oder Melancholiker z. B.) seelisch vorgeprägt sind, ist uns meist oft nicht deutlich. Aber diese Frage geht an sich nur den Anthropologen an. *Uns* beschäftigt hierbei nur die Tatsache, daß die Gefühle — Liebe, Haß usw. — vom Unterbewußtsein her gesteuert werden, also durch Einfluß auf das Unterbewußte auch nur zu korrigieren sind. Die äußere — kulturell-zivilisatorische Maske, die jeder Mensch mehr oder weniger trägt — ändert an diesen Tatsachen nichts.

Noch wichtiger für uns ist, daß die *guten* und die *schlechten* (oder soziologisch gesehen: negativen) Eigenschaften der Gefühlslage, der Emotionen, aus derselben Quelle — dem Unbewußten — stammen, und daß ein Schlüssel hierzu *beide* Seiten aufschließen kann (und, zum Beispiel, bei Psychodelika), vor allem die Seite, die am meisten entwickelt ist: und das ist (auch) beim Kulturmenschen nun einmal diejenige, die mit Art- und Lebenserhaltung zusammenhängt („Hunger und Liebe": Machttrieb und Libido).

Alle *Bereitung* hat das Ziel, die unterbewußten positiven Emotionen des Menschen zu mobilisieren, die entgegengesetzten, niederen, jedoch weitgehend zu neutralisieren. *Dies* ist der Sinn der Bereitung (zum Ziele, die Übungen schneller erfolgreich zu gestalten) und *nicht* die Absicht, etwa Proselyten zu machen.

Wirkungsvolle Imaginationen — in Empfindungswelt und „tieferen" Regionen — sind nur möglich in weitgehend nicht nur neutralisierten, sondern auch weitgehend *positiv* geschulten Bewußtseinslagen, die sich notwendigerweise nur einstellen, wenn der *ganze* Mensch darauf eingerichtet ist, ausgerichtet wird. Die „technische Einstellung" — möglichst Gedankenstille bzw. Leere von *jedem* weltlichen Eindruck — wird dabei vorausgesetzt.

Mit der Gedankenstille haben wir das Tiefenbewußtsein erreicht, und alle *großen Erlebnisse und Freuden* nehmen von hier aus ihren Anfang, also dann, wenn wir uns der nächsten Schicht, dem Kollektiv-Unbewußten, nähern.

Wir haben vom Kollektiv-Unbewußten oft genug — besonders in bezug auf Halluzinogene — in negativer Sicht sprechen müssen. Ihr steht auch eine sehr *positive* Schicht gegenüber, die wir uns bemühen, durch unsere Exerzitien „aufzuschließen", besser: für uns nutzbar zu machen. Genau so, wie — im Volksmund — der Teufel die ganze Hand ergreift, wenn man ihm den kleinen Finger reicht, genau so — jedoch in stärkerem Maße — unterstützen die positiven tiefen-seelischen Kräfte den Suchenden.

Der „Hüter der Schwelle" — etwa, dieser Torhüter zu den unterbewußten Bereichen, die uns neue, allgemein unbekannte *Kräfte* schenken, dieser bei Unvorbereiteten, Mutwilligen arge Torhüter wird bei dem ernsthaft Ringenden zum väterlichen Freund, der ihm lächelnd den Weg frei gibt.

Den Weg frei gibt — wohin?

Den Weg in das Kollektiv-Unbewußte, das mit archetypischen Kräften „geladen" ist, das aus ihnen besteht. Der „Hüter der Schwelle" ist für den Unkundigen gleichsam eine Lebensversicherung, denn wenn er — wie bei Psychopharmaka der Fall — *ganz plötzlich über ihn hinweg in tiefe Regionen des Unbewußten* vorstößt — also über den schrittweisen Weg hinweg in die Tiefe purzelt —, dann ist ihm früher oder später sicher, in die Hände eines „bösen" Archetypus zu geraten, und damit in jenen Sog, der mit dem Tode der Vernunft oder des Lebens endet. Die Bewachung der Schwelle wird in *dem* Augenblick sinnlos, wo der Bereitete, Geschulte, den Eintritt kraft seiner Reifung sozusagen automatisch erzwingt. *Ihm* — und nur ihm allein — kommen jetzt in Tönen, Farben, Metamorphosen aller Arten, Phänomenen nie erlebter Art, Gestalten aus allen Bereichen der Märchen, Mythen und Träumen, *entgegen,* um ihm den Weg zu verschönern. Und um ihm zu *helfen* — mindestens bis zur nächsten Entwicklungsstufe. Und diese Entwicklungsstufen — mit ihren Begleiterscheinungen — wollen wir hier, wenn auch nur andeutungsweise — einmal anführen, wobei wir wissen, daß wir streng gehütete Geheimnisse offenbaren:

a) Ist über Entspannung, Konzentration „auf den Punkt im All" (oder eine andere strenge Konzentration) und Gedankenstille oder -leere jener Punkt endgültig erreicht, der den Aufstieg in die höchsten Sphären *kraft errungener Fähigkeit* garantiert, strömen in das Vakuum — das die Stille oder Leere ja darstellt — „überirdische" Kräfte ein, wir würden sagen, um beim bildhaften Vergleich zu bleiben, „himmlische Mächte", die uns nie geahnte, nie vorgestellte Glückseligkeiten der Weite, der Freiheit, der Schönheit und des Glanzes schenken. Wir setzen hier ganz bewußt keine Suggestions-Bilder, weil der Weg der Strebenden so unterschiedlich verläuft, daß eine Reihenfolge nicht nur unmöglich ist, sondern auch zu späteren schwerwiegenden Irrtümern und Fehlschaltungen führen könnte. Wer an dieser Stelle des Weges steht, weiß, wovon wir sprechen.

b) Es ist beinahe die *Norm* — und deshalb können wir davon sprechen —, daß sich an dieser Stelle *auch* mindestens *erste* Lichteffekte zeigen.

Was kann das irdische Wort Licht ausdrücken? Im besten Falle strahlendes Sonnenlicht, an einem glücklichen Tage, Sonne, die über frühlingshafte Fluren fällt.

Das alles ist nichts gegenüber dem Lichterlebnis — der Erleuchtung — während unserer Exerzitien, jetzt oder in der nächsten Phase (wiederum eine Sache der Prädisposition und Entwicklung).

Es gibt auf der Erde keine vergleichbare Erscheinung wie dieses strahlende Lichterlebnis erster Weihe.
Unsere Sprache ist einfach zu arm, um auszudrücken, was hier vor sich geht. Denn dieses Licht — offenbar zunächst von der Herzgrube ausgehend — ergreift den ganzen Organismus —, sodaß er buchstäblich durch- oder erleuchtet wird —, aber er geht auch über die ganze Körper-Peripherie hinaus und erfüllt den Raum um uns, ja, offenbar das ganze All.
Es gibt ein Bild, das uns in ungefähr sagen könnte, *was* wir hierbei erleben (denn es ist ja mehr als ein Entzücken, es ist ein Verwandeltwerden; als ein Anderer geht man aus dieser Weihestunde hervor): wir meinen die Seligkeit der Hirten auf dem Felde, denen nach der Geburt des Herrn die Engel begegneten, die ihnen scheinbar zuerst den Schrecken — der den Unvorbereiteten bei derlei Erlebnissen leicht überfällt — brachten. Denn als erstes rief der Sprecher der Engel oder der Engelschar: *„Fürchtet euch nicht!"*
Diese Furcht freilich erwartet den Eingeweihten nicht. Sondern nur der Glanz, der von solch überirdischer Stunde ausgeht — und die Wandlung, die ihm *bleibt*.

c) Die Zielrichtung der Kontemplation, die der Extase vorangeht, bestimmt die weiteren kosmischen Erfahrungen. Wunschdenken und Imaginationskraft und Glaube mischen mit.
Wie *falsch* es wäre, die Kontemplation auf einen bestimmten Archetypus — besonders im Zustand der Leere, nach der „Licht-Erfahrung" — zu richten, wird aus einem späteren Erfahrungsbericht hervorgehen. *Hier sei* nur noch bemerkt, daß es höchst *ungewöhnlich* wäre ja, fast anomal —, wenn an dieser Wegstelle irgendwelcher Einzelkräfte gedacht — oder sie gar erfüllt — würden. Denn die Beseligung dieses Zustandes ist zu

groß, um noch irgendeine eigenständige Denkrichtung oder Emotion — außer der hehrer Begeisterung und Freude — zu ermöglichen.

Man braucht nicht unbedingt daran zu denken, daß die irdischen Begriffe — hier, oder irgendwann vorher oder nachher — zu existieren und zu wirken aufhören. Der Meditierende oder Kontemplative, der rein äußerlich (also verstandesgemäß) vergessen sollte, „in die irdische Welt überzuwechseln", etwa *vergißt* — weil er ja das Irdische nicht *wahrnimmt* —, an seine Arbeit zu denken, wird von selbst darauf zurückgeführt, denn das Unterbewußtsein ist ja jetzt stärker ausgeprägt denn je, und es weiß ganz bestimmt, *wann* die Pflicht, die irdische, ruft.

Wir haben im Verlauf unserer Abhandlungen wiederholt von einzelnen Archetypen gesprochen, die auch jederzeit irgendwann auftauchen können, die „Argen" wirkungslos, die „Guten" helfend, dienend. Sie wie an einer Reihe aufgestellt aufzuzählen, ist, wir sagten es schon, nicht nur sinnlos, sondern auch schädlich. Und wenn wir vom Hüter der Schwelle sprachen, vielleicht von der noch nicht erwähnten Anima (als Gegenstück des Mannes), Animus als Ergänzung des Weibes, dann können wir unbeschadet auch noch den „Vater", die „Mutter", das „Kind" hier erwähnen, Gestalten aus der Natur (u. U. wie in der Sage als Nymphe oder Nixe, als Baumgeist, Drachen o. ä. sich *ausprägend* — die Gestalten können sich schneller wandeln als ein Chamaeleon —), dann sagen wir im Grunde schon zuviel. Wer unbedingt — gegen unseren Rat — die Hierarchie der Archetypen (die Engel, die Dämonen, und jene art- und lebenserhaltende Kräfte darstellenden Archetypen kennenlernen (lesen lernen, ist richtiger, denn die Erfahrung, also das Kennenlernen, kommt nur aus der

Reife, am rechten Ort), der greife zu Jung's Arbeiten, von denen einige in der Bibliographie am Schluß der Arbeit aufgeführt worden sind.

d) In der fachlichen Terminologie ist Extase (Ekstase ist auch nicht falsch geschrieben, nur bezeichnet Extase — Heraustreten aus sich — es genauer) nahezu gleichbedeutend mit unio mystica, also mit der Vereinigung mit dem Unendlichen. Und doch besteht für denjenigen, der beides erlebte, ein geringer, aber bedeutsamer Unterschied: ekstatische Augenblicke kann der Kontemplative, ja, der die „Leere" Erreichende durchaus zwischenzeitlich und auf längere oder kürzere Zeit erlangen, aber die eigentliche Extase — der jedes Zeitgefühl abgeht — währt „ewig", sie ist unverwechselbar geschieden von „Augenblicks-Erlebnissen". Letzere sind gleichwohl äußerst wichtig, denn sie sind Wegbereiter, Wegweiser, Hinweise auf den kommenden Letzten und unwiderruflichen Entscheid (unwiderruflich: wenn man sich nicht plötzlich — auch das hat es schon gegeben — urplötzlich irgendwelcher höllischen Macht ergibt, dann ist auch das „unwiderruflich" aufgehoben — *aber nur dann!*).

Wer über Extase spricht, spricht entweder wie der Blinde von der Farbe, oder er findet keine Möglichkeit, zu beschreiben, „was ihn durchbebte". Und damit müssen wir diesen Punkt beschließen.

Hier soll — jetzt — nicht unerwähnt bleiben, daß der nach dem Höchsten — der Unendlichkeit, der Unsterblichkeit — greifende Mensch durch ein „Fegefeuer" *muß*. Fegefeuer — dieses Wort wenden wir nur an, weil es ein jeder kennt, jedermann weiß, was ungefähr man sich unter dieser „Vorhölle" — die eigentlich eine „Filtrierkammer ist — vorstellen muß.

Trotzdem läßt der Begriff Vorhölle ein wenig von dem ahnen, was in Wirklichkeit vorgeht: Der Mensch, der sich dem Himmel vermählen will, muß sich der letzten irdischen Schlacken entledigen. Wir nennen das „filtern", soll heißen, es ist gleichsam ein Sieb, das nur das durchläßt, was „im Hohen, Drüben" adäquat ist.

Das Gewicht — oder Leichtgewicht — der Seele muß der gewünschten Umgebung entsprechen. Das ist doch, meinen wir, durchaus klar und auch verständlich.

Die Strenge dieser letzten Prüfung — irgendwann auf dem Pfade — *hängt von der Reife, vom Entwicklungsgrad des Strebenden ab* — von sonst nichts. Da ist nicht die Rede von „Buße", von „alten Sünden", etwa sogar der „Erbsünde des Menschengeschlechts" oder des betreffenden Volkes, dem der Strebende nun einmal zugehört, da gibt es kein Vorfeuer, kein Leiden — wenn nicht Warten auch Leiden ist.

e) *Warten* eben solange, bis das, was Einlaß begehrt, selbst *Licht* geworden ist, und alles andere — was der Erde zugehört — zurückbleibt, die „andere Welt" der Rückkehr der Seele harrt. Hier wird, glauben wir, der Begriff Extase (griechisch: „Außer-sich-treten") so recht klar. Tatsächlich erscheint einem anderen Menschen der Körper des in Extase befindlichen als „tot" — obwohl er niemals lebendiger war. Denn, vergessen wir es nicht, denn *hier scheiden sich die Geister!*, das Bewußtsein, das Seiner-Selbst-Bewußtsein, wird niemals ausgeschaltet, es liegt vielleicht im Hintergrunde, besser Untergrunde, aber es ist da: die Trennung — die hier jederzeit bewirkt werden könnte, eben durch den irdischen Willen — die Trennung ist der Tod oder das Ewige Leben —, wie man es nun eben ansehen will. Je eher man beginnt, alles das abzustreifen, was *stark* an die Erde bindet — jede heftige Leidenschaft, jedes Verlorensein an ein irdisches Ziel, jeder emotionellmaterielle Wunsch —, um so eher beginnt man sich dem anzunähern, dem man sich ja *nähern* will, in dem man künftig mindestens ebenso „zu Hause" (in der Heimat, der Seelenheimat) sein will, wie hier auf Erden.

f) Und noch einmal sei hier der Kräfte gedacht, die besonders in gewissen Stadien sich „aufdrängen". Die Versuchung Christi durch den Teufel ist durchaus nicht die phantastische Ausgeburt eines Geschichtenschreibers, sie ist — mindestens — ein kollektiver Prozeß, den jeder über sich ergehen lassen muß. Und wenn man jede derartige Annäherung einfach an sich abgleiten läßt, dann ist diese Prüfung genau so wenig schwer, wie etwa die „letzte Prüfung" im Fegefeuer es ist, wenn der Seele nichts „Lastendes" mehr anhaftet.

Schwer wird die Abwehr unerwünschter Kräfte erst dann, wenn man versucht sein sollte, sich klarzumachen, daß supramaterielle Dominanz bedeutet, die Herrschaft über die Materie zu erringen. Dann allerdings kann man davon sprechen, daß einem „Königreiche" angeboten werden — und sie auszuschlagen wird um so schwerer, je lebhafter die Phantasie sich irdische Bilder der Macht ausmalt, und je *mehr man den Einflüsterungen* des Versuchers zuhört. Und deshalb, noch einmal: Meidet das „Böse" — das hier das wahrhaft Böse ist — von Anfang an. Sonst verliert man mit dem hingereichten „kleinen Finger" nicht nur den Kopf, sondern den ganzen vielseitigen menschlichen Organismus — und damit die Glückseligkeit eines unsterblichen ewigen Lebens.

XXVII *Exerzitien-Reihe Nr. VII: „Vierzig Tage Wüste"*

Übersicht:

1. Vorbemerkungen
2. Parallelen
3. Bereitungen
4. Die große Kombination
5. Die Einzel-Exerzitien
6. Die Zusammenfassung
7. Kommentar

1. Vorbemerkungen

Vierzig Tage Wüste, also auch äußerliche Abgeschiedenheit von der Welt, um sich der inneren Beschaulichkeit *voll* und ungestört ergeben zu können, sind freilich ideal, besonders, wenn man sich nur von Früchten ernährt oder gar zeitweise fastet.

Leider sind wir Mitteleuropäer in einen Pflichtenkreis gespannt, der uns solcherart Eskapaden selten oder nie gestattet (davon abgesehen, daß die Sahara — die für uns nächste große Wüste — auch im Zeitalter der Jets recht abgelegen ist und nicht einmal die dürftigsten Lebensbedingungen — es sei denn für Kamelreiter — bietet).

Vierzig Tage Wüste stehen deshalb nur als Symbol, als Idealziel, vor uns. Man kann ebensogut eine kürzere Zeit (als vierzig Tage) in die Berge flüchten, an einen stillen Ort am Meer, und zwar dann, wenn es einem möglich ist: während des Urlaubs,

Was glauben Sie, verehrte Leserin, geschätzter Leser, wie dankbar Sie dem Autor wären, wenn Sie einmal das folgende Rezept ausprobierten? (Vermutlich würden Sie es nach einigen Jahren spätestens wiederholen — und etwas besseres kann man einem Kulturmenschen nicht „antun".)

Rezept: Einsamkeit, wenig sprechen, so wenig wie *möglich*, völlige Sammlung auf das Hauptthema (von dem wir gleich sprechen werden), gesunde Ernährung, sorgsamste Körperpflege und -ertüchtigung — soweit an dem betreffenden Ort möglich —, täglich wenigstens zwanzig Kilometer laufen (das sind knapp vier Stunden), und — last not least — wenigstens dreimal täglich mindestens je eine Stunde Meditation.

Nun ist diese große Vorbereitung kein Spielzeug für überfütterte Snobs, damit sie um so nachhaltiger „nächtliche Urlaubsfreuden" nachholen können. *Eigentlich* dient diese Vorbereitung auch nicht geringeren Zielen — als eben dem höchsten.

Wem es „nur" darauf ankommt, Einblick in die Höheren Welten zu gewinnen — um des Wissens, der Erfahrung und der Freude willen —, der wird an den ersten Phasen der aufgeführten Exerzitien sein Genüge finden (obwohl ein solches Verhalten einem vorkommen würde, als würde man mit Kanonen auf Spatzen schießen, oder vor gedeckter, überfüllter Tafel sitzen, und nur die Suppe essen).

Doch setzen wir einmal den Fall, aus irgendwelchen Gründen wäre es zweckmäßig, sich mit Teilerfolgen zu begnügen, um ein ganz bestimmtes Ziel zu erreichen — um später den Pfad bewußt aufzunehmen —, dann *könnte* man einem solchen Planen seine Mithilfe doch nicht versagen.

Gedacht ist alles Folgende zwar nicht für diesen Teilzweck, doch bleibt es jedem überlassen, sich eine passende Scheibe abzuschneiden.

Die Vorbedingungen sind also geklärt, über „Bereitung" haben wir wohl genug gesprochen. Wir sind bereit, uns auf „große geistige Fahrt" zu begeben.

Um das Gewissen der Teilnehmer noch ein wenig wacher zu rütteln, seien jedoch noch die Parallelen unter Punkt 2 aufgeführt.

2. Parallelen

Die seelischen (Tiefen-)Grundlagen des Menschen sind überall auf der Welt gleich — und auch seine Morphologie —, seine Entwicklungsgeschichte, denn das eine bedingt das andere.

Das Urerleben des Menschen fand seinen Niederschlag in den seelischen Tiefenschichten, der Heimat der archetypischen Kräfte, den merkwürdigsten „Wesenheiten" unter der Sonne (schon ihrer Wirkung wegen, dann auch wegen ihrer Wechselhaftigkeit, ihrer Vielseitigkeit, und der Möglichkeit, sie zu *personifizieren*). Infolge dieser Tatsachen *müssen* alle Exerzitien, zu jenen tiefen Seelenschichten — und den ihnen adäquaten kosmischen Gegebenheiten — vorzustoßen, *überall gleich sein,* so sonderbar sie sich oft auch darbieten. Das heißt also auf gut deutsch, daß die Kerne jeder echten Religion, jedes erfolgreichen Kults, sich ungeachtet irgendeiner äußeren rituellen oder verbrämenden Form, gleichen müssen wie ein Ei dem anderen. Daß dem tatsächlich so ist, werden wir beweisen.

Die Exerzitien, zu den tiefenseelischen Kräften und Welten — und den entsprechenden Äquivalenten des Kosmos — zu gelangen, müssen sich im Kern überall gleichen, weil einmal die Vorbedingungen überall auf der Welt sich gleichen und weil zum anderen die Kräfte und Welten überall *im Kosmos* gleich sind.

Unterschiedlich sind die äußeren Formen und die Wegführung, aber auch — je nach Kontinent, und das ist verständlich — die vorgeschriebenen Vorbereitungen und Bereitungen.

Wesentlich härter zum Beispiel sind die Bedingungen, die dem Aspiranten in China auferlegt werden, der sich der Fahrt mit dem „Großen Wagen" (Mahayana) widmen will. Ein chinesisches Weisheitsbuch, das sich mit diesen Fragen beschäftigt (und mit dieser einzigartigen Aufgabe) heißt „Dhyana". Es stellt folgende strengen Forderungen auf:

1. Alle Übel meiden, alles Gute pflegen, den Geist rein erhalten (aus der Lehre Buddhas).
2. Nicht töten, nicht stehlen, keine sexuellen Ausschweifungen, nicht lügen, keine *Rauschmittel* nehmen.
3. Strenge Vorschriften hinsichtlich Kleidung und Ernährung, die hier aufzuführen zu weit gehen würde, weil sie nicht in unsere — europäische — Welt passen.
4. *Einsamkeit.*
5. Möglichst beides: Leben in einer — mönchischen — Gemeinschaft *und* Einsamkeit.
6. Einen von Störungen freien Meditationsort (also nicht etwa einen von Ameisen oder Moskitos verseuchten Ort).
7. Freiwerden von allen materiellen Bindungen.
8. Verzicht auf alle anderen Bindungen, wie zum Beispiel Ablenkungen durch irgendwelche Neigungen, und sei es auch nur Lesen oder Hören von Musik.
9. Das Meiden von Menschen, die nicht gleichem Ziele zustreben, sich also gleichen Bedingungen nicht unterwerfen.

Im Grunde wohl die gleichen, auch von uns aufgestellten Prinzipien, aber doch sehr ins strenge, mönchische — auf deutsch: für uns unmöglich Durchzuführende — gewandelt.

Ob man nun nach Japan (Zen), Indien (Buddhismus und Hinduismus) oder andernorts hinschaut, ob man die alten (einstmals echten) klassischen Mysterien betrachtet: stets ist der Kern derselbe, das Ziel das gleiche. Doch welche Vielfalt des äußeren Brimboriums! Nach dieser Betrachtung — die uns in unserer Überzeugung, auf dem rechten Wege zu sein, bestärkt hat — wollen wir zu unserer (begrenzteren) Aufgabe zurückkehren.

3. Bereitungen

Wir wollen mit Hilfe der erworbenen Fähigkeiten — gleich, ob wir bis zur absoluten Konzentration oder Gedankenstille gekommen sind — ein für uns lebenswichtiges *Nahziel* zusätzlich zu erreichen trachten.

Welche Bereitung ist — vor der in Einsamkeit und mit den spezifischen Exerzitien verbrachten Urlaubszeit — nötig, um uns schon *vorher* weitgehend zu präparieren?

Als Etappenziele — außerhalb des weiterlaufenden Grundexerzitiums — können wir uns vorstellen:

a) Beseitigung von Schwächen, die uns am Vorwärtskommen hindern;

b) Schaffung von positiven Dingen, die uns das Vorwärtskommen ermöglichen,

c) Stärkung — evtl. erst Erzeugung — einer besonderen Fähigkeit, die wir uns „fürs Leben gern" wünschen.

Das sind — unserer Meinung nach — die drei Gruppen von Zielen, aus denen wir uns eines auswählen wollen. *Die Wahl des Ziels bestimmt die Art der Vorbereitung.* (Wohl gemerkt: Wir sprechen hier — und nur hier — sozusagen von einem Weg seitab unserer großen Entwicklung. Da wir aber Menschen sind, mit allen seinen Wünschen, Hoffnungen und Plänen, halten wir es für richtig — und glauben, daß es für Viele wichtig ist —, auch einmal die Große Konsequenz zu verlassen, und jedermann zu ermöglichen, einem Lieblingsziel unabhängig — möglichst im Einklang mit dem Pfad — nachzugehen.)

Wir definieren:
a) Schwächen: Rauchen, Alkoholica, Mangel an Konzentrationsfähigkeit (die eine absolute Vorbedingung für das Vorwärtskommen ist, also auch zu Gruppe b) gehört); Lust an den trügerischen Freuden dieser Welt (die *immer* überbezahlt werden müssen).
Nun eine Auswahl unter
b) Freude an geistiger Arbeit; Gewinn eines ruhigen Meditationsortes; Verbesserung unserer wirtschaftlichen Position, um Zeit für unsere Exerzitien zu finden;
c) Förderung eines vorhandenen Talentes; Erzeugung und Entwicklung und Stärkung einer uns unerläßlich dünkenden Eigenschaft, z. B. ein überdurchschnittliches Gedächtnis.

Wir glauben, daß diese Auswahl genügt, um die Richtlinie bei der Wahl eines „Seitenweges" aufzuzeigen. Für unser Exerzitium wählen wir — unabhängig von der Wahl des einzelnen Lesers, der sicherlich noch ganz andere Nahziele im Auge hat — „Mangel an Konzentrationsfähigkeit", ein Mangel, der leider allzuoft angetroffen wird und dadurch ein erhebliches Hindernis selbst für Anfangserfolge auf dem Pfade ist.

Schon für die Bereitungen wählen wir eine Formel. in die wir unseren Wunsch kleiden:
Von Tag zu Tag kann ich mich besser konzentrieren
wichtig ist der (Vers-)Rhythmus:
v — v — v — v — v — v — v (v = Halbbogen)
(hyperkatalektischer 6füßiger Jambus)

Die *üblichen* (schon mehrfach erwähnten Vorbereitungen und Bereitungen) erwähnen wir hier nicht noch einmal. Statt dessen geben wir einige Vorübungen an, die auf äußerst ergiebige Weise die (wirklichen) Exerzitien vorbereiten und im voraus gewisse „Denk-Bahnen" schaffen, die uns zugute kommen.

Wir werden — am besten einige Wochen vorher — bei unseren Spaziergängen oder bei unserem Weg zur Arbeitsstätte und zurück, unsre Füße oder Schritte im Takt der Zwecksuggestion steuern:

Von Tag ... 1. Schritt, man sollte stets, hierbei, links beginnen, also links, rechts,

zu Tag ...	2. Schritt, links, rechts
mich bes- ...	3. Schritt, links, rechts
ser kon- ...	4. Schritt, links, rechts
zentrie- ...	5. Schritt, links, rechts
ren, Pause ...	6. Schritt, links, rechts

und dann wieder von neuem sechs Schritte, wie zuvor angegeben. Vielleicht glaubt man es nicht bei den ersten hundert Schritten, nach einer Stunde aber sicherlich, schwingt der ganze Körper im Rhythmus unserer Suggestion. Und nach einigen Tagen werden wir keinen Schritt mehr gehen können (nun schon unbewußt, auf den Verkehr achten wir sowieso allseitig, also unbewußt *und* mit kontrollierendem Verstand) keinen Schritt mehr gehen können, *ohne den einmal eingeprägten Rhythmus im Innern mitzusprechen* und mitzuempfinden. Wenn man dazu noch kurz vor dem Einschlafen, kurz nach dem Wachwerden dieselben Suggestionsworte etwa fünfzehnmal vor sich hinspricht, -flüstert oder -denkt, hat man schon viel mehr für sein Ziel getan, als man glaubt. Im übrigen werden sich Anfangserfolge schon hier einstellen, während unser Hauptschlag — Hauptoffensive, wenn Sie wollen — erst vom nächsten Punkt an geführt wird.

4. Die große Kombination

Diese Kombination ist eine Mischung von zwei oder mehr Übungen zum Zweck (nicht der Verdoppelung oder Verdreifachung) sondern der Vervielfachung. Wir wählen hierzu zwei Grundübungen, die wir unter Punkt fünf durch die stufenweisen Einzelexerzitien zu *einer* zusammenfassen. Erwähnt sei, daß man genau so gut — man achte jedoch auf den „Gleichklang" — zwei oder gar drei andere Übungsreihen in ähnlicher Weise zusammenfassen kann (Ausnahme: die letzten Stufen des Pfades).

Die beiden Grundübungen sind
1. Die Spiegelübung und
2. Autosuggestive Tiefenübung.

Dazu eine Erklärung für Neulinge:

Die Einzelexerzitien werden in ihrer schrittweisen Arbeit so recht klar machen, *wie* gearbeitet wird. Das *Warum*, warum es so ist, warum es so wirkt, wollen wir hier kurz vorwegnehmen. Ein *Spiegel* hat die Eigenschaft, das Menschenbild originalgetreu zurückzu*werfen*. Im Metaphysischen liegt die Betonung auf „Werfen": Zurücksenden. Gesetzt den Fall, wir würden *in* unserem leiblichen Körper eine Suggestion verankert haben, die wir vor dem Spiegel — die Suggestion läuft ja nach unseren Vorübungen sozusagen von allein, unbewußt, ab — ständig wiederholen, dann entsteht nicht nur ein Dopplereffekt (Mensch, Spiegelbild), sondern eine Dreifach-Wirkung, die dadurch entsteht, daß außer dem Spiegelbild die — nur erlebbare — Zusatzwirkung des Zurückwerfens von Spiegel zu Mensch wirkt. Und auf diese Wirkung kommt es uns an. Je länger wir — möglichst unbewegten Auges — in den Spiegel schauen, desto stärker sind die Wirkungen, die durch diese Wechselwirkung entstehen. Aber mehr nun darüber im nächsten Punkt.

5. Die Einzel-Exerzitien

Sie bauen sich wie folgt auf:
a) Versuchsbedingungen
b) Erste Stufe: Die Eingewöhnung
c) Zweite Stufe: Die Routine

d) Dritte Stufe: Die Vertiefung
e) Vierte Stufe: Die Einverleibung

a) Versuchsbedingungen

Benötigt werden: ein möglichst großer (Stand-)Spiegel, der unser Bild ganz wiedergibt. Ein Stuhl mit gerader Lehne, auf den wir uns — je nach Scharfsichtigkeit — ein bis 1½ m vor den Spiegel setzen, und eine Kerze, die *hinter* uns — etwa zwei Meter entfernt — aufgestellt wird. Im übrigen die Bedingungen, wie sie bei Entspannungsübungen erläutert worden sind: Ruhe, Ungestörtheit, Losgelöstheit. Die *Dauer* der Übungen soll langsam ansteigen. Wir beginnen am besten mit einer Viertelstunde — täglich oder abends, um die jeweils gleiche Zeit —, und steigern jeden Tag um etwa drei bis fünf Minuten. Entscheidend ist stets das *Wohlgefühl*, das uns dabei beherrschen soll, und die etwaigen Phänomene, die auch hier möglich sind (wie bei jeder Übung, die sich mit dem Unbewußten, gewollt oder ungewollt, beschäftigt).

Sobald wir merken, daß uns nicht mehr absolutes Wohlgefühl (oder, was hier dasselbe ist, Ungefühl, also das Gefühl des Nicht-Daseins) ausfüllt, oder sobald uns *störende* Erscheinungen im Spiegel auftauchen, brechen wir die Übung ab und nehmen sie am nächsten Abend erneut auf.

Der Spiegel hat außer der reflektierenden Wirkung noch eine andere, verborgene — aber seit altersher bekannte — Eigenschaft: Bei der Konzentration auf ihn, und beim Abzug der Sinne von der Außenwelt, können sich auf ihm — besonders bei Prädisponierten — Phänome zeigen, die wir sicherlich sofort als Manifestationen von Archetypen klassifizieren können.

Es ist aber auch möglich, daß bestimmte Schatten, Lichtreflexe (nicht durch die Kerze bestimmte) oder Symbole erscheinen, die keineswegs stören müssen, sondern — im

Gegenteil — nützlich sein können. Insofern nämlich, als sie sonderbarerweise — daß es nicht so merkwürdig ist, weiß der mit diesen Dingen Arbeitende — *Antworten* geben können auf bestimmte Fragen oder Probleme, mit denen wir uns vielleicht schon lange herumplagen.

Nur ein Beispiel für viele, an dieser Stelle: Jemand sucht seit langem — ein Fall, der sich wirklich abspielte — ein wertvolles Schmuckstück seiner Frau, wertvoll sowohl als Andenken wie auch als Wertgegenstand. Ihm erscheint — ihm völlig unverständlich — im Spiegel ein Adler-Symbol. Der Fall wird uns brieflich vorgetragen, schließlich eruieren wir, daß der Mann Taubenzüchter ist. Im Taubenschlag fand er den langgesuchten Schmuck.

b) Erste Stufe
Die Eingewöhnung

Still vor dem Spiegel zu sitzen, und der Dinge harren, die kommen — oder auch nicht — ist *eine* Sache. Eine andere ist es, sich auf Spiegel und Suggestionsformel zu *konzentrieren*. Der Schwerpunkt liegt hier bei Konzentrieren. Sicherlich kann ich eins und eins zusammenzählen, ich kann auch in den Spiegel gucken *und* meine — einstudierte — Suggestionsformel von mir in den Spiegel — und zurück — denken: aber *alles* das ohne Bewußtsein — also unbewußt — zu tun: *das* erfordert die Eingewöhnung, von der wir sprechen.

Und Eingewöhnung erfordert Zeit und Geduld. Wir werden also an den ersten Abenden *vielleicht* nicht ganz zufrieden sein mit der Symphonie, die wir zustande bringen müssen, um den rechten Klang zu erzeugen. Aber mit einiger Geduld und nach einigen Übungsabenden gelingt es uns meist überraschend schnell und gut, die langvorgeübte Formel nicht nur im Körper — von den Füßen aufwärts — zu spüren, sondern auch auf das Spiegelbild zu übertragen und von ihm zurückzuempfangen, dazu aber mehr und mehr in den uns auch schon gewohnten Entspannungszustand zu sinken (obwohl wir aufrecht auf dem Stuhl sitzen bleiben, mit geradem Kreuz), bis alles *eins* ist: Körper, Spiegel, Rückspiegelung, Nichtachtung der Welt um uns, der Gedanken und Empfindungen in uns.

c) Zweite Stufe
Die Routine

Haben wir den zuletzt genannten harmonisierten Zustand erst einmal erreicht, gelingt es uns schon bald ohne sonderliche Mühe, ihn beliebig lange festzuhalten, und das heißt, daß wir nach etwa zehn Abenden der Routinearbeit übergehen können zu Stufe

d) Dritte Stufe
Die Vertiefung

Die Vertiefung ist garnichts anderes als eine Verankerung der Routine; es gelingt uns nach einer weiteren mehr oder weniger langen Zeit, den Übungs-Gesamt-Rhythmus so miteinander in Einklang zu bringen, daß wir alles als *ein* Großes, Ganzes empfinden, daß für uns auf der Welt — auch in der „anderen Welt" — nichts weiter vorhanden ist als unsere Übung, unser Übungs-Zusammenklang: Unser (nicht mehr empfundener) Körper, die Suggestion als Schwingung *in* ihm, außerhalb von ihm, hinüber zum Spiegel, das Spiegelbild, die Schwingung *im* Spiegelbild, auf uns zurückfluoreszierend, und eine immer tiefer werdende Abgezogenheit von Welt und Alltag.

e) Vierte Stufe
Die Einverleibung

Wir wissen nicht, welches Ziel Sie sich nun ausgesucht hatten. Sind Sie im Zweifel darüber, ob Ihr Ziel richtig ist oder nicht, dann haben Sie jetzt eine letzte Gelegenheit zur Überprüfung über Ethik des Ziels und Willensrichtung. *Nachher* ist es hierzu zu spät. Nach der Einverleibung *sitzt* das, was die Suggestion (oder Imagination) ausdrückt, so fest in Ihnen, daß nur eine sehr viel stärkere Macht diese Suggestionseinverleibung in Ihnen tilgen könnte. Die Einverleibung selbst — es ist ein anerkannter Augenblick, da der Übungszusammenklang *vollkommen* zur Einheit wird und zum Bestandteil Ihres ganzen (bewußten und unbewußten) Wesens, diese Einverleibung *bemerken* Sie. Noch einige festigende Abschlußübungen, und ohne Ihren Willen kann nichts den Erfolg Ihrer Übungen Ihnen streitig machen. Sie mögen sonst tun, was Sie wollen, Sie werden — um bei unserem Beispiel zu bleiben — stets mit schärfster Konzentration an eine Sache herangehen, Sie werden die metaphysische Konzentration beherrschen (und nichts wird Sie stören können), Sie werden dank dieser Konzentration auch im Leben nicht nur die Hintergründe einer Sache erkennen, sondern Sie werden auch noch einen Blick hinter diese Hintergründe werfen können — und dadurch anderen Menschen unendlich überlegen sein.

Bedenken Sie aber bitte an dieser Stelle noch einmal, daß kein Gedanke von Ihnen einverleibt werden sollte, der Ihrer Seele für immer ein Zeichen aufdrückt: ein Ehrenmal oder ein Mal — ein Malefiz-Zeichen, das letzten Endes — nach dem Gesetz des Kosmos — auf Sie zurückfällt.

Segen kann der Mensch um sich nicht genug verbreiten, es wird immerzu an Segen mangeln, aber Unsegen kehrt zu seinem Urheber zurück. Und da die vorgenannte Übung für Unsichere eine gefährliche Versuchung darstellen *könnte*, setzen wir hierher diese Warnung.

XXVIII 8. *Exerzitien-Reihe: Durch die seelischen Welten*

1. Vorbereitung
2. Übungen mit Odkraft, ihre Fixierung
3. Übungen mit Astralkraft, ihre Aussendung
4. Übungen mit Od- *und* Astralkraft
5. Begegnung mit dem „Jenseits" — Mahnung und Warnung
6. Außerhalb des „Sarkophages"
7. „Tanz der Derwische"

1. Vorbereitung

Fortschreitend können wir nicht harmlosere, wir *müssen* sogar anspruchsvollere Experimente vornehmen. Denn wir wollen absolut sicher sein in dem Reich, in dem wir künftig nur Weite, Freude, und Freiheit, dazu aber Genuß an Farben, Tönen und Formen gewinnen wollen, wie sie auf *dieser* Erde ohne Beispiel sind. Wir müssen deshalb die notwendigen Organe, die hier auf Erden bei den meisten Menschen ruhen oder stagnieren, verlebendigen, wecken, einsetzen und stählen, damit sie ihre künftigen Aufgaben meistern können, und als Könner den Kräften gegenübertreten, die ihnen begegnen werden.

Wir sind uns darüber klar geworden, daß wir — je mehr wir uns dem anderen Reich nähern wollen — um so angeglichener sein müssen den hohen Mächten, die wir suchen, daß wir uns reinigen müssen von gewissen irdischen Ballaststoffen, um in den anderen Welten herrschen zu können — und nicht etwa versklavt zu werden (wie so Manchem geschehen und täglich neu geschieht).

Es ist eine ohne weiteres einzusehende Notwendigkeit, angeglichen zu sein den Kräften und Welten, mit denen wir uns beschäftigen, denn nur auf diese Weise kann man *profitieren* von dem Außerordentlichen, das sie für uns bereithalten. Vergessen wir doch nicht, daß unbekannte Welten durch uns erschlossen werden wollen, und zwar nicht in einem nebulosen Jenseits, auch nicht mit Hilfe vernichtender Drogen, sondern hier, jetzt, auf Erden in Verbindung zu treten mit einer anderen Welt, die bereit ist, unsere Seele dereinst aufzunehmen, die aber noch mehr geneigt ist, uns schon jetzt zu begrüßen und zu helfen, wenn wir nur die einfachste Grundbedingung erfüllen: nämlich ihre Sprache zu sprechen (Glaube, Imagination, Angleichung), uns ihnen anzunähern im Gewicht (also ohne unnötigen irdischen Ballast, der den Verkehr mit ihnen unmöglich macht, ja, der selbst die üblen Kräfte von uns abstößt). Es gibt Menschen, die so „schwer" sind, daß sie selbst ein Dämon nicht wünscht. Man sagt in einem solchen (letzteren) Falle, „daß er so schlecht ist, daß ihn selbst der Teufel nicht will". Das ist wahrer, als mancher glaubt.

Entsprechend der stets schwerer werdenden Aufgabenstellung — so leicht die Exerzitien sich auch anhören mögen — und gleichlautend mit den nun — wie wir wohl annehmen dürfen — bereits ein wenig erübten und erprobten Kräften, sind selbst die Vorbereitungen jetzt *mehr* eigene Übungen (Trainingsmethoden), als z. B. Ablegung von unerwünschten, Annahme von erwünschten Gewohnheiten.

So ist es u. a. ratsam, einige Wochen lang sich daran zu gewöhnen, erstens einige Minuten lang täglich abwechselnd — mit emporgerecktem Zeigefinger — die Hände zu heben, ganz hoch, doch ohne Verkrampfung, und zu warten, wie sich erst in den Zeigefingern (erst den rechten, dann den linken), dann in die übrigen Finger, in den Handteller warme Kraft ausbreitet, die uns nicht nur deutlich spürbar wird (durch Erwärmung), sondern die auch durch ein Thermometer *meßbar* ist. Wir leiden also nicht an Einbildung, sondern bestätigen den Erfolg *einer* Vorübung.

Als weitere Vorübung sollten wir uns — ebenfalls einige Wochen lang, doch mit fünf Minuten beginnend und täglich eine Minute ansteigend, bis höchstens zu fünfzehn Minuten — daran gewöhnen, mit ruhigen Augen, aber leicht zusammengekniffenen Lidern, in die etwa drei Meter entfernt stehende Kerzenflamme zu schauen. Das kann durchaus in Ruhelage — also liegend oder sitzend — geschehen, und die bekannten Entspannungserscheinungen, die sich täglich vertiefen werden, sind erforderlich.

Nach den vorangegangenen Exerzitien scheinen diese Übungen verhältnismäßig leicht zu sein — und sie sind es auch für Viele. Für ebenso Viele aber bedeuten sie eine neue Aufgabenstellung, auf die sie sich mit allen Phasen erst einrichten müssen. Nur Geduld, auch für diese kommen nach einiger Zeit der Wiederholungen die Erfolge, die hier nötig sind. Bei der ersten Übung Erwärmung der Hände, bei der zweiten Übung die Fähigkeit der Augen, ruhig die Kerzenflamme zu fixieren, ohne zu blinzeln, und in immer stärkere Stadien der Abziehung von der Erde zu gelangen. Dabei ist — bei der letzten Übung — empfehlenswert, von Anfang an in Augen und Hände eine gewisse Ausstrahlungskraft zu legen und auszusenden, was im von der Umwelt abgezogenen Zustand um so besser gelingt, je mehr sich der Zustand der Abgezogenheit, der „Leere", nähert.

Der — für die Vorbereitungen gewünschte — Erfolg ist bei der *Kerzen-Versenkungs-Augen- und -Kraftkonzentrationsübung-in-Augen-und Händen* dann eingetreten, wenn die eben aufgeführten Punkte merkbar geworden sind (deshalb dieses *Schlangenwort*). *Dazu* sollten wir uns — nachdem diese Kräftekonzentration in Augen und Händen spürbar geworden ist — bemühen, diese Kräfte *auf das Kerzenlicht* auszustrahlen. Das Gefühl, es zu tun, und der Glaube an die Übung, garantieren den Erfolg zwar nicht allein, fördern ihn aber sehr.

Hier muß betont werden, daß jede der hier aufgeführten Übungen, jedes Exerzitium, jedes Experiment, vielfach von vielen Menschen erfolgreich absolviert worden sind, daß jede Phase einer Übung vo A bis Z sorgsam geprüft wurde, bevor sie hier ihren Niederschlag fand. Es gibt keine mißlungenen Exerzitien — es gibt nur nicht genügend geübte Kandidaten. Es ist *nicht nur ein* Fall bekannt, wo die Vorbereitungen (im großen Ganzen) mehr als Jahre in Anspruch genommen haben, freilich dann mit um so schneller wachsenden Erfolgen, so daß bald die „Vorreiter" aufgeholt und überholt werden konnten.

2. Übungen mit Odkraft und ihre Fixierung

Die folgende Vorübung führen wir sitzend, noch besser: stehend aus, die Hände über ein Wassergefäß gehalten (in etwa 10 bis 15 cm Entfernung gespreizt über die Wasserfläche halten), das Wassergefäß sollte etwa zwei bis drei Liter Wasser — möglichst frisches, — (am besten, wenn zu haben, Quellwasser —) enthalten.

Die vorher geübte Erwärmung der Hände tritt schon bei den ersten paar Übungen ein, doch jetzt wird die Wärme stärker spürbar, und jetzt geben wir die gespeicherten Kräfte an das Wasser ab — und nehmen sie nach einigen Minuten wieder auf. Das geschieht nicht, um Kräfteverlust zu vermeiden (diese Kräfte laden sich aus dem Prana der Umwelt stets wieder auf), sondern um ungehindert und völlig willkürlich *Odkraft abgeben und aufnehmen zu können*. Zum Ende dieser Übungsreihe muß ein kurzer Willensentschluß genügen, Kräfte abzugeben, und ebenso Kräfte wiederaufzunehmen (man verfalle aber nicht auf den „schwarzen" Gedanken, Kräfte von anderen Menschen aufnehmen zu wollen: das ist Odraub, ein schweres, psychisches Verbrechen, das auf den Verursacher zurückfällt).

3. Übungen mit Astralkraft und ihre Aussendung

Nach unserer „Liste" kommt „hinter" der Od- die Astralwelt. Wobei „hinter" naturgemäß ein irdisches Behelfswort ist, ein terminus technicus, der in der Astralwelt selbst nichts besagt (von dem Austausch der Kräfte sprachen wir ja schon: das geht manchmal recht willkürlich vor sich).

Der Astralwelt *entspricht* jedenfalls ein Zustand unseres Bewußtseins, der *tiefer* sein müßte, als der bei der Odkraft-Übung angewendete. Wenn wir bei der Odkraft-Übung schon mit einer möglichst weitgehenden *Entspannung* zufrieden sein wollen und können, sollten wir bei der Astralkraftübung den unbewußten Zustand erstreben, der mit „Trance" oder „bei vollem Bewußtsein recht schläfrig" richtig charakterisiert ist.

Also: jeder Kraft die ihr eigene Welt, jeder Welt den ihr eigenen (Bewußtseins-)Zustand.

Wir haben in der Vor-Übung Odkraftkonzentration in der Abgezogenheit, mit Richtung auf die Kerzenflamme (die gleichzeitig Konzentrationsmittel und Einwirkungsmittel ist), geübt. *Jetzt* benötigen wir *nicht* mehr die Kerze (die wirkliche Kerze), sondern stellen uns vor geschlossenen Augen eine Kerze und vor allem ihr Licht vor (imaginative Kerze). Wie früher einmal „auf den Punkt im All", konzentrieren wir nun all unser Sein auf das Kerzenlicht, fallen in einen möglichst tiefen, der Leere nahen Bewußtseinszustand, und konzentrieren in den *Händen und in den (geschlossenen) Augen* die Astralkraft (eine andere Kraft

— mit Ausnahme der „tragenden Odkraft" kann sich in diesem Bewußtseinszustand nicht entwickeln). Nach einigen Übungen senden wir diese Astralkraft aus. So leicht uns das bei späteren Übungen gelingen wird — zum Start benötigen wir auch hier eine „Auffanghilfe", in diesem Falle den *Raum hinter den geschlossenen Augen*. (Erinnern wir uns, daß Raum und Zeit rein irdische Begriffe sind, daß der „Raum" hinter den Augen ebenso gut unendlich sein kann, und demnach unendlich aufnahmefähig.)

Denn es bleibt ja nicht bei der Aussendung: die Aufnahme, die Wieder-Aufnahme der Astralkraft, ist jetzt nicht mehr in unser Belieben gestellt (weil sie nicht beliebig ergänzt wird), wir *müssen* sie, wenn ausgesendet, auch wieder zurückholen.

Vielleicht fragt sich hierbei manch Einer, „warum solch' zauberisch anmutende Übungen?". Die Antwort lautet: Wer die andere Welt will, muß Herr ihrer Kräfte sein. Die Astralwelt aber wird vom Astralstoff beherrscht, dem Mutterstoff, der Mater, alles — irdischen — Geschehens. Wir sagten schon, daß die Gefühle vom Astralen her gesteuert werden, und demgemäß werden die Menschengeschicke hier — im Astralen — vorgeprägt.

Erinnern wir uns ferner, daß wir als *anerkannte Herren* in die den irdischen vorgeordneten Welten einziehen wollen — und das können wir naturgemäß nur, wenn wir die Kräfte und Welten kennen und beherrschen. Wir werden — aufgrund der Kenntnis der jetzigen Übungen und Exerzitien — noch viel sonderbare Dinge kennenlernen. Und daß wir uns ihrer erfreuen — und nicht vor ihnen erschrecken müssen — das ist und bleibt der Grund aller unserer Exerzitien. Aussendung und Wiedereinnahme der Astralkraft müssen also solange geübt werden, bis sie beherrschtes Instrumentarium für uns werden.

4. Übungen mit Od- und Astralkraft

In einem Einzelfall (also bei *einem* Individuum) wäre die Aufgabenstellung leicht und klar abzugrenzen. Da wir es aber mit Lesern zu tun haben, von denen jeder für sich ein Imperium, oder — wenn Sie wollen — ein Stern unter Sternen ist, müssen wir unsere Aufgaben so stellen, daß *alle* möglichen Gruppen erfaßt werden können. Dies Buch erreicht eine große Zahl von Lesern — und jeder soll sich mit ihm und in ihm zurechtfinden.

Wir sagten schon, daß *für gewöhnlich* das Od Träger der Astralkraft ist, so daß bei Aussendung der Astralkraft bei Vielen (83 %, um genau zu sein) die Odkraft ohne weiteres *mit* ausströmt.

Wir haben allerdings bei den Vorübungen darauf gehalten — ebenso bei den letzten beiden Übungen — daß Od- und Astralkraft jeweils durch suggestive Festlegung *getrennt* ausgesendet und wieder eingeholt wurden.

Jetzt besteht unsere Aufgabe darin, bewußt *beide* Kräfte *zusammen* auszusenden und wieder zurückzuholen. Dabei bedienen wir uns einer schon recht alten Methode.

Wir essen täglich mehrmals mit Messer und Gabel und es kommt unglaublich selten vor, daß sich jemand mit dem — grundsätzlich doch gefährlichen — Messer verletzt. Wenn wir uns also hier mit Übungen beschäftigen, die *auch* gefährlich sein *könnten,* dann besagt das noch lange nicht, daß sie auch gefährlich *sind.* Sie sind es tatsächlich nur bei Uneingeweihten, und selbst bei diesen genau so selten, wie etwa bei denen, die mit dem Messer täglich *umzugehen gewohnt sind.*

Da haben wir schon den gewünschten *Aufhänger:* umzugehen *gewohnt* sind. Ja, das *ist* doch der Zweck aller Exerzitien, zur Gewohnheit zu erziehen, damit Gefährliches zum täglichen — harmlosen — „Gebrauchsgegenstand" wird. Das ist zwar verallgemeinert und simplifiziert, aber es stimmt haargenau. Zugegeben, daß wir manchen Umweg gehen, um unsere Ziele zu erreichen (bei strengeren Schulen herrschen sehr viel strengere Sitten), doch uns kommt es eben darauf an, möglichst *alle*, die dieses Buch zur Hand nehmen, durch die eine oder andere einfache Aufgabe zu fesseln und durch den schnellen Erfolg zum Weitermachen anzuregen. Der — unvorstellbare — Enderfolg wird es uns danken.

Wir atmen Od- und Astralkraft aus und ein — nachdem wir völlig von der Welt abgezogen sind und im Zustand der Gedankenstille oder der Leere uns befinden — wohl vorbereitet durch entsprechende Suggestivformel (ich atme Od- und Lebenskraft aus — ich atme Od- und Lebenskraft *vermehrt* ein) — ganz nach unserem Willen, und — wir erinnern uns der Imaginationswelt! — nach unserer *Vorstellung*.

Wir haben in den letzten Zeilen zwei Worte unterstrichen, und das heißt, daß ihnen besondere Bedeutung zukommt.

Nach Abgabe von Od- und Astralkraft nehmen wir nach unserem Willen und nach unserer Vorstellung bewußt *mehr* Od-Astralkraft wieder auf, als wir abgegeben haben. Diese Maßnahme dient einem zwiefachen Effekt: einmal wird unsere Od-Astralkraft gestärkt (vermehrt), zum anderen lehrt uns der Überschuß, *besser die Aussendung und Wiedereinnahme zu handhaben*.

In dem geschilderten Zustand, in dem wir uns während dieser Od- und Astralkraftübung befinden — übrigens gehört dieses Verfahren zu den bestgehüteten Exerzitien von Geheimschulen —, herrscht neben der Suggestion (also der bewußten Vornahme des Übungszwecks und Erfolgs) *vor* der Übung die *Imagination*, die dem jetzigen Bewußtseinszustand kongenial ist. Wir stellen uns bildhaft-lebendig den wieder *einströmenden* Kräftestrom (aus Od- und

Astralstoff) *vor!* Und es geschieht, wie wir bald bemerken, nach unserem Willen, nach unserer Imagination.

Die folgenden drei Übungsreihen sollten eigentlich jede für sich einen selbständigen Abschnitt beanspruchen. Einmal aber möchten wir den Leser hinsichtlich seiner Aufnahmefähigkeit nicht übermäßig beanspruchen, zum anderen liegt noch soviel Arbeitsstoff vor uns, daß wir uns dazu bequemen mußten, die nächsten drei Übungsreihen — so gravierend sie sind — hier direkt anzuschließen, um so unser „Wandeln durch die seelischen Welten" — jetzt in der Welt des Kollektiv-Unbewußten — abzurunden, unsere Kenntnis auch auf diesem Gebiet zu vertiefen.

5. Begegnung mit dem „Jenseits" — Mahnung und Warnung

Hier folgt jetzt kein Stück aus einem Horror-Film. Niemals war uns ernster und realistischer zumute als in diesen Augenblicken. Gilt es doch, mit kühnem Schritt *direkt in die Welt der Archetypen* einzudringen, also in die rein Geistige Welt des Unterbewußt-Kollektiven. Wir könnten uns dieses Doppelwort im Grunde ersparen, denn es *gibt* nichts Kollektives außerhalb des Tiefenbewußtseins (es sei denn, Ausnahmephänomen: Massenhysterie).

Es gibt einen recht gradlinigen Weg, nachdem wir die „Vor-Welten" kennen- und beherrschen gelernt, in die nächstgelegene Sphäre, die von so wesentlichem Wert ist, auf direktem Wege — nicht „nur" als Meilenstein auf dem Wege, dem Pfade — kennenzulernen.

Wir trauen es uns *noch* nicht zu, im Zustande des Vor-Nirwana oder des Nirwana-Erlebnisses selbst, die archetypischen Gestalten und ihre Umwelt an uns vorbeidefilieren zu lassen. Wir möchten — zunächst — viel lieber diese Prozedur unter Kontrolle des wachen Verstandes vornehmen. Wir wären nur dankbar dafür, wenn man unseren

Weg in die „Tiefe" erleichtern würde dadurch, daß man uns die Mühe „des-von-der-Weltlösens" ein wenig erleichtert. Und das ist möglich.

Es gibt eine recht grobe Art, die möchten wir vermeiden. Die andere, zweite Art, die wir sogleich schildern werden, ist auch nicht sehr zimperlich — aber sie unterliegt der Kontrolle des Einzelnen und kann jederzeit abgebrochen werden. Das ist wichtig. Jeder muß selbst beurteilen lernen, welche seelischen Erfahrungen er zu ertragen fähig ist.

Doch nun erst einmal — ganz allgemein, wie stets auf diesem Gebiet: der Grund hierfür wurde schon erklärt — einen Blick in das Gebiet der Archetypen, die uns bei unseren Exerzitien früher oder später — einzeln oder in Scharen — begegnen können (nicht müssen). Die Reihenfolge und Prägung hängt — wie schon mehrfach erwähnt — von der Disposition des Einzelnen ab.

Der Weg, den wir *nicht* gehen wollen, ist schon deshalb zu verwerfen, weil er nicht nur ungewöhnlich, sondern auch schwer durchzuführen ist. Der zweite Weg bietet nahezu die gleichen Möglichkeiten (ohne zusätzliche, eingebildete Vorurteile).

Es ist durchaus möglich, daß uns anfangs unserer Übung der Vater- oder / und Mutter-Archetypus begegnet, oder die — feindliche, gegensätzliche Seite unseres Wesens, der Archetypus Anima (bei Männern) oder Animus (bei Frauen). Dämonen in den verschiedensten, oft auch noch wechselnden Verkleidungen — sie bedienen sich ja der wogenden Masse ihrer Welt —, können uns begegnen (unserem geistigen Auge!), den „Hüter der Schwelle" nannten wir schon, er wird uns meist erst in grimmiger Gestalt und wegversperrend entgegentreten, schrecklicher wirkt der „Engel mit dem Flammenschwert", ein allseits — in fast allen Erdregionen — bekannter Archetypus, der dem Engel des Paradieses gleicht, der Adam und Eva (als

Gleichnis für die beiden Geschlechter) aus dem Paradiese vertrieb, „als sie vom Baume der Erkenntnis" gegessen.

Neben Haus- und Stammesgötzen gibt es auch Familiendämonen, besonders bei alten Geschlechtern, und ganz England hat eine reichhaltige und durch Fotos belegte Sammlung dieser Archetypen zur Verfügung. Der Teufel — als Symbol des Antikosmischen, also der gestürzte Gott — erscheint nicht Wenigen, noch mehr aber erscheinen sogenannte Natur-, Märchen- und Fabelwesen, von denen der Durchschnittsmensch nicht weiß, daß sie außerhalb der Träume ein Eigenleben führen können. Hierunter fallen ebenso Zwerge wie Riesen, Kobolde und Helden, Wasser-, Erd- und Luftgeister, Dämonen der Naturkatastrophen (es gibt einen Erdbebenarchetypus in wechselnder, immer erschreckender und drohender Gestalt), aber es gibt auch leuchtende, strahlende Engel, ganz in Licht gehüllt, helfende Geister, die wegweisend und barmherzig tätig sind, Abgesandte des Himmels, die auftragsgemäß die Seelen der Menschen leiten und — besonders in Krisenzeiten — führen. Bekannt ist der „Schloßgeist" der Hohenzollern, der bis kurz vor dem ersten Weltkriege den Untergang des Geschlechts und den Verlust der Herrschaft ankündigte.

Wir könnten das Feld beliebig erweitern, aber — wie schon erläutert — die *eigenen Erfahrungen allein künden uns, an welcher Wegstrecke wir halten.*

Und wenn wir nur etwa eine Stunde unter den nachfolgend geschilderten Bedingungen aushalten, werden die meisten von uns genug erleben, um ihr hungrigstes Wissenwollen gestillt zu sehen.

Versuchsanordnung: Ruhe, Abgeschiedenheit, möglichst leerer Magen, keine Müdigkeit (es könnte sein, man verschläft das Experiment), vor allem Schutz vor jeder äußeren Störung (mit Ausnahme des Geld-Briefträgers, der dürfte ja immer willkommen sein).

Die Ohren werden mit Ohropax verstopft, über die Augen wird eine dichte Binde gelegt, und so — nichts hörend, nichts sehend, ganz auf uns und unsere Aufgabe konzentriert, legen wir uns nieder und harren aus. Bei dem einen zeigt sich ein Erfolg sofort, bei einer anderen dauert es zwei bis drei Stunden, ehe die ersten Schatten und Gestalten auftauchen. Wer eine Weile ausharrt, wird überreich belohnt. Stets denke er aber daran, daß alle Gestalten nur durch seinen Willen (und durch Imagination) verpersönlicht werden können. Sie existieren zunächst „nur" als Gedankenschemen, als Nervenzellkomplexgestalten, in jenem Zwischenreich, das wir Kollektiv-Unbewußtes nennen.

Wer auf seinem Pfade schon Kenntnis der Archetypen gesammelt hat, wird die Erlebnisse mit Gleichmut aufnehmen, wer ein Fremdling ist in diesem Lande, wird nicht ohne Schauern diese Erlebnisse verarbeiten und sich bemühen, übungsmäßig sich diese Welten gelassen zu erschließen und sich zu ihrem Herrn zu machen, wer aber überempfindlich ist gegenüber diesen Gestalten, der werfe Ohropax und Augenbinde ab, befreie sich aus dem Zustand der „Leere" und breche die Übung — mindestens für diesmal — ab.

Übrigens hat man die geschilderte Übung als Reihenübung beim amerikanischen Heer — nur bei jungen und gesunden Leuten — durchgeführt, bei einer großen Anzahl von Soldaten. Die Ergebnisse gehen weit über das hinaus, was wir hier schilderten.

In bestimmten Freimaurerlogen ist es üblich, als Aufnahme- und Bewährungszeremonie den Kandidaten in einen Sarg zu legen, den Deckel zu schließen, und den Aufnahmebereiten für einige Stunden, oft für eine ganze Nacht seinen „Bildern" zu überlassen.

Dagegen sind unsere Übungen doch noch recht humaner Art, meinen wir.

6. Außerhalb des Sarkophags

Da wir keinen Sarg — und keinen Sarkophag — benutzten, meinen wir den angenäherten Zustand des Nichthörens und Nichtsehens durch Ohrenverschluß und Augenbinde und Versenkungszustand.

Denn das — was durch diese Hilfsmittel erlebt wurde — soll nun — *ohne diese Hilfsmittel* im Zustand der Bewußtseinsverschiebung, hin bis zur Gedankenstille, erreicht werden.

Die Übungsbedingungen und Ergebnisse sind im übrigen die gleichen. Und hier noch einmal Mahnung und Warnung zugleich: Wer unvorbereitet den Schrecken des Kollektiv-Unbewußten gegenübertreten muß — etwa bei Genuß von Rauschmitteln oder Halluzinogenen —, springt mit einem Schlage von einem hohen Turm in ein Wasser von dreißig Meter Tiefe, oder, anders: er durchbricht *drei* Bewußtseinsschichten, ohne sie einzeln durchschritten zu haben, und findet — nach dem kurzen Freudenrausch der Sinne, denn erst wird ihm die auch der Tiefenseele vorgelagerte „freundliche" Maske gezeigt — jetzt sehr lebendig und tyrannisch auftretende Gestalten, die ihm alles mögliche vorgaukeln oder befehlen, bis ein solcher Befehl — oder ein solcher Gaukel — Tod oder Wahnsinn zur Folge hat.

7. „Tanz der Derwische"

Übereinstimmend wird von fast allen Ur- und Naturvölkern — aber auch noch heute, zum Beispiel von Derwischen und Schamanen — von einem merkwürdigen Phänomen berichtet. Es kann sich um Erlebnisse handeln, die im rauschhaften Zustand Einzelne (Priester oder Stammeszauberer), Gruppen (z. B. Fruchtbarkeitsriten) oder ganze Stämme (Kriegstänze o. ä.) erfassen. Und fast immer sind diese Phänomene neben Verwendung von rauschhaften Getränken oder Rauschgiften begleitet durch einen „verzückten Tanz", der mehr und mehr zur Raserei übergeht, bis der oder die Betroffenen wie leblos — aber krampfhaft atmend — zu Boden sinken oder paarweise im Dschungel verschwinden.

Bei den meisten dieser Geschehnisse handelt es sich — um das Grundprinzip herauszuschälen — *um die Lösung des Astralleibs* vom irdischen Körper, die begünstigt und ermöglicht wird durch Rausch und rasendes Drehen. Da der Versuch lehrt — der vielerorts durch Parapsychologen angestellt wurde —, daß mittels Rauschgift (oder „Hexensalben") *und* heftigen Umdrehungen die Lösung des Astralkörpers möglich ist (und demgemäß *auch* Begegnungen des Astralkörpers mit Wesenheiten aus der Astralen Welt), können wir folgern, daß die Stammeszauberer ihre Macht vielfach dem „Umgang mit archetypischen Kräften" und ihrer Verlebendigung verdanken, ja, daß die Stammesgötzen — und meistens ein ganzer Anhang von Dämonen — auf dasselbe Urerlebnis von Rausch und Tanz zurückzuführen ist.

Diese „Volksfeste" der Naturvölker hatten unversehens oft Opfer nach diesen Orgien zu beklagen, zurückzuführen auf die — nicht wieder aufgehobene — Trennung von Astral-Odkörper und irdischem Körper.

Es ist deshalb von Versuchen dieser Art — die von bestimmten Gesellschaften noch heute „gepflegt" werden — dringend abzuraten. Die andere Welt erobert man auf diese Weise nicht — aber diese andere Welt frißt uns oft genug dabei mit Haut und Haaren.

XXIX 9. Exerzitien-Reihe: Das Universal-Exerzitium

1. Vorbemerkungen
2. Bereitungen
3. Erste Stufe: Fuß mit Gelenken
4. Zweite Stufe: Knie und Handflächen
5. Dritte Stufe: Schrittzentrum
6. Vierte Stufe: Sonnengeflecht
7. Fünfte Stufe: Herzgrube
8. Sechste Stufe: Halsgrube
9. Siebente Stufe: Augenzwischenraum und Scheitel

1. Vorbemerkungen

Wir haben versprochen, klar und ungeschminkt über unser Thema zu sprechen. *Jetzt* wollen wir einmal einen ganz klaren, für jeden erkennbaren, übersichtlichen „Bau" errichten, der nicht nur die Einzelteile zeigt, sondern auch ihr Zusammenwirken, zuletzt ihr Gesamtziel, darlegt. Die Veröffentlichung dieses Mysteriums in einer jedermann verständlichen Sprache ist *ein* Novum, ein zweites der absolut übersichtliche Aufbau, der auch den „Wirkungsmechanismus" erkennen läßt.

Dieser klare Überblick ist ein außerordentliches Plus bei der täglichen Arbeit an sich, denn er zeigt jedermann genau die Stelle, an der er jetzt (beim heutigen Übungsstand, bei der jetzigen Reife) steht. Und erkennbar werden weiterhin die Passagen, die hinter uns liegen, und die Stufen, die noch zu erklimmen sind.

Wir werden uns hüten, einen Schritt vorwärts zu gehen,

wenn wir noch nicht auf dem augenblicklichen Standplatz sicher stehen. Die Standplätze (Exerzitienzentren) nennen wir jetzt unverhüllt:

Die Füße einschließlich der Gelenke
Die Knie und Handflächen
Das Schrittzentrum
Das Sonnengeflecht (rings um den Nabel)
Die Herzgrube
Die Halsgrube
Augenzwischenraum und Scheitelpunkt

Das sind sieben — größtenteils bereits bekannte — Etappen. Hier wird aber ihre Zusammenarbeit nicht nur erläutert, sondern auch in Exerzitien demonstriert, dazu aber bedienen wir uns noch eines bildhaften Beispiels, damit jedermann erkenne, was in seinen *beiden* Organismen (dem irdischen und dem überirdischen) vorgeht.

Bei den Buchstaben-Übungen haben wir bereits von den Füßen aufwärts gearbeitet, ohne aber den *letzten Schritt* zu tun.

Jetzt stellen wir das Gebäude mit seinen einzelnen Teilen vor die Augen des Lesers, ihm nun die Wahl überlassend, *welche der bisherigen Exerzitien* nun bis zur Vollendung gebracht werden soll (er wird selbstverständlich die Methode wählen, die ihm „liegt", und die ihm die besten Erfolge brachte und verspricht).

Wir sind hier neutral. Wir wählen als „Feueranzünder" ein *Mantram*, also ein Wort (z. B. an Stelle von Buchstaben), mit der ausdrücklichen Bemerkung, daß dieses Exerzitien-Beispiel (also Mantram) *keine Vorschrift sein soll*. Das Mantram, das wir wählen, heißt „Befreiung" — kurz und einprägsam, von guter Schwingungskraft, mit einer sehr empfehlenswerten kabbalistischen Schwingungszahl.

Doch nun erst unser bildhaftes Modell:

Um der Klarheit und des Eindrucks wegen stellen Sie sich bitte einen länglichen Zylinder vor, der unten keine Öffnung hat, während die Öffnung oben durch eine Gummiabdichtung verschlossen ist, eine Abdichtung, die nur starkem Druck nachgibt.

Im Innern des Zylinders befindet sich ein merkwürdiges Gemisch, das wir nicht näher bezeichnen möchten (weil es dafür wohl einen klinischen, aber keinen metaphysischen Begriff gibt). Wollten wir uns mittelalterlicher Terminologie bedienen, könnten wir dieses Gemisch — oder diesen Extrakt — etwa mit prima materia bezeichnen — doch da geraten wir auch in den Wortschatz der Alchemie hinein.

Gleichviel: Dieses Gemisch, halb flüssig, halb gasförmig, wird von *unten* her allmählich erwärmt, derart, daß — der Eigenart dieses Gemischs entsprechend — die jeweils darüber liegende Schicht sich nach und nach ebenfalls erwärmt, erhitzt.

Dieser die Schichten erwärmende, erhitzende Vorgang setzt sich fort bis zu der Spitze des Zylinders.

Wärme dehnt die Körper aus. Die Folge ist, daß der Innendruck im Zylinder zu stark wird und mit sanfter Gewalt der luftdicht abgeschlossene Deckel nahezu explosionsartig — jedenfalls plötzlich — aufspringt. Im selben Augenblick dringt aber — nehmen wir bei unserem Beispiel weiter an — Sauerstoff an das leicht entzündliche Gemisch und setzt es in Brand.

Der Deckel, der dem überstarken Wärmedruck nicht standhielt, hält merkwürdigerweise — entgegen jedem bekannten Naturgesetz — wieder *dicht*, sobald die Mischung von oben bis unten brennt.

Und nun kommt — bei unserem Vergleich — noch ein merkwürdiger Vorgang hinzu: Im Augenblick, da der Brand beginnt, stellt sich der Zylinder auf den Kopf, das Unterste wird zum Kopf, der Kopf wird zum Untersten.

Warum und wieso das in unserem Zylinder geschieht, ist uninteressant. Es geschieht also halt, nehmen wir an. Und wir sollten es uns so und nicht anders vorstellen.

Dieser — wie wir hoffen — recht bildhafte Vergleich ist nichts weiter als die Schilderung eines Geschehens, der *in unserem Organismus vor sich geht,* und zwar an der Stelle, die wir die Wirbelsäule nennen.

Zwar stellen wir uns zum Schluß unserer Exerzitien nicht auf den Kopf — das ist durchaus nicht nötig —, aber tatsächlich findet ein *Austausch* statt.

Wir werden das jetzt in einem praktischen Experiment am lebenden Menschen erläutern:

> Die „Anheizung" erfolgt von den Füßen aus, der „Zylinder" beginnt im Schrittzentrum und reicht bis zum Scheitelpunkt.
>
> Sobald durch das „Weben" (das ist das Beispiel — Feuer) der Scheitelpunkt erreicht ist, tritt die Umkehrung ein: was unten war, wird oben, was oben war, wird unten.

Nun muß man wissen, daß man in der Sprache der Metaphysik — fast aller Systeme — „unten" (Schritt) *Mond-*Zentrum nennt, „oben" aber *Sonnen*-Zentrum. Die Durchglühung der Wirbelsäule — ihrer empfindlichen Punkte — kraft unserer Exerzitien bewirkt die „Vertauschung der Lichter", d. h. Austausch von Sonne und Mond, was oben war wird unten, was Mond war, ist Sonne. Dieses seit Jahrtausenden bekannte Geheimnis der Umkehrung der Kraftverhältnisse ist auch als unio mystica bekannt.

Und jetzt folgt das Fazit aus dem geschilderten Gleichnis: Wenn wir unsere Exerzitien beginnen, legen wir gleichsam ein Feuer an, ein Feuer, das wir durch unsere Übungen ständig am Brennen erhalten. Pausieren wir, droht das Feuer zu verlöschen, und es hält schwer, es wieder neu anzufachen (deshalb die gebotene Regelmäßigkeit der Exerzitien, pausenlos, stets zur gleichen Stunde). Stürzen wir uns kopfüber in das Weltgewühl — es müssen nicht einmal Orgien sein, denen wir uns hingeben —, dann erlischt unweigerlich die Flamme, die wir so und so weit bereits „hinaufgebracht" haben.

Wer mit diesen Exerzitien beginnt, sollte „nicht mit dem Feuer spielen" — es erlischt oder brennt das Haus ab.

2. *Bereitungen*

Wir verfahren als Vorübung nach einem bereits bekannten Rezept: Wir „sprechen" wo wir gehen, sitzen, stehen oder liegen, das Mantram „Befreiung" in die Füße, und — damit wir uns von Anbeginn an die rechte Reihenfolge gewöhnen — diesmal mit der Sohle beginnend, in der folgenden Woche (also sieben Tage) mit dem oberen Fuß fortfahrend (ohne Knöchel), in der dritten Woche dann dem Knöchel das Mantram suggerierend.

In der vierten Woche sprechen wir in den ganzen Fuß, also in Sohle, Oberfuß und Knöchel unser „Wort" hinein. An der Schwingung des *ganzen* Fußes werden wir merken, ob unsere Vorübung richtig war. Wir gewöhnen uns auch von Anfang an daran, in *beide* Füße zu sprechen. Wenn es zu Beginn nicht wie gewünscht klappt, dann erst in den linken, dann in den rechten, in immer schnellerem Wechsel, bis wir daran gewöhnt sind, beide Füße einzubeziehen. Diesmal erweitern wir die Vorübung und dehnen sie auch auf die ganzen Hände aus, nach dem gleichen Prinzip, wie wir mit den Füßen verfuhren. Aber: Wenn wir mit den beiden Füßen klar gekommen sind, das heißt, wenn beide Füße den Mantram-Rhythmus schwingen („Weben"), dann hören wir mit den Füßen auf, und beginnen mit den Händen. Dabei lassen wir die Hände stets herunterhängen und bewegen sie etwa beim Gehen leicht vor- und rückwärts. Wir stören uns nicht daran, wenn etwa die Füße — gut dressiert, wie sie jetzt sind — „mitsingen". Das ist nicht unerwünscht, sondern sogar gut, *muß* aber nicht unbedingt — jedenfalls jetzt noch nicht — sein. Der Zusammenklang von Füßen *und* Händen kommt erst, wenn wir nach den Händen wiederum eine Woche lang die ganzen Füße insultiert haben. Erst dann nehmen wir bewußt beide Hände und beide Füße zusammen in *ein* Suggestionssystem (oder -feld).

Wenn wir uns den menschlichen Organismus vorstellen, den Aufbau der Wirbelsäule, dann wird uns klar, warum die Extremitäten eine Sonderstellung einnehmen: sie gehören nicht *direkt* zum Rückenmark-Nerven- und Empfindungssystem, aber sie werden durch Vorübungen *angeschlossen* und durch die Hauptübung einverleibt. Sie nehmen dann den ihnen gebührenden Platz ein, denn jedem Denkenden wird klar, daß Hände und Füße im menschlichen Organismus eine Sonderstellung einnehmen. Der Metaphysiker sagt: Der Mensch lernt auf den Füßen gehen — so auch sein metaphysischer Körper. Und der homo sapiens weiß um die Wichtigkeit seiner — ihm verbliebenen — Greiforgane, nämlich der Hände (da die Füße für diesen Zweck ja ausfielen, als der Mensch aufrecht ging). Im übrigen wäre es unmöglich, den psychischen Körper zu „beleben", wenn man Füße und Hände unbeachtet ließe. Erstens enden sehr empfindliche Nervenstränge in den Extremitäten, und zweitens besteht eine ganz bestimmte Wechselwirkung zwischen diesen Extremitäten und den ihnen adäquaten Hirnpartien (die für ihre Schaltung verantwortlich zeichnen).

Haben wir es glücklich geschafft, die beiden Vorübungen (Belebung von Füßen und Händen durch ein ganz bestimmtes Mantram, das für uns ja einen suggestiven Sinn hat — folglich auch für das Unterbewußtsein, das diesen Sinn aufgenommen), also die beiden Vorübungen zu beherrschen, dann dürfen wir sie jetzt „beiseitelegen" und uns davon ausruhen.

Ja, buchstäblich: Sie dürfen sich jetzt täglich — ohne mehr der bisherigen Vorübungen zu gedenken — etwa eine halbe Stunde auf eine Couch oder Ottomane legen und sich völlig entspannen. In diesem sich ständig vertiefenden Entspannungszustand nun beginnen sie, tief in ihrem Innern (etwa in der Gegend *hinter* dem Nabel, in der Bauchhöhle also) das Mantram nicht nur zu sprechen, zu summen oder zu flüstern (oder nur zu denken), sondern *auch* sich das Wort *Befreiung* leuchtend auf dunklem Grunde *vorzustellen* (also zu imaginieren).

Jetzt denken Sie bitte, Sie wären ein Sender, ein Radio- oder Fernsehsender, der seine Wellen ausstrahlt. *Ihre* Wellen sollten von der Zentralregion (Bauchinneres) ausgehend, Kreis um Kreis schlagen, sich ständig zur Körperperipherie hin sich erweiternd. Und mit den Wellen wird das Wort, das Mantram „Befreiung" getragen, bis bald darauf der *ganze* Körper, einschließlich der vorbereiteten Füße und Hände, *nichts anderes weiß und schwingt,* als Wort und Sinn, *Bild* (Imagination) und Ton von Befreiung.

Wenn Sie nun an die üblichen „Bereitungen" gedacht haben — fort von der Welt, hin zu anderen Regionen, unter Einschluß aller Sinne, Gedanken und Empfindungen —, dann haben Sie die rechte Vorbereitung getroffen, die kommenden Exerzitien-*Teile* in der rechten Weise, im rechten *Geiste,* Punkt für Punkt getreulich durchzuführen.

Wir können Ihnen einen Erfolg versprechen, der über alle Vorstellungen weit hinausgeht.

3. Erste Stufe: Füße und Gelenke

Sie versetzen sich in den nun schon bekannten Entspannungszustand, den Sie — wenn Sie methodisch geübt haben — nunmehr leicht in tiefere Bewußtseinslagen überführen können. Damit erreichen Sie die *Zonen,* auf die es bei diesen Exerzitien entscheidend ankommt. Sie sollten die Suggestionsformel (Mantram: Befreiung) möglichst aus der Gedankenstille heraus sprechen (besser: denken und vorstellen). Und zwar, wie gewohnt: Fuß, Sohle, Oberfuß, Knöchel — halt — jetzt nicht die Hände (wenn andere Teile des Körpers, ja, wenn der ganze Organismus schon bei der Fuß- oder Sohleübung *mitschwingt* — gratulieren wir Ihnen. Dann sind Sie weiter gekommen (wesentlich durch die Vorübungen), als Sie selbst vielleicht glauben.

Aber — wir müssen trotzdem methodisch weitergehen. Das Mitschwingen anderer Körperteile oder des ganzen Organismus bereitet die nächsten Stufen vor — aber ersetzt sie nicht.

Gegenüber der Vorübung — die ja *nicht* im weltabgewandten Zustand vorgenommen wurde — macht sich jetzt im Fuß — nach den drei Übungsphasen: Sohle, Oberfuß, Knöchel — eine stärkere Wärme, Schwere oder — meist danach — auch Leichte bemerkbar, und das ist das Feuer, das den nächsten körperlich-metaphysischen Teil vorbereiten soll, in diesem Fall laut

Punkt 4. Zweite Stufe: beide Knie und Handflächen

Füße und Handflächen sind schon „vorgeschaltet" worden, es fällt also nicht schwer, zwischen ihnen die übliche Symbiose herzustellen. Die Knie sind ganz sicher bereits „vorgewärmt" worden — vgl. unser Beispiel vom Zylinder —, und das wiederum bedeutet, daß beide Knie*gelenke* schon bald den vollen Rhythmus, gemeinsam mit Füßen und Händen, weben.

Es kommt jetzt darauf an — und das ist in jeder Phase von entscheidender Wichtigkeit — erst weiterzugehen, wenn der in der nachfolgenden Stufe genannte Körperteil bereits „vor-schwingt", und das heißt, bereits „lebendig" geworden ist.

Bitte, denken Sie hierbei an die ausgesprochene Warnung hinsichtlich „Spiel mit dem Feuer". *Bleiben* Sie jetzt am Ball, wie man sich sportlich ausdrückt, bleiben Sie bei den Übungen. Sie sind soweit gekommen — warum jetzt einen Aufenthalt, der vielleicht alles Bisherige in Frage stellt, oder gar eine Pause, die einen Neuanfang fordert, der Sie vielleicht — überfordert.

5. *Die dritte Stufe: Das Schrittzentrum*
(Endpunkt der Wirbelsäule)

Sind die vorher genannten Bedingungen erfüllt, können wir zum wichtigsten Teil des metaphysischen Organismus übergehen: zum Sexualpunkt, der auch die Mondstellung genannt wird (wegen der bekannten Wirkungen des Mondes auf die Sexualsphäre).

Wird die Sphäre „angeheizt" — und dies ist ein guter Ausdruck für das, was geschieht —, und ist sie nicht frei von irdischem Ballast (auf deutsch: ist man noch zu tief in Begierden verstrickt), dann tritt etwas sonderbar Scheinendes, aber ganz Selbstverständliches auf: Der Drang nach Ausleben der Triebe macht sich übermächtig geltend.

Deshalb ist die „Bereitung" so wichtig, deshalb wird auch in unseren Breiten vor der „Einweihung" gefordert, daß der Mensch von übermäßigen oder anomalen Trieben frei sei.

Ist erst einmal dieser Sperriegel passiert — und das nächste Kraftzentrum (Sonnengeflecht) in „Wallung", d. h. in Schwingung gebracht, ist der schwierigste Teil des Exerzitiums zurückgelegt. Wir haben — dieser Ausdruck paßt uns garnicht, aber er gehört hierher — die „Unterwelt" verlassen, und schreiten den höheren Regionen — buchstäblich — zu.

Nunmehr beginnt der Prozeß — oder hat begonnen —,

den wir im Beispiel vom Zylinder erwähnten: rückenmarkaufwärts „brennt" sich das Feuer nun empor, und bevor wir weiterschreiten, möchten wir noch einige kurze Verhaltensmaßnahmen vorschlagen.

Die Wichtigkeit des Sexualzentrums, das gleichzeitig der untere „Abschluß" der Wirbelsäule (des Zylinders) ist, haben wir bereits betont. Noch nicht besonders erwähnt haben wir die Tatsache, die sich während der Exerzitien zusätzlich vollzieht. Haben wir den — bei dem einen oder bei der anderen — vielleicht verstärkten sinnlichen Regungen widerstanden (in Vollmondnächten sind sie am stärksten), dann *wandelt* sich die Sexualkraft in „Metaphysische Bausteine" um — um es einmal so auszudrücken. Und zugleich erlischt oder mindert sich erheblich der sexuelle Trieb. Darüber braucht man weder erschreckt noch schockiert zu sein: mit der Potenz oder der Liebesfähigkeit hat dieses Nachlassen des Triebes nichts zu tun. Es handelt sich lediglich um eine vorübergehende Etappe — bald wird man wieder Freude haben an den schönen Gestalten des anderen Geschlechtes, und bald darf man sogar wieder ungestraft tun, wozu der Himmel uns die Liebeswerkzeuge gab: nämlich lieben.

Im Grunde ist es eine Epoche von wenigen Wochen, die eine stärkere Widerstandskraft gegen weltliche Verlockungen von uns verlangt. Wir sprechen trotz der Kürze der Zeit (wenige Wochen) von Epoche, weil sich in dieser kurzen Zeit wirklich epochale Entwicklungen vollziehen und anbahnen: Also: einerseits Abschluß, andererseits Neubeginn — unter veränderten Vorzeichen (vgl. „Vertauschung der Lichter").

6. Vierte Stufe: Sonnengeflecht

Es ist empfehlenswert, wenn man sich auf die Zeit der Voll- und Neumonde besonders einstellt. Soll heißen: präpariert. Das geschieht am besten, indem man Gesellschaften flieht, Versuchungen fernbleibt, am besten einige Fastentage einlegt und — vielleicht auch noch — Tage des absoluten Schweigens sich auferlegt. Durch solche Maßnahmen wird nicht nur eine zusätzliche Reinigung des Organismus angestrebt, sondern auch die Willenskraft gestärkt. Der Volksspruch gilt auch hier: Wer sich in Gefahr begibt, kommt drinn' um. Wir haben in vorangegangenen Exerzitien schon die Konzentration auf das Leibesinnere (Bauchhöhle) geübt. Jetzt ist es notwendig,

> das Sonnengeflecht, das sich rund um den Nabel erstreckt, zu beleben, indem wir also die Bauch-Oberfläche suggestiv beeinflussen, indem wir unser Mantram in der bisherigen Weise — wie in den Vorstufen — denken oder flüstern.

An dieser Stelle möchten wir noch einmal darauf aufmerksam machen, daß wir uns um keinerlei „Sensationen" (Manifestationen oder Phänomene), die etwa in uns, um uns oder als Geräusch oder Augen-Eindruck vorkommen *können*, kümmern.

Sollten sich irgendwelche „inneren" oder „äußeren" Stimmen bemerkbar machen, kümmern wir uns genau so wenig darum. Bei zudringlichen Störungen gehen wir am besten — die Direktübung unterbrechend — „in die Stille" — das Vakuum ist für Störenfriede unerträglich, es verjagt oder vernichtet sie.

Es ist ja inzwischen offenbar geworden, daß wir uns durchaus in einem psychischen Ausnahmezustand befinden, und dazu stehen wir — um es simpel auszudrücken — „zwischen Tür und Angel": das eine sind wir nicht mehr, das andere sind wir noch nicht.

Wir gehören also etwa je zur Hälfte beiden Hemisphären an.

Um so dringlicher ist es, unsere Übungen zum guten Ende

zu bringen, was wiederum nicht heißt, daß die Exerzitien *forciert* werden sollten. Das wäre das Verkehrteste, was wir tun könnten. Dann könnte — sehen wir auf unser Vergleichsbild mit dem Zylinder — der Druck unverhofft — und an falscher Stelle — zu stark werden und mindestens unseren Übungserfolg in Frage stellen, wenn wir nicht gar zurückgeworfen werden.

Bleiben wir bei dem von Anfang an eingeschlagenen Rhythmus, bei der gleichen Übungszeit, derselben Übungsdauer.

Das Sonnengeflecht
> hat die Eigenart, sich recht bald — also nach den ersten Übungen auf dieser Stufe — zu erwärmen, und das soll und muß es auch, denn es bildet ja gleichsam das „Wärmekissen" für die nächste Stufe, für die Übung, die sich mit der Herzgrube beschäftigt. Und somit langen wir an einem zweiten wichtigen Kreuzweg an.

7. Fünfte Stufe: Herzgrube

Vor diesen Übungen zu beachten: Es wurde schon darauf hingewiesen, daß kranke Menschen sich erst ihrer Gesundung widmen müssen, bevor sie mit metaphysischen Übungen einsetzen.

Das gilt in höchstem Maße für Leser, die „es mit dem Herzen zu tun haben". Auch kleine, an sich unbedenkliche Störungen des Herzens sollten zur Behebung dem Arzt vorgetragen werden. Denn die jetzige Übung — sie ist durchaus nicht gesundheitsschädlich, wie alle Exerzitien schon vor dem Erfolg keimhaft Gesundung in sich tragen — verlangt ein festes Herz, das auch keinen „nervösen Störungen" unterworfen sein darf.

Nur ein durchaus normales Herz reagiert normal bei den Exerzitien, die auf die Herzgrube, also nicht direkt auf das

Herz, abzielen. Jeder Nervöse, oder zur Hysterie Neigende *könnte* — besonders in ungünstiger Gestirnstunde — falsch reagieren, und damit nicht diese Übung allein, sondern alle vorangegangenen Übungen in Frage stellen. Man sollte auch keineswegs mit erregtem Herzen üben, also etwa nach einer Auseinandersetzung oder nach einem Dauerlauf. Lieber erst ein paar Seiten eines harmonischen Buches lesen, bis man völlig gelassen ist. Dann kann nach menschlichem Ermessen die Übung nicht gefährdet werden.

Und wie das Exerzitium auch hier verläuft, wissen wir ja schon?! In der gewohnten Weise konzentrieren wir uns auf die Herzgrube, sprechen da hinein das Mantram, das wir uns gleichzeitig möglichst leuchtend vorstellen.

Zudem wird diese Übung in den meisten Fällen durch ein so wunderbares Erlebnis *unterstützt* (nicht gestört oder unterbrochen), und zwar durch das schon mehrmals besprochene metaphysische, also irdisch unbeschreibbare *Licht*. Wir sollten versuchen, dieses Erlebnis einige Tage nacheinander zu gewinnen: es fördert genau das, was wir bezwecken.

8. Sechste Stufe: *Halsgrube*

Wir nähern uns dem Ziel unserer langen Reise. Wer das Lichtwunder bei der Herz-Übung noch nicht erlebte, dem wird es zumeist hier zuteil, hier, bei der Halsgruben-Übung. Denn nun sind die angerührten empfindlichen Körperpunkte — die auf physisch nicht feststellbare Weise mit dem Rückenmarkkanal koordiniert sind — allesamt — bis auf Halsgrube und Kopf — in „Brand" gesetzt —, um uns dieses eingangs dieses Exerzitiums angeführten Vergleichs wiederum zu bedienen —, und nun wartet der irdische Körper ebenso wie der zum größten Teil fertiggeschaffene *feingeistige* Körper darauf, daß der Pfad vollendet werde, daß das Werkzeug fertiggestellt werde, das uns zum Herrn in *allen* kosmischen Bereichen macht — so wir bis hierher durchgehalten haben und auf dem letzten Stück nicht wanken und nicht weichen.

Die Halsgrube befindet sich genau da, wo der Kehlkopf aufhört. Dies nicht im anatomischen, sondern im metaphysischen Sinne verstanden. Der Bezirk wird genau abgegrenzt durch ein klares Zeichen. Wenn bei der Herzübung die Lichterscheinung sich zuerst — und eben erst beginnend — bemerkbar macht, reicht sie in dieser Phase von der Herz- bis zu dieser Halsgrube, um sich von da aus zu erweitern bis ins Grenzenlose, und zu verstärken, bis ins Unfaßliche (da das irdische Auge *nicht* beteiligt ist, kann selbstverständlich von einem etwaigen, wie immer gearteten Einfluß auf das körperliche Auge nicht die Rede sein).

Auf diese Unterhals-Stelle also richten wir nun unsere Konzentration, wie bei allen vorangegangenen Stufen. Auch hier tritt eine leichte Erwärmung ein, die gewöhnlich aber über den Hals *nicht* hinausgeht. Und das ist nicht nur gut, sondern auch notwendig. Eine Erhitzung des Kopfes können wir nicht gebrauchen. Im übrigen muß hier betont werden, daß — wenn wir von „Feuer", wie im Zylinder sprechen — *niemals* richtiges, heißes Feuer zu verstehen ist. Die Wärme, die man verspürt, wenn man „in die Entspannung und Versenkung geht" mißt nur zwei bis drei Grad Celsius über Normal, auf den *ganzen* Körper verteilt, ist das *Heiße* wohl zu spüren, aber es tritt *kein* Fieberzustand ein, also ist die Gesamttemperatur nur etwa 0,5 Grad über Normal-Celsius erhöht. Und *trotzdem* hat dieser metaphysische Brennprozeß eine Wirkung, die zum Exempel weit über andere hohe Wärmegrade hinausgeht, denn auch tausend Grad Celsius können keinen feingeistigen Körper brennen.

Siebente Stufe: Augenzwischenraum und Scheitelpunkt

Unser ganzes Lehrsystem mit seiner geschlossenen Beweisführung setzt die selbständige, souveräne, universale Seele voraus, die befähigt ist, *ohne irdischen* Körper zu leben, in anderen Welten, in anderen als irdischen Daseinsformen. Die Beseelung des Menschen — durch diese selbständige Seele also — wird von der Wissenschaft Animismus genannt. Die Lehre vom Animismus jedoch ... wird den Primitiven, den Naturvölkern, früher und jetzt, zugeschrieben.

Dies ist noch die Anschauung Freud's gewesen — wir haben eingangs davon gesprochen —, der alles Seelische als Emanation des Physischen betrachtete.

Nach der damaligen Denkart wäre demnach alles Menschliche seelenlos und die Unsterblichkeit der Seele eine Fiktion. Diese Denkart steht also in krassem Widerspruch zu den Grundlehren *jeder* Weltreligion. Sie ignoriert damit auch unmißverständlich die seit Jahrtausenden bekannten Phänomene einer souveränen, selbständigen menschlichen Seele, sowie die ihr innewohnenden, u. U. zu personifizierenden archaischen Seelenteile, die man (jetzt) Archetypen nennt.

Bei Jung nun — dem erst kürzlich verstorbenen Schweizer Psychiater und Seelenforscher — hat die menschliche Seele bereits die Fähigkeit, Archetypen zu besitzen, zu bilden, derart, daß u. U. Körper, Seele und Geist *einem* Archetypus verfallen können, wodurch dann ein Fall für die Psychiatrie entsteht, ein oft schizophrener Zustand, also eine Geisteskrankheit, die der seelischen Behandlung bedarf.

Inzwischen ist die Wissenschaft vielfach einen Schritt

weiter gegangen, aber es gibt noch keine offizielle Bestätigung der Kathederwissenschaft, daß eine selbständige, unsterbliche menschliche Seele existiert.

Wir haben, seit dem wir mit unseren Arbeiten an die Öffentlichkeit getreten sind, von Anfang an auf Grund von unwiderlegbaren Erfahrungen die Ansicht mit aller gebotenen Zurückhaltung vertreten, daß der Mensch *zweierlei* Wesen ist, ein irdischer Körper hier, auf Erden, und eine Seele, die für das Leben ohne Körper durchaus gerüstet ist.

Alle unsere Exerzitien — eigene und von Lesern — ergeben immer und immer wieder Beweise für die Tatsächlichkeit einer eigenständigen Seele. Und mehr und mehr Stimmen der akademischen Wissenschaft haben sich — wie Briefe von Ärzten, Theologen und Psychologen u. a. bezeugen — zu dieser Tatsächlichkeit bekannt, einer Tatsächlichkeit, die nunmehr mit der offiziellen Lehre der Kirche von der Unsterblichkeit der Menschenseele übereinstimmt.

Unsere IX. Exerzitienreihe, die sich die Universale nennt, hat sich zur Endaufgabe gesetzt, durch seine Stufenfolge einen Seelenkörper aufzubauen, der nicht nur — da wäre ja kein Fortschritt — für die Ewige Welt geeignet ist (diese Fähigkeit besitzt sie a priori), sondern der einmal die Fähigkeit erlangt, willensmäßig Kenntnisse der anderen Welt zu sammeln, zum anderen aber — und darin liegt der himmelweite Unterschied — nach Wunsch und Willen in der sogenannten jenseitigen Welt zu wandeln, ihre Wunder an Formen, Gestalten und Welten, an Weite und Großartigkeit bewußt wahrzunehmen, d. h. menschliches Bewußtsein unendlich zu weiten. Die Siebente Stufe des vorliegenden Exerzitiums zerfällt in zwei Abteilungen.

Die Konzentration auf den Augenzwischenraum, der durch die vorhergegangenen Stufen bereits „belebt" ist, hat den Zweck, die dahinter liegenden Hirnzentren in die Entwicklung einzubeziehen. Bei normalem Übungsverlauf werden wir keinerlei stärkere Erwärmung feststellen können, denn sie ist nicht erforderlich. Der ganze Organismus gleicht jetzt dem vergleichsweise genannten Zylinder, in dem die seltsame Mischung brodelt und zum Ausbruch drängt. Der Weg geht durch jene Hirnpartie, die hinter dem Augenzwischenraum liegt, und sprengt die letzte Barriere.

Die Wandlungen, die inzwischen mit uns, mit unserem irdischen Körper vor sich gegangen sind, haben wir üblicherweise nicht zur Kenntnis genommen, auch nicht die Erfahrungen, die uns die bis jetzt schon weit vorangeschrittene Bewußtseinausweitung gebracht haben.

Die zweite Abteilung der letzten und siebenten Stufe ist die — meist nicht mehr notwendige — Konzentration auf den Scheitelpunkt, denn — blicken wir auf unser Vergleichsmodell — der Innendruck des entwickelten feingeistigen Körpers ist nun so stark geworden, daß er von sich aus — und gesteuert von unserem Willen — selbständige Eigenart gewonnen hat — und damit zum Herrn über alle Welten dieses Kosmos, die unser Bewußtsein zu erforschen wünscht, geworden ist.

Wer mit seinen Übungen bis hier fortgedrungen ist, hat die „Feuerprobe" bestanden. Er kann sich über das Irdische erheben.

Zweiter Teil

PRAXIS DER BEWUSSTSEINS-ERWEITERUNG MIT HILFE DER TECHNIK

Viertes Buch / Das Buch der technischen Hilfen

XXX Sonder-Exerzitien (Vorbemerkungen)

1. Eines schickt sich nicht für alle (1.: Die Stark-Sensitiven)

Im metaphysischen Bereich unterscheidet man drei Menschengruppen: 1. stark-sensitive oder/und mediumistische, 2. sensitive, und 3. untersensitive.

Die Stark-Sensitiven, die oft zugleich gut mediumistisch veranlagt sind, gehören zu den für einschlägige Versuche und Übungen Begünstigten. Sie heben sich aus der Masse der Übrigen hervor durch mancherlei Eigenschaften:

Sie „erfühlen" Dinge oder nehmen sie wahr, von denen Andere nichts wissen oder bemerken.

Bei den Übungen klettern sie auf der Stufenleiter des Erfolgs überraschend schnell empor.

Sie interessieren sich — als seien sie dafür geboren — für jene geheimen Bereiche, die den meisten von uns normalerweise verschlossen bleiben.

Sie sind meist von tiefer Gläubigkeit, die oft durch „wunderbar" erscheinende Begebnisse bestätigt wird.

Sie sind „von sich aus" in der Lage, das in der Fachsprache „Ektoplasma" genannte Stofflich-Ätherische abzugeben oder willkürlich oder unbewußt auszusenden, sie sind also gute Medien.

In ihrer Umgebung geschehen oft merkwürdige Sachen: irgendetwas fällt — nicht verursacht — zu Boden, irgendetwas poltert oder huscht umher.

Sie „sehen" und erleben oft Geschehnisse einer vergangenen oder kommenden Zeit voraus, was heißen

will, daß für sie offenbar die Gesetze von Zeit und Raum mindestens zeitweise aufgehoben erscheinen.
Wenn sie in dunkle Winkel blicken, haben sie „Gesichts-Erscheinungen" oder nehmen irgendetwas Unerklärliches wahr.
Vielfach haben sie die Andere erschreckende Fähigkeit, „aus ihrem Körper zu treten", danebenzustehen, auf ihn herabzusehen.
In Ausnahmefällen neigen sie zur „Doppelgängerei", zur sogenannten Bilocation, d. h., daß sie an zwei Orten zugleich sein können (Aussendung des Astralkörpers bis zur Materialisation).
Im Besitze des im ersten Teil dieser Arbeit erworbenen Wissens (und vielleicht auch Könnens) betrachten wir die einzelnen aufgeführten Erscheinungen einmal genauer. Wir möchten gern feststellen, was diese Fähigkeiten stark Sensitiver zu bedeuten haben könnten:
„Außersinnliche Wahrnehmung" ist kein seltenes Phänomen. Wir wissen, daß es zu hohe oder zu tiefe Töne gibt, die wir nicht wahrnehmen können — gleichwohl existieren sie, werden von anderen Wesen wahrgenommen, sind also nur uns Normalen unbekannte Naturerscheinungen, die keineswegs in den Bezirk des Phantastischen oder Zauberischen fallen. So gibt es auch andere Dinge außerhalb unserer normalen Wahrnehmungsfähigkeit, die von den Leuten mit den „richtigen Antennen" durchaus festgestellt werden können: die Fähigkeit dazu nennt man entweder Hellsehen (von Natur aus, gegenüber einer möglicherweise erworbenen), in ausgeprägteren Fällen und Höhere, größere Dinge betreffend, sprechen wir von Prophetie, in qualitativ etwas minderen Fällen vielleicht von echter Wahrsagerei.
Diese Sensitivität — (im Gegensatz zur Sensibilität:

starker Empfindsamkeit) — ist eine natürliche Prädisposition, also eine von Geburt an vorhandene Veranlagung, die nicht immer als Vorzug empfunden wird (weil jedes *Mehrwissen — Mehr-Mitleiden* mit sich bringt). Für unsere Exerzitien freilich ist sie ein großes Plus, und das zeigt eigentlich, meinen wir, auf das hin, was starke Sensitivität ist, bedeuten soll: ein Vorsprung gegenüber Anderen auf einem Pionierweg, der — vielleicht — der Weg der ganzen Menschheit sein soll.

Ein „Medium" ist ein Mittler zwischen Diesseits und Jenseits, muß also fähig sein, sich in *beiden* Welten verständlich zu machen — und das ist nur mittels beider Körper — des irdischen und eines feingeistigen — möglich.

Es ist wahrscheinlich, daß alles Urwissen von Religion, anderen Welten, kosmischen Zusammenhängen größtenteils auf solcherart Begnadete zurückzuführen ist. Die Sensitiven haben also eine wichtige menschlich-soziologische Aufgabe zu erfüllen.

Selbst die Primitivkulte der Urvölker sind — wenn nicht auf seelisch Gestörte — auf dieses Phänomen der Sensitiven zurückzuführen, aus sich heraus Dämonen und Geister zu „erzeugen", die wir heute Archetypen nennen.

Oft gehen die Sensitiven den Weg „des geringsten Widerstandes", wir meinen damit, daß sie sich einer vorhandenen Körperschaft instinktiv anschließen, statt vielleicht eigenschöpferisch der Menschheit neue Wege zu weisen.

Für alle Fälle bleibt hier anzumerken, daß Neurotiker mit den aufgezählten Phänomenen und Eigenschaften *nicht* gemeint sind: sie bilden eine Klasse für sich, rechnen aber *nicht zu* den solcherart Begünstigten (was trotzdem nicht ausschließt, daß sie es einmal werden).

Die starke Mediumität mancher Sensitiver — also die Fähigkeit, auch unbewußt Ektoplasma, dieses Bildungsmittel feingeistiger Wesen, auszusenden oder abzugeben (denn oft wird es auch „entnommen") — diese Mediumität ist der Anlaß zu mancherlei Erscheinungen, die man mit „Klopfgeistern", Spuk- und Geistererscheinungen abzutun pflegt. In Wahrheit liegen hier Dinge zugrunde, deren Klärung auch Licht in viele andere — heute unerklärlich dünkende — Geschehnisse bringen könnte.

Die „Aufhebung" von Zeit- und Raum-Begriff ist ein weiterer Hinweis darauf, daß die Sensitiven sich stark an der Schwelle einer anderen Welt befinden, die diese irdischen Begriffe *nicht* kennt. Folgedessen erleben diese Sensitiven oft Einblicke in vergangene oder kommende Ereignisse, die im Astralen festliegen — und eher Ewigkeitsbegriffen gehorchen.

Die Fähigkeit der Sensitiven, bei bestimmten Augenkonzentrationen Einblick in Grenzbereiche des Irdischen zu bekommen, haben wir uns bei der Augen-Konzentrations-Übung zu Nutze gemacht, denn diese Eigenschaft ist erübbar.

Das höchste Erlebnis, das einem nicht Eingeweihten auf Erden oft unwillkürlich geschehen kann, ist das „Aus-sich-Heraustreten", das heißt ein Phänomen zu erleben, dem viele Doppelgängerei-Erzählungen zugrunde liegen. *Grundsätzlich* ist die Seele des Menschen — sein seelisch-geistisch-odischer Bestandteil — vom irdischen Körper auch durch Experimente oder durch Exerzitien lösbar, trennbar, so daß oft *ein* scheinbar lebloser Körper zurückbleibt, während ein *anderer* (zweiter) Körper des gleichen Menschen andernorts erscheint (das ist um so eher möglich, als diese Phänomene meistens während des Schlafens, also im somnambulen Zustande, sich bilden).

Um Irrtümern vorzubeugen, möchten wir betonen, daß „künstliche" Zwillingsbildung aus *einem* Menschen nicht oder nur in Ausnahmefällen möglich ist. Der Prädisponierte *ruht* fast immer in diesen Fällen, und der Eingeweihte verzichtet wegen der Gefährlichkeit auf dieses Experiment.

Die Sensitiven

bilden gleichsam den Mittelpunkt zwischen den Starksensitiven und den normalen Sterblichen oder Unter-Sensitiven. Teile des unter „starksensitiv" Aufgeführten *können* auch auf den Sensitiven zutreffen. Auf jeden Fall werden alle die zuvor genannten auffälligen Erscheinungen bei weitem weniger ausgeprägt bei den Sensitiven auftreten. Dagegen sind die Sensitiven für die hier behandelten Exerzitien organisch gut vorbereitet, jedenfalls besser, als der Durchschnittsmensch, der — leider — einen recht weiten Abstand hat von einer Welt, der er einst zum größeren Teile angehörte.

Wir haben uns schon kurz die Entwicklung des Menschen vom Urmenschen zum homo sapiens und zum homo faber vor Augen geführt und wissen, wie sehr der Mensch an spezialisiertem Wissen und Können zugenommen, an Naturverbundenheit jedoch verloren hat. Seine Sinne sind — im Vergleich zu denen des Urmenschen — stumpf, seine körperliche Kraft beträgt nur noch ein Bruchteil seines Urwald- oder Savennen-Ahnen, und sein Kontakt zur *natürlichen* Umwelt ist gleich null.

Die Unter-Sensitiven
sind wir, die Normal-, die Durchschnittsmenschen, die keinerlei Zeichen besonderer Berufung an der Stirn tragen. Und gerade *ihnen* wollen wir jetzt unsere Aufmerksamkeit zuwenden.

Wenn es um die Frage der Bewußtseins-Erweiterung geht, um Übungen und Exerzitien, diese Fähigkeit zu erlangen, dann sind — imgrunde — diese Normalen benachteiligt.

Und deshalb ist es *nötig*, für diese Hauptgruppe der Menschen einige Exerzitien-Reihen einzuschießen, die wir — um sie besonders zu kennzeichnen — eben Sonder-Exerzitien nennen wollen. Wir werden auch hier stufenweise vorgehen, gründlicher noch erklären, was etwa mißverstanden werden könnte. Wir hoffen, dadurch den Nachteil wettzumachen, den die Nicht-Prädisponierten vor den für unsere Aufgaben Begabten aufweisen.

4. Art der Sonder-Exerzitien

Eine grundsätzliche Unterscheidung gibt es zwischen den bisher erläuterten Exerzitien und den Sonder-Exerzitien insofern, als die Sonder-Exerzitien *keine* besondere Disposition voraussetzen, sondern sie erst schaffen (damit der Ausgangspunkt der Sensitiven mindestens erreicht wird).

Einige der folgenden Übungen gehen durchaus über eine Vorübung hinaus, beginnen aber mit Stufen, die gewissermaßen ein Urbarmachen des seelischen Bodens bedeuten, der bearbeitet werden soll. Wieder geben wir eine *Reihe* von Exerzitiengruppen, damit unter der Vielzahl von Menschentypen *jeder* die ihm sozusagen zugeschneiderte Art herausnehmen und sich zunächst für diese einsetzen kann. Das schließt nicht aus, daß er später — wenn gewisse Erfolge eintreten — also mindestens der Ausgangspunkt der

Sensitiven erreicht ist — die Methode wechselt, also an passender Stelle zu dem passenden anderen Exerzitium übergeht. Wir werden von Fall zu Fall darauf aufmerksam machen.

Eine besondere Bedeutung kommt gerade *vor* den Sonder-Exerzitien der *Bereitung* zu, die wir mehrfach erläuterten. Wer hier Vorarbeit leistet, spart sehr viel an Zeit, Kraft und Energie bei der eigentlichen Aufgabe.

Wir werden zudem den Sonder-Exerzitien noch besonders geeignete Bereitungsübungen oder Vorbereitungen vorausschicken, so daß die Wahl über die Vorbereitungsmethoden ebenfalls vervielfacht wird. *Warum* wir uns hier mit *Sonder*-Exerzitien und ihren Extra-Vorbereitungen beschäftigen, wird aus einem Erfahrungsgrunde deutlich.

Wir wissen von *Einzelschicksalen*, die auf die ihnen adäquate Menschengruppe schließen lassen. Bei diesen Einzelfällen hat sich gezeigt, daß Wille und Entschluß zur Tat wohl vorhanden waren, daß der Kandidat — oder die Kandidatin — aber nach den ersten — meist nur tastenden — Versuchen, manche aber auch nach sorgfältiger gründlicher Übung nicht mehr den Mut, die Zeit und die Geduld aufbrachten, weiter zu üben, obwohl sie vielleicht gerade vor der entscheidenden — positiven — Wende standen. Damit verloren diese wertvollsten Menschen wohl nicht gleich den Glauben an unsere Sache, aber das Vertrauen zu sich selbst, das notwendige Zutrauen zu ihrer Geeignetheit.

Wir betonen deshalb an dieser Stelle noch einmal ausdrücklich, daß es wohl verschieden qualifizierte Menschen für unsere Exerzitien gibt, aber grundsätzlich gibt es keinen gesunden Menschen, der einen Übungserfolg *nicht* erreichen könnte. Es ist einfach eine Frage der Geduld und der zu entwickelnden Kraft.

Und dann noch eines: Es gibt Menschen, die sprechen auf

allopathische Medizindosierungen wenig oder garnicht an, um dagegen prompt bei homoeopathischer Dosierung zu reagieren. So ähnlich verhält es sich mit den Sonderübungen oder -Exerzitien. Darunter mag es das eine oder andere Verfahren geben, das auf „Anhieb" einschlägt, während wiederum bei einer anderen Gruppe von Lesern eine der Sonder-Exerzitien-Reihen schon bald das Gefühl des „Vertrautseins" auslöst und damit die Bahn frei macht und Fortschritte beschleunigt herbeiführt.

Haben wir im Ersten Teil dieses Buches sozusagen die fertigen Häuser vorgestellt, mit den einzelnen Teilen, die das Fertighaus schufen, werden wir jetzt — um im Bilde zu bleiben — die *Bau-Elemente* im einzelnen und sorgsam vornehmen.

Laufen, Rekordrennen, Geschwindigkeitsrekorde im Laufen — sie alle sind unmöglich, wenn man zuvor nicht laufen gelernt hat. Das ist eine Binsenwahrheit, die wir nicht zu erwähnen brauchten, wenn nämlich diese Binsenwahrheit nicht allzuoft *bei anderen Gelegenheiten* übersehen wird. Bei Gelegenheiten, bei denen es auf das „Laufenkönnen" — also auf die Mindestgrundlage — ebenso oder gar noch mehr als beim Laufen ankommt.

Wir meinen die Anfangsgründe zur „Innenschau", um die Grundvoraussetzungen zur willensmäßigen Bewußtseinserweiterung zu schaffen. In allen sogenannten Geheimlehren der Erde, zu allen Zeiten, auf allen Kontinenten, bei allen echten, metaphysischen Kulten, kommt es immer wieder und nur zunächst auf die Beherrschung der Anfangsgründe an, bevor man weitere Schritte ungefährdet und unbesorgt um Erfolg und Sicherheit gehen kann.

Diese Anfangsgründe nun wollen wir ganz und gar gründlich darstellen, hier ein wenig erweitert, denn ganz in den Kinderschuhen stecken wir ja mit unserem bisher

schon erworbenen Wissen nicht mehr. Diese drei Anfangsstadien sind (vor den bekannten nachfolgenden Schritten):
- A) Die echte Entspannung mit Schwere- und/oder Wärmegefühl,
- B) Die echte Konzentration als Vertiefung des vorerwähnten Zustandes,
- C) Die Gedankenstille oder -Leere als Krönung dieses ersten Ausbildungsabschnittes.

Manch einer, der förmlich fiebernd auf weitere Exerzitien-Reihen in der bisher gewohnten Weise wartet, fragt sich vielleicht — besonders, wenn er schon gut in der einen oder der anderen Disziplin vorangekommen ist —, *warum* diesen Aufenthalt? Wir können hier nur auf unsere langjährigen (jahrzehntelangen) Erfahrungen verweisen, die uns lehrten, *gerade* auf die Vorbereitungen und Anfangsgründe zu achten, weil dies die Klippen sind, an denen viele schon — eigentlich bevor sie noch richtig starteten — scheiterten.

Was in den einzelnen Exerzitien-Reihen *Stufen* oder *Schritte* waren, wird jetzt zerlegt in *Unter*-Stufen und *Teil*-Schritte, damit jeder, aber auch jeder mögliche Fehler vermieden, jede Unsicherheit sofort beseitigt wird. Der Rennfahrer, der einen Fahrschüler neben sich hat, möchte am liebsten mit Vollgas und Höchstgeschwindigkeit losbrausen, ohne zu bedenken, daß der Fahrschüler ja wenigstens erst einmal die Kupplung und Gangschaltung (vielleicht gar erst die Zündung) kennenlernen muß, bevor er zum eigentlichen Fahren übergeht. Der Erfahrungsaustausch mit weniger gut disponierten Lesern und an den Übungen Interessierten hat zu manchen Erkenntnissen verholfen, ließ manche Sperrpunkte erkennen, die der Nichtpraktiker nicht erwerben oder feststellen kann.

Wer in den Wald will, sich erholsam darinnen zu ergehen, muß erst die Stadt verlassen, die Vorstadt passieren, etwa kleine Dörfer mit ihren Weiden und Feldern hinter sich bringen, um endlich auf den Waldweg zu gelangen. So etwa muß auch der „Eingang" in das Geistige Reich erstrebt werden. Und so allein ist die fugenlose Übungsfolge auch Garantie für das Gelingen bei *jedem* ernsthaft Strebenden, der, wie gesagt, nur Gesundheit, guten Willen und Geduld — und sorgsames Studieren — mitbringen sollte. Es hat eines besonderen Anstoßes bedurft, um auf Hemmnisse zu stoßen, die manchem Gutwilligen das Vorwärtskommen auf dem Gebiet der Bewußtseinsvertiefung und Bewußtseinserweiterung unmöglich machten.

Das war der Fall eines offensichtlich gut disponierten, gutwilligen, ja, besonders stark interessierten Menschen, der unter gar keinen Umständen in der Lage war — trotz allen Eigenversuchen, trotz Befolgung verschiedener eingeholter Ratschläge —, nicht in der Lage war, sagen wir, *sich richtig zu entspannen*. Wir sind bald darauf gekommen, daß der hochintelligente und sensitiv disponierte junge Mann in der Industrie einen Posten innehatte, den man mit „Manager" bezeichnet. Er war Verkaufsleiter einer größeren Firma. Er bewältigte — wie er glaubte — seine Arbeit „spielend", wenn er auch oft Überstunden einschieben und manchen Abend opfern mußte. Aber Spätabends — um die festgelegte elfte Stunde — lag unser Mann auf seiner Couch und versuchte — umsonst — sich zu entspannen. Er hatte sich ein Dutzend Bücher über diesen Stoff besorgt, J. H. Schultz (Autogenes Training) studiert, wendete verschiedene Verfahren an, sich zur Ruhe zu „zwingen", umsonst, er wurde von Mal zu Mal unruhiger, zappeliger und schließlich ärgerlich.

Er war so intelligent, einzusehen, daß es nicht an den Autoren lag, wenn ihm die Entspannung nicht gelang. Schließlich kam dann noch die bekannte „Mißerfolgsbremse" hinzu — die gefürchtete Erscheinung, die bei Leuten, die vielleicht einmal versagten, chronisch werden kann und dann eine ganze Kette von Mißerfolgen auslösen kann —, kurz, unser Mann wurde immer mehr „fertig" — mit den Nerven nämlich.

Ein verhältnismäßig kurzes Gespräch klärte den Sachverhalt. Seine Arbeit, die er — wie er annahm — „spielend" bewältigte, erledigte er mit der Routine eines Automaten, und dieser „Automat" — was bei keiner *Maschine* gut geht — war ständig auf Hochtouren — das war die „spielende Bewältigung" seiner Aufgaben. Der Mann hätte mit Sicherheit über kurz oder lang an den Folgen eines Dauerstress' schwer leiden müssen, denn auch ein *Mensch* lehnt sich unbewußt auf, wenn er dauernd überdreht wird. Es war klar, daß der Mann überhaupt erst einmal innerlich „abschalten" mußte, um zu jenem Zustand zu gelangen, den wir als „normal" bezeichnen. Kurz: der Überdruck mußte abgelassen werden.

Als ihm das klar wurde — und er begriff sehr schnell und bestätigte den Sachverhalt in allen Einzelheiten —, ging er erst einmal einige Wochen auf Urlaub. Danach war mit ihm zu sprechen — doch zur Entspannung kam er noch immer nicht. Er arbeitete, wie er glaubhaft versicherte, jetzt in „vernünftigem" Tempo, er vermied jede Überstunde, lud Verantwortlichkeiten und Nebenaufgaben auf andere ab — aber *die Ruhe* hatte er innerlich noch immer *nicht*, sich entspannen zu können.

Hätte das nachfolgend genannte Mittel nicht geholfen, hätte es noch einen anderen Weg aus den Schwierigkeiten unseres Managers gegeben. Aber das erste Mittel half, wenn auch nach — für manche Ungeduldige — recht langer Zeit: Unser Mann legte sich *nicht* mehr auf die Couch — zur festgelegten Abendstunde —, mit der festen Absicht, sich nach allen Regeln der Kunst zu entspannen, im Gegenteil, er sagte sich: Ich ruhe mich jetzt aus, ich lese nicht, ich höre keine Musik, ich sehe nicht fern, ich höre keinen Straßenlärm, ich höre mein Herz nicht mehr schlagen (so aufgeregt es bisher war), mir juckt die Haut nicht hier und nicht dort, ich ... ja, da war dann eines Tages *trotzdem* die echte Entspannung da. Die Symptome, die er anderntags schilderte, waren so überzeugend, daß ihm der Fortschritt, die echte Entspannung, bestätigt werden konnten.

Von da an ging es mit ihm aufwärts.

Man hatte in seinem Betrieb wohl bemerkt, daß anscheinend sein Eifer nachgelassen hatte, aber man mußte das Urteil bald korrigieren. Gewiß arbeitete unser Verkaufsleiter nunmehr weiter mit einer Art ruhiger, gelassener Vehemenz, aber seine Leistungen nahmen trotzdem zu, dementsprechend seine Erfolge. Das Forcierte, oft dem G'schaftlhubern nahe, war verschwunden, echte Leistungsfähigkeit war an dessen Stelle getreten.

Wir erzählen diesen Fall ausdrücklich etwas ausführlicher, denn er ist bezeichnend dafür, daß Exerzitien unserer Art durchaus nicht unverträglich sind mit unseren täglichen Pflichten, sondern daß wir im Gegenteil diesen Pflichten besser und schöpferischer nachgehen können, als vor Aufnahme unserer Übungen.

Psychische Übungen, richtig gewählt, richtig ausgeübt, „rücken" zurecht, bringen Ordnung in das innere Gefüge, denn

diese innere Ordnung ist die Voraussetzung für den rechten Fortgang der Exerzitien.

Und darum ist es so unendlich wichtig, daß diejenigen, die bisher nur mit einer gewissen Verzagtheit auf die im ersten Teil erläuterten großen Exerzitien sahen, nunmehr überzeugt werden, daß es anhand der kleinen und kleinsten Schritte, vor allem der rechten Grundeinstellung, *auch* möglich ist, Tritt zu fassen und sich einzureihen in die Gruppe jener, die sich aufmachen, seelisches und geistiges Neuland zu erobern.

Unsere Exerzitien — und diejenigen, die sie befolgen, unbeirrt den Pfad gehen — bezeugen, daß unser Bewußtsein zu erstaunlichen Leistungen fähig ist — *wenn* die dazu notwendigen Organe geweckt, richtig angesprochen und entwickelt werden und danach Zug um Zug eine Stärkung und Stählung erfahren.

XXXI *10. Sonder-Exerzitien-Reihe*

a) Entspannungsübung

Jede seelische und nervliche Mehrbelastung ist eine Störung, die beseitigt sein muß, bevor man sich zu einer Entspannungsübung zurechtlegt. Es ist sinnlos, sich mit jagenden Pulsen und sorgenzerfurchter Stirne zur Entspannung zu *zwingen.* Man wird dann höchstens das Gegenteil erreichen, also die Entspannung nicht erreichen, sondern noch konfuser werden, vielleicht sogar sich künftige Entspannungsübungen verbauen, denn unwillkürlich sagt man sich, daß die letzte Übung ja auch nicht geklappt habe. Es gibt Menschen, die sich schon bei leichten Kopfschmerzen nicht entspannen können — während es ihnen sonst ohne weiteres gelingt. Es gibt aber auch Übende, die — falls sie der Entspannungsmethodik schon *sicher* sind — Unruhe und nervliche Überbelastung eben durch die Entspannung abreagieren können, und sich nach der Übung erfrischt und gestärkt erheben.

In diesem Sinne soll nach dem Initiator Prof. J. H. Schultz auch das autogene Training angewendet werden, also einerseits starke Belastungen ausgleichen, andererseits stärkere Belastungen ertragen helfen, drittens etwa fehlenden Schlaf nicht nur ersetzen, sondern oft schon in erstaunlich kurzen Zeiten (die von einigen Minuten bis zu einer halben Stunde reichen können) völlige Frische schenken, als hätte man vollen, tiefen, erholsamen Nachtschlaf gehabt. Viertens soll in diesem Sinne die Entspannung auch Kraft geben, wenn man etwa einer schwierigen Verhandlung entgegensieht, oder wenn man zwischen zwei Verhandlungsterminen ein wenig „entspannen" will.

Für uns allerdings ist Entspannung die *erste Phase* zu innerer Einkehr, und darum ist sie für uns so viel wichtiger als für andere.

Vorbereitung: Gerade für die ersten paar Male ist es wesentlich, auf die rechte Vorbereitung zu sehen, also — um uns zu wiederholen — auf einen ruhigen Ort zu achten, in dem man ungestört üben kann, auf eine bequeme, doch nicht zu weiche Couch o. ä., auf frische, aber weder kalte noch heiße Temperatur, auf Abstand von den Tagesgeschäften. Eine kleine Nachlässigkeit hier kann den Übungserfolg in Frage stellen.

Beginn: Wir legen uns möglichst gerade hin, der Kopf ist nur wenig erhöht, muß aber bequem aufliegen, die Arme liegen an den Seiten, die Handflächen nach unten.

Erst dann läßt man sich gänzlich „fallen", das heißt, der *ganze* Organismus wird mit allen seinen Organen, Körperteilen, Nerven, Sehnen, Blutgefäßen, Haut und Hirn aus der üblichen Verstandeskontrolle entlassen, sich selbst überlassen. Wir sollten uns nicht eben zwingen, nichts zu denken, nichts zu wünschen, nichts zu empfinden, aber es wäre gut, wenn wir den Strom der Gedanken und Gefühle langsam abebben lassen würden, ihnen zwar nicht wehren, sie aber auch nicht ungehindert weiter über uns herrschen lassen. Vor allem müssen Arme, Hände, Beine und Füße bequem und gleichsam schwerelos liegen, wenn nötig, unter die Knie ein kleines Kissen von etwa 5 bis 8 cm Höhe, die Füße sind nach seitwärts gefallen und dürfen keineswegs „bemerkt" werden.

Die Augen hält man am besten geschlossen, wem es

hilft, der beginne zu zählen, leise oder nur in Gedanken, und nur bis neunundneunzig, dann wieder von vorn, nicht über die hundert hinaus. Zählen ist ein „Ablenkungsmanöver" und beschleunigt bei vielen die Entspannung.

Es gibt zwei Grundtypen von Übenden: die einen spüren *Wärme* zuerst in den Händen, Armen, Füßen, die anderen *Schwere* in den Extremitäten. Es ist gleichgültig, welcher Eindruck sich zuerst bemerkbar macht, wichtig ist nur, daß wir uns zum Schluß so gut wie nicht mehr fühlen. Atmen und Herzschlag sind sowieso Automatik, wir nehmen davon keine Kenntnis. Der ganze Körper sollte bei Erreichen der *echten* Entspannung entweder nicht mehr wahrgenommen werden, und zwar kann er dann schwerelos, also so leicht sein, daß er nicht wahrgenommen wird, er kann aber auch — bei einer großen Zahl von Übenden der Fall — wie eine Art von geschlossenem Block wirken, den man irgendwie als *Ganzes* wohl noch erkennt, aber kaum mehr als Körper wahrnimmt.

Steigerung:

Schließlich kommt man im vollen Bewußtsein — das ist wichtig, schlafen ist zwar kein Fehler, aber kein echter Fortschritt, denn immer kommt es uns auf die Kontrolle an und den unter dieser Kontrolle erlebten Entspannungszustand an —, also bei vollem Bewußtsein zur absoluten Entspannung, die man sofort als solche erkennt. Hier beginnt übrigens die Zeit mit uns Schabernack zu spielen. Oft glauben wir, nur Minuten entspannt gewesen zu sein, in Wahrheit ist vielleicht eine Stunde entspannter Glückseligkeit vergangen.

Beendigung: Ist man eingeschlafen, geht der Entspannungszustand — oder sein Vorstadium — in den Schlaf über und löst sich somit auf. *Sonst* beende man jedoch die Entspannungsübung energisch, denn das ist wichtig für die künftige Ein- und Ausschaltung (die uns von Übung zu Übung schneller gelingt). Am wirksamsten hat sich — mit der autosuggestiven Vorstellung, die Übung zu beenden — erwiesen, beide Arme ein wenig anzuheben und fallen zu lassen (man merkt, daß sie damit aus der bisher erlebten Körpereinheit „ausbrechen"), dann die Beine ein wenig anzuheben und fallen zu lassen, zum Schluß tief auszuatmen (das Einatmen geschieht von allein).

Wie das Fallenlassen der Glieder, des ganzen Körpers, den Beginn der Entspannung anzeigt, beendet das Fallenlassen nach der leichten Anhebung von Armen und Beinen, verbunden mit tiefem Ausatmen, die Entspannung.

Je besser dieses Ein- und Ausschalten klappt, je mehr diese Funktion des Beginns und der Beendigung der Entspannung zum Automatismus wird, um so besser ist es für die weitere Entwicklung, besonders aber auch für die scharfe Abgrenzung der Übung von allen möglichen Ruhe- oder Schlafzuständen. Das Unterbewußtsein gewöhnt sich überraschend schnell daran, diesen Automatismus zu übernehmen und dementsprechend zu reagieren — damit hat man die entscheidende Hilfe für weitere Übungen und für die Steigerung der Entspannung zum nächsten Schritt.

b) Die echte Konzentration als Vertiefung des Entspannungszustands

Die echte Konzentration — gemeint ist hier nicht die irdische, die uns bei der Arbeit etwa den Straßenlärm überhören läßt, sondern die *mentale* Konzentration —, diese echte Konzentration ist ein Doppelgeschöpf insofern, als sie zwischen der tiefen, echten Entspannung und der vakuumhaften Gedankenleere steht.

Dem Zwischenbewußtsein gehört die Entspannung als vor-mediumistischer Zustand an; danach folgen — als Kinder der astralen und seelischen Welt — echte Konzentration und Imagination, und erst dann folgt nun als alleiniges Kind des Seelenkörpers (Unterbewußtsein b) die Gedankenstille.

Alle weiteren Zustände — Meditation, Kontemplation usw. — gehören den höheren und höchsten geistig-seelischen Bezirken des tiefenseelischen Menschen zu.

Die Konzentration ist nicht umsonst der Imagination vorgelagert. Das ist naturgesetzlich gar nicht anders möglich: keine Imagination *ohne* vertiefte Entspannung und metaphysische Konzentration. Genau so wenig, wie die recht ausgeführte Entspannung etwas mit Schlaf zu tun hat, genau so wenig hat die tiefenseelische Konzentration — auf die allein es hier ankommt — mit der irdisch-willensmäßigen Konzentriertheit zu tun.

Die Bereitungen und Vorbereitungen, die für die Entspannungsübungen gelten, sind in verstärktem Maße für die tiefenseelische Konzentration maßgebend (die Imaginationsübungen sind hier ausgeklammert, weil sie einem besonderen, kommenden Abschnitt zugehören).

Und: je weiter *alles* vom Irdisch-Weltlichen entfernt ist (alles: Körper, Sinne, Denken, Trachten, Wünschen, Wollen), desto besser für die Konzentrationsübungen, die wir jetzt in ihren einzelnen Unterteilen vorstellen:

a) Was *ist* tiefenseelische Konzentration, wie wirkt sie, was bezweckt sie, wozu dient sie für die Bewußtseins-Erweiterung?

b) die irdische Konzentration als erstes Leitbild;

c) die bewußte Nachbildung des irdischen Leitbildes als erster Schritt zur schöpferischen Konzentration;
d) Nachschöpfung *ohne* Vorlage eines Leitbildes im Irdischen;
e) Verbal-Konzentration wird konsequent durchgeführt;
f) bildhafte Konzentration als Vorstufe zur Imagination;
g) Fazit der tiefenseelischen Konzentration.

Was *ist* tiefenseelische Konzentration?
Wie wirkt sie?
Was bezweckt sie?
Wozu dient sie bei der Bewußtseins-Erweiterung?

Auch dem Außenstehenden wird klar, daß wir an einem wichtigen Weg-Abschnitt stehen.

Denn zum ersten Male beginnen wir, nicht mehr passiv — wie bei der Entspannung —, sondern aktiv auf seelisches Geschehen einzuwirken, wenn auch zunächst zu dem Zweck, die vorhandenen Imaginationskräfte zu wecken, zu entwickeln und zu kräftigen, damit sie später für höhere Forderungen eingesetzt werden können.

Demnach ist tiefenseelische Konzentration — übungsmäßig — die „Dressur" der tiefenseelischen Komponente, damit sie für andere Aufgaben bereit stehen. Und dann ist — spätere, aktive Konzentration — der *Einsatz* der entwickelten, gestärkten und bereitstehenden Kräfte.

Der Mensch bedarf des Antriebs, um leben und existieren zu können, die Maschine hat für diesen Zweck einen Motor (oder ähnlichen Kraftantrieb).

Ein Mensch ohne entwickelte tiefenseelische Kräfte, der sich in unbewußte Bezirke wagt, gleicht einem Kraftwagen *ohne Motor,* denn ihn bewegen die unterbewußten Kräfte, die ihn dank ihren unermeßlichen Kräften vollkommen beherrschen, und — in 99 von 100 Fällen — so oder so zur Vernichtung treiben.

Ein solches Wagnis, in unbewußte Bereiche vorzustoßen,

ist zum Beispiel der Zustand, der nach dem Einnehmen von Rauschmitteln (Halluzinogenen) eintritt: der Mensch ist Objekt erst, dann Opfer. *Um in den unterbewußten Bereichen herrschen zu können, bedarf es der Ausbildung* der im Irdischen latenten *unterbewußten* Kräfte — und zu diesem Zweck betreiben wir unsere Übungen, diesem besonderen Zweck dient die ausgebildete Imaginationskraft —, wie wir noch sehen werden.

Eine Bewußtseinserweiterung — der Schritt in andere, glühendere, weitere Welten — ist nur möglich, gefahrlos möglich, wenn man über die Werkzeuge verfügt, die dort notwendig sind. Unsere Übungen und Exerzitien schaffen uns also den *Motor*, damit wir sicher durch die anderen Welten fahren können.

Das erste aktive Mittel, Kraft zu entwickeln und zu stärken, ist die metaphysische Konzentration. Sie ist deshalb ein wichtiger Bestandteil aller Exerzitien, und wird deshalb hier in Unterabteilungen schrittweise ausführlich dargestellt.

c) *Die irdische Konzentration als erstes Leitbild*

Vorlage: ein einfacher, leicht — geistig — nachzubildender Gegenstand, etwa ein Kreuz, eine schlichte Vase, ein Ball, und Buch, eine Schachtel oder ein anderer in den Umrissen und im ganzen leicht nachzuschöpfender Gegenstand.

Als Vorübung können wir diesen Gegenstand einige Male zeichnen, also auf einige Blätter Papier bringen. Die Wiedergabe muß nicht kunstvoll sein, sie sollte nur das Wesentliche erfassen. Wir nehmen als Beispiel ein mäßig dickes Buch mit grünem Leinen-Einband und etwa 300 Blättern. Das Buch liegt geschlossen vor uns.

1. Nach dem wiederholten Zeichnen des Vorbilds schauen wir uns

2. das Vorbild etwa zehn Minuten unentwegt an, um es dann
3. bei geschlossenen Augen nachzubilden, als:
die Umrisse des Buches,
die Farbe des Umschlags,
die Dicke der Blätter,
das Gesamtbild.
4. Bei der nächsten Übung, am nächsten Tage, um die gleiche Zeit, wiederum etwa fünfzehn bis zwanzig Minuten, kurze Betrachtung des Buches und
5. längere geistige Nachbildung bei geschlossenen Augen.
6. Diese Übung wird mehrere Tage fortgesetzt, bis es einwandfrei gelingt, *ohne Vorlage* das Leitbild geistig zu „erzeugen" — ja, darum handelt es sich: um die selbständige, schöpferische Nachbildung.
7. Erst wenn diese Übung an mehreren Tagen sich verstärkend geglückt ist, wählen wir
8. ein neues Vorbild, entsprechend den oben gegebenen Richtlinien.
9. Von jetzt an — bis dahin saßen wir — legen wir uns hin, und erzeugen *nacheinander* die verschiedenen, erst betrachteten, dann nachgeschaffenen Vorbilder, mit der Maßgabe,
10. daß wir nun die Nachschöpfung im Entspannungszustand vornehmen, um uns dann
11. neue, komplizierte Gebilde als geistiges Vorbild zu nehmen und möglichst getreu der Vorlage nachzubilden. Je länger wir üben, desto größer wird unsere Fähigkeit der schöpferischen Nachbildung, und desto plastischer und *wirklicher* wird sie.
12. Wir versuchen in weit entrücktem Zustand z. B. die Blätter des Buches umzuwenden, naturgetreu, lebendig.

Nur wer diese Übungen Schritt für Schritt — und jeden Schritt so lange, bis er „sitzt" — absolviert hat, kann ermessen, welche neuen Kräfte der „Nachschöpfung" (und des dazu benötigten „Stoffes") ihm zufließen.

Es wäre gut, wenn sich der freundliche Leser, die geschätzte Leserin, hierbei erinnerten, daß wir gewissermaßen „aus der Schule plaudern", denn im Grunde sind die meisten der hier geschilderten Exerzitien und Übungen bisher streng gehütete Mysterien, die in langer Praxis auf unsere (europäisch-westlichen) Verhältnisse umgeformt, und — vor allem — in verständliche Sprache umgegossen wurden. In eine Sprachform, die es gestattet, auch zu *tun*, was man liest.

Wollten wir die oft *bücherlangen* Anweisungen übersetzen, die für die *einzelnen Schritte* — nicht für ganze Exerzitien — oft gegeben wurden, wir müßten eine Bibliothek füllen, und der Strebende käme im Grunde keinen Schritt in der Praxis weiter.

Dies ist der Sinn dieses Buches: in der Praxis den Schritt ins Unendliche zu ermöglichen, nach klaren Anweisungen und Anleitungen, unter verständlichen Erklärungen auch der Untergründe und der Hintergründe.

Es ist ratsam, die Konzentrationsübungen lieber auszudehnen als abzukürzen. Die Kräfte, die auf diese Weise entwickelt werden, setzen auch die kongenialen irdischen Fähigkeiten in Bewegung, und was das für das praktische Leben bedeutet, brauchen wir wohl hier nicht auszuführen. Es sei nur noch eine Bemerkung hierzu gestattet: Kaum einer unter hundert Geistesarbeitern ist in der Lage, wirklich (irdisch) konzentriert zu arbeiten, derart, daß er die Umwelt nicht wahrnimmt (so, wie es bei der Gedankenstille der Fall ist), so, daß er so auf sein Werk konzentriert ist, daß *dieses Werk vom Unbewußten gespeist und gefördert wird*.

Auffälligerweise sind die Frauen und Männer, mit denen wir seit Jahren in Verbindung stehen — und die mehr oder weniger intensiv nach diesen Exerzitien gearbeitet haben —, alle zu sehr überdurchschnittlichen Positionen aufgestiegen, sicherlich ein Zeichen der erforderlichen Intelligenz, Ausbildung und Erfahrung, ganz sicher aber auch ein Produkt ihrer metaphysischen Schulung. *Jeder Blick — und Schritt — in die andere Welt ist zugleich ein Fortschritt in dieser Welt.*

XXXII *11. Exerzitien-Reihe*

Einleitendes Exerzitium mittels besprochener Tonträger

1. Sinn und Wirkung dieses einleitenden Exerzitiums
2. Vorbereitungen
3. Technische Anmerkungen
4. *Die Suggestionen*
   a) Aufschließung
   b) Suggestionsstichwort
   c) Die erste Stufe: allgemeine Harmonisierung
   d) Die zweite Stufe: irdische Konzentrationskraft
   e) Die dritte Stufe: Entspannung
   f) Die vierte Stufe: Fixierung der Entspannung
   g) Stärkung durch Odkraft-Aufnahme als fünfte Stufe
   h) Sechste Stufe: Fixierung aller seelischen Engramme
   i) Fazit dieser Übungsreihe

1. Sinn und Wirkung dieses einleitenden Exerzitiums

Um die ganze Wirkungsbreite der seelischen Beeinflussung mit Hilfe von Tonträgern — die nachts während des tiefsten Schlafs abgehört werden — bewußt zu machen, bringen wir hier eine Exerzitienreihe, die sich — zunächst also unabhängig von Wach-Exerzitien — zur Aufgabe setzt, eine bestimmte Sensitivität zu schaffen (die also den Vorsprung hier Begünstigter weitgehend aufzuholen vermag) sowie die Grundlagen zu legen für darauffolgende kombinierte Exerzitien, die demnach — wie das letzte Beispiel — bei Wachbewußtsein durchgeführte Exerzitien im

Verein mit einer weiteren Schlafsuggestions-Reihe die Entwicklung des Strebenden im gewünschten Sinne fortführt, will besagen: unter gleichzeitiger Berücksichtigung der aktiven, geistig-seelischen Entwicklung.

In der genannten Hinsicht — als Vorbereitung auf folgende Kombinations-Exerzitien — gibt die vorliegende Exerzitienreihe ein echtes Hilfsmittel, sich auf die zu stellenden Anforderungen vorzubereiten, *ohne* schon in diesem Vorstadium von der fast immer knappen Arbeitszeit (bzw. Erholungszeit) abzugeben.

Alle geistigen Exerzitien *sind* ausnahmslos menschliche Bewährungsproben ersten Ranges. Als solche verlangen sie nicht *nur* Zeit: es wird von uns erwartet, daß wir auf einen Teil unserer sonst gewohnten Vergnügungen und Hobbys zugunsten unseres hohen Ziels verzichten. Es wird gerade anfangs ein zusätzlicher Aufwand und Einsatz von Energie und Nervenkraft — also physischer und psychischer Kraft — verlangt, die oft starke Belastung sind.

Für *diese* Sonder- und Extremfälle — wo also Zeit und Kraft für vorbereitende Übungen nur schwer erbracht werden können — sind die nachfolgenden Exerzitien gedacht, ein Hilfsmittel also besonders für solche (beispielsweise überbeanspruchte Manager) Berufstätige, die sonst für unsere Exerzitien vermutlich überhaupt ausfielen. Diese Gruppe von Lesern braucht nun keine *zusätzliche* Zeit, keine für den Anfang doch spürbare zusätzliche Kraft und Energie: statt dessen *erhalten* sie beides, Kraft und Energie, für die laufenden Exerzitien einerseits, und als Vorbereitung für kommende Exerzitien überschüssige Kraft andererseits (denn darauf ist diese Reihe im wesentlichen abgestellt).

Da es bekanntlich nichts auf der Welt geschenkt gibt, sollte man sehr sorgfältig prüfen, ob man sich in der geschilderten äußersten Notlage befindet. Denn *nachholen* muß man den sozusagen „erpreßten" Zeit- und Kraftgewinn ja doch, also später hierfür einen Ausgleich bringen. Aber wenn man für die Zeit des nächsten Exerzitiums — etwa einer Kombination von Wach- und Schlafstudium — vielleicht eine weniger belastete Zeit (Urlaubszeit) wählt, fällt dieser einmal zu erbringende Ausgleich *leichter*.

In diesem Sinne wollen wir nun an den Auf- und Ausbau des Vor-Exerzitiums gehen.

2. Vorbereitungen

Wie man eine zweite Stufe erst erklimmen oder in Angriff nehmen sollte, wenn man auf der ersten Stufe *sicher* steht, so gilt für alle Exerzitien der Grundsatz: Je gründlicher Bereitung und Vorbereitung (Bereitung: Angleichung der inneren Disposition, Vorbereitung: Schaffung der äußeren Voraussetzungen für die Exerzitien, also der materiellen), um so schneller der Fortschritt auf der nächstfolgenden Exerzitiumstufe.

Die in diesem Buch *mehrfach* erörterten Bereitungen und Vorbereitungen, insonderheit die technischen Vorbereitungen für die Arbeit mit Tonbändern, sollten Leserin und Leser *hier* besonders streng beachten und durchführen. Um so wirkungsvoller werden schon die ersten nächtlichen Suggestionen sein, denn wenn man die Trümmer des alten Hauses schon weggeräumt hat, kann man sofort mit der Errichtung neuer Fundamente beginnen.

3. Technische Anmerkungen

Die Apparatur muß einwandfrei in der vorbesprochenen Weise arbeiten. Die Mitarbeit eines anderen Menschen sollte ausgeschlossen bleiben.

Wenn man sich einen „Schalt-Beamten" anstellt — der etwa vom Nebenzimmer das Tonbandgerät ein- und ausschaltet, dann fällt dieser Helfer für die Exerzitienreihe sowieso fort. Und sicher ist auch nur das Mitwissen eines anderen Menschen bei der Arbeit eine stärkere Belastung — und sei es der liebste Mensch —, als etwa eine kleine technische Verbesserung am Gerät, damit es in der gewünschten Weise arbeitet.

Es ist *nicht* auszuschließen, daß die technische Apparatur für *Gruppen*-Arbeiten herangezogen werden *kann*, aber die Fortschritte wären — bei der unterschiedlichen Konsistenz jedes einzelnen Menschen — so unterschiedlich, daß es praktisch darauf ankäme, daß der Langsamste den weiteren Gang bestimmt, sodaß der schneller Fortschreitende nachhinken *muß*. Ein Kette ist immer so stark wie das *schwächste* Glied, und ein Exerzitium, das *alle* Teilnehmer ans Ziel bringen will, muß sich nach dem richten, der am weitesten zurückgeblieben ist.

Richtige technische Vorbereitung ist eine unerläßliche Vorbedingung für gedeihliches Funktionieren der tonbandsuggestiven Einflußnahme auf die menschliche Seele, und diese Bereitung der Seele *wirkt ja auch auf körperliches* Geschehen, also auf die Schaffung der körperlichen Voraussetzungen für die zielgerechte Entwicklung.

4. Die Suggestionen

a) Aufschließung
Ziel:

Die Eröffnung der seelischen unterbewußten Einstellung, Vorbereitung auf die nächste Stufe, Gewöhnung an die Arbeit mit nächtlichen Tonsuggestionen.

Suggestion selbst:

Du (niemals beim Namen ansprechen!) schläfst ruhig und tief weiter. Die Worte, die jetzt zu dir strömen, dienen der Vorbereitung und Bereitung auf hohe Ziele, die zu deinem und dem allgemeinen Besten sind.

Nach dem dreimal wiederholten Sugg.-Stichwort: abschließender Suggestionstext: „Du setzest jetzt deinen ruhigen und tiefen Schlaf fort und erwachst zur gewohnten Stunde erfrischt und gekräftigt."

b) Suggestionsstichwort

Wir wählen hierfür eine willkürliche Buchstabenkombination. Oder irgendein *anderes* Wort, das uns gerade einfällt, das irgendwie *merkwürdig* ist und uns „liegt".

Für unseren Fall wählen wir das Suggestionsstichwort: Anidul.

c) Erste Stufe: Allgemeine Harmonisierung
Ziel:

Wie schon durch die Überschrift verraten: die allgemeine Harmonisierung von Körper, Seele und Geist auf das eine, auf unser Ziel hin, das vorher genau — auch schriftlich, für uns — festgelegt werden sollte, und täglich zu studieren, mehrmals zu lesen ist. Dadurch wird dem Unterbewußtsein der Begriff „mein Ziel" eingeprägt, und es bedarf keiner langatmigen — weil schwächeren — Suggestionstexte.

Suggestionstext:

Du schläfst ruhig und tief weiter. Dein Gesamtorganismus richtet sich harmonisch aus auf das gesteckte Ziel der Hochentwicklung, der Bewußtseinserweiterung.

Anidul ... Anidul ... Anidul ...

Bei diesem Wort wird in dir auch bei Wachbewußtsein die volle Körper-Seele-Harmonie hergestellt und verankert sich fest in deinem Wesen.

Dein ruhig-tiefer Schlaf setzt sich jetzt fort bis zum erfrischten und gestärkten Erwachen zur üblichen Zeit.

Sprech- und Wiedergabedauer für a) und c): Zwanzig Minuten.

d) Irdische Konzentration

Fortschritt zur nächsten Stufe *nur*, wenn wir auf der vorangegangenen Stufe sicher stehen, wenn also die in den Suggestionstexten ausgesprochenen Ziele *erreicht* sind. Es kommt hier nicht auf einige Nächte mehr oder weniger, es kommt auf die Entwicklung an.

Ziel:

Nach der erreichten Harmonisierung kehrt größere Ruhe in den Gesamtorganismus ein. Wir erstreben auf diesem Boden jetzt die Fähigkeit zu jener Konzentration, die wir im Leben benötigen, wenn wir größere Ziele oder Leistungen erstreben.

Suggestionstext:

Einleitender Satz: Du schläfst ruhig und tief weiter. Du bist fortan befähigt, dich auf jedes Problem voll zu konzentrieren und so das Wesentliche zu erfassen und zu tun.
Suggestionsstichwort (fünfmal, **es steigt mit jeder** Suggestion um einmal an): Anidul ... etc.

Verabschiedungstext:

Stets, ausnahmslos, an den Schluß der Suggestion setzen: Du setzest jetzt deinen ruhig-tiefen Schlaf fort bis zum heiter-erquickten Erwachen zu gewohnter Stunde.

e) Die dritte Stufe
Die echte Entspannung
Ziel:

Die mehrfach erläuterte *echte* Entspannung vorzubereiten und zu erreichen.
Suggestionstext (Dauer für d) und e): dreißig Minuten):

Zuerst, wie stets, *einleitender Text* (du schläfst ruhig-tief weiter).

Zu zweit: Suggestions-*Inhalt:* Dein ganzer Organismus bereitet sich von Tag zu Tag mehr, sich *echt* zu entspannen.

Zu dritt: *Suggestionsstichwort,* diesmal sechsmal hintereinander.

Zu viert: *Überleitender Text:* Bei diesem Wort wird dir von Tag zu Tag mehr die echte Entspannung des Gesamt-Körperlich-Geistig-Seelischen möglich.

Zu fünft: *Verabschiedungstext:* Schlafübergang und erfrischtes, pünktliches Erwachen.

f) Die vierte Stufe

Fixierung der echten Entspannung
Ziel:

Befestigung der erlangten Fähigkeit der echten Entspannung, weiterhin die Fähigkeit, *jederzeit* nach Aussprechen des Suggestionsstichworts in die echte Entspannung, von Mal zu Mal *schneller,* zu gelangen.

Einleitender Satz
Suggestionstext-Inhalt:

Du bist jederzeit bei dreimaligem Aussprechen des Suggestionsstichworts befähigt, täglich schneller in die echte Entspannung zu gelangen und daraus Kraft für deine tägliche Arbeit, für deine tägliche Freude, und für dein hohes Ziel der Bewußtseinserweiterung zu gewinnen.

Suggestionsstichwort (das durch die Vorstufen längst ins Unterbewußtsein gedrungen ist), diesmal sieben Mal.

Überleitender Text:

Bei diesem Wort wird dir von Tag zu Tag schneller die echte Entspannung möglich. Der Kraftgewinn kommt deinem Leben und deinen Zielen zugute.

Verabschiedungstext

g) Die fünfte Stufe
Stärkung durch Odkraft-Aufnahme
Ziel:
Odkraft nehmen wir täglich aus dem uns umgebenden Äther auf — und geben täglich ab, oft mehr, als wir vereinnahmen. Dadurch kann es zu psychosomatischen Erkrankungen kommen. Wir sperren jetzt nicht vertretbare Odkraft-Abgabe und steigern zugleich die Odkraft (Lebenskraft-Prana)-Aufnahme.
Einleitender Satz (wie üblich).

Suggestionsinhalt:
Unser Gesamtorganismus ist befähigt, Tag und Nacht in ausreichenden Mengen Odkraft *aufzunehmen* und von Tag zu Tag größere Mengen Od zu *speichern*, um für unsere tägliche Arbeit und Freude gerüstet zu sein und zusätzlich Kraft für unsere hohen Ziele zu gewinnen.

Suggestionsstichwort: (achtmal).
Überleitender Text:
Bei dem Wort *Anidul* steigert sich für besondere Vorhaben oder Beanspruchungen deine Odkraft-Aufnahme, sodaß die Odkraft-Speicher-Reserven für deine hohen Ziele frei verfügbar bleiben. Der nötige Odkraftbestand bleibt ständig erhalten und verstärkt sich von Tag zu Tag.
Verabschiedungstext: Dauer für f) und g): jeweils vierzig Minuten.

h) Die sechste Stufe
Fixierung der Seelen-Engramme
Engramme *sind* seelische Fixierung. Insofern ist dies Wort „Seelenengramm" lediglich eine klärende Verdoppelung.
Ziel:
Fixierung alles Erreichten durch Wiederholung *und Ver-*

längerung der Dauer von Sprechen und Abhören auf nachts je eine Stunde.

Einleitender Satz
Suggestionsinhalt:
 Je Woche *einen Text* in der hier aufgeführten Reihenfolge, also Suggestionstexte c), d), e), f), g), jede Suggestion jeweils sieben Tage (Nächte) lang erweitert auf die Dauer von jeweils einer Stunde.
Suggestionswort (wird jetzt bei jeder Suggestion auf dreimaliges Aussprechen des Suggestions--Stichwortes verkürzt), jedoch niemals geändert. Es wird deshalb sorgfältige Wahl empfohlen.
Überleitender Text: Genau nach den Vorlagen c) bis g), also je Woche wechselnd.
Verabschiedungstext: desgleichen.

i) Fazit dieser Exerzitienreihe

 Es ist empfehlenswert, die sechste Stufe nach der ersten Absolvierung zu *wiederholen*.

 Insgesamt würden wir für diesen ganzen Übungsplan von 1 bis 4 (a bis h) eine Zeit von vier bis sechs Monaten als Minimum ansetzen.

 Verloren wird dadurch *keine* Zeit, im Gegenteil, wie wir schon sagten, gewinnen wir durch sorgsame Bereitung, und eine sorgfältige Bereitung wird durch das geschilderte Verfahren und die bewährte Stufenfolge bei fast allen Übenden gewährleistet. Der *Gewinn* für das persönliche tägliche Leben und Vorwärtskommen (als „Zugabe" zu der geistig-seelischen Entwicklungs-Vorbereitung) ist nicht hoch genug zu veranschlagen. Er richtet sich freilich nach der Aufnahmefähigkeit des einzelnen, aber wir haben ja die Gelegenheit, durch *Wiederholungen* jenen Stand zu erreichen, den wir selbst als Ausgangsbasis für die *aktive Mitarbeit* als unerläßlich ansehen. Es ist sehr ratsam, mit der persönlich-aktiven Mitarbeit (im Gegensatz zu der kollektivunbewußten passiven Aufnahme) einzusetzen *vor* der Wiederholungsreihe h).

Dann hätten wir schon nahezu einen Idealzustand einer kombinierten Exerzitienreihe erreicht, die als Mindestziel für jede weitere Entwicklung (die sich ja möglichst auf aktiv-Bewußtsein-kontrollierte Übung ausdehnen sollte) anzusehen ist.

Wir haben *absichtlich* bei den Suggestionstexten einmal die eigene Anrede („ich", „meine" etc.) gewählt, ein anderes Mal die „von außen" kommende Anrede „du", „dein" etc.). Dazu liegt ein bestimmter Grund vor: Die beiden Menschentypen, die sich bei der suggestiven Behandlung herausschälen, reagieren entweder besser auf Suggestionen, die von ihnen selbst ausgehen (also „meine", „ich" etc.), während der zweite Teil besser auf scheinbare „Fremd-Suggestionen" anspricht (also „du", „deine" etc.).

Die Erprobung vor endgültiger Festlegung, besonders der ersten Suggestion, muß sich also nicht nur auf technische Einzelheiten erstrecken (wie wir sie erläutert haben), sie sollte auch umfassen die Prüfung, auf welche *Tonlage* (Monotonie, laut, leise, flüstern etc.) und auf welche Art der Anrede (du oder ich) wir *besser* reagieren. *Gefühl* ist alles, heißt es hier. Unser Instinkt einerseits, unser Gefühl bei der Aufnahme des Textes müssen uns hier beraten — denn alles hängt ja von den individuellen Komponenten — und von sonst nichts — ab.

c) Gedankenstille oder -leere (Vakuum) als Krönung des ersten Ausbildungsabschnitts

Da wir die *Imagination* als *aktive* metaphysische Tätigkeit hiernach behandeln, dürfen wir uns jetzt dem letzten *passiven* Übungsabschnitt zuwenden, passiv im Sinne von „nicht Handeln" im geistigen Reich.

Dazu kommt die Erfahrung, daß alle Imaginationen, besonders wenn es sich um deren Belebung und Wirksammachung handelt, aus der vakuumhaften Gedankenstille heraus vielfach stärker wirken und vor allem leichter gelingen. Hier haben wir die Gründe für die Ordnung der Exerzitienteile.

Die Gedankenstille, die Leere von allen Wahrnehmungen, Empfindungen und Gedanken (Ignorieren, Ausschalten der Außen- *und* Innenwelt), ist ein Zustand, der dem irdischen Menschen *fremdartig-absonderlich* erscheint, der gerade dem *heutigen* Menschen schier unvorstellbar ist.

Unsere Zeit mit ihrer Hast, ihrem Lärm, dem Getriebe, dem ständigen Wechsel aller nur denkbaren Reize und Genüsse oder Belastungen, mit der zusätzlichen Hast zwischen Arbeit und Vergnügen, sind uns Heutige so in „Fleisch und Blut" übergegangen, daß auch wesentliche Teile der Nervensysteme, ja, des Unbewußten in Mitleidenschaft gezogen sind.

Wir haben mit den beiden vorangegangenen Exerzitiengruppen — echte Entspannung und metaphysische Konzentration — bereits dem chronischen Übel weitgehend entgegengewirkt, indem wir den körperlichen und den überkörperlichen Organismus gleichsam aus dem Streß herausgerissen und Aufgaben zuführten, die zuerst die Lösung eben von allem heute so überdurchschnittlich Belastenden erstrebten, und dann zu einer (passiven) Konzentration in der echten Entspannung und zu einer aktiven Konzentration in der darauffolgenden Übungsreihe führten.

Trotzdem ist der Weg für viele von uns zur gänzlichen Gedankenstille noch weit und bedarf der verstärkten Besinnung auf das Wesentliche des Kosmos.

Aus diesem Grunde trennen wir in dem an sich simplen Vorgang der gänzlichen Abschaltung von Innen- und Außenwelt die Exerzitien in einzelne Abschnitte auf.

Teile dieser Etappen haben wir zuvor schon kennengelernt, aber sie stehen jetzt in einer anderen Anordnung und sollten auf diese — erprobte — Weise u. U. erneut erübt werden. Wir haben dabei den Vorteil, wenigstens teilweise Bekanntem zu begegnen und so eine bestimmte Erleichterung der Aufgaben zu empfinden.

Durch *die echte Entspannung* sind wir es gewöhnt, *alle Innenreize* und -empfindungen, alle Körperreaktionen — Herzschlag, Pulsierung, Atmung — nicht mehr wahrzunehmen, *äußere* Geräusche nicht mehr zu registrieren.

Durch *mentale Konzentration* haben wir die Eigenschaft erworben, den Blickpunkt auf *einen* Gegenstand, im weiteren Verlauf auf Teile dieses Gegenstands — z. B. einen Balken des Kreuzes — oder die äußere „Wand" eines Buches zu richten.

Nun fehlen uns noch folgende Teile oder ganze Realitäten, die es zu beachten oder auszuschalten gilt:

Die *Sinne* und alle Körperfunktionen, soweit sie sich fühlbar oder hörbar machen, unterteilt in die einzelnen Wahrnehmungsorgane, *Sinne* genannt:

Gesicht
Gehör
Geschmack
Geruch
Gefühl
Körpergefühl
Hirntätigkeit
Empfindungen

und andere Reize des Innern.

Gesicht: Da wir die Augen geschlossen halten, werden wir von der Außenwelt nichts *sehen,* aber es ist möglich, daß sich vor unser *inneres* Auge irgendwelche „Bilder", „Farben" usw. schieben. Es ist unbedingt notwendig, diese inneren Gesichtseindrücke zu verbannen, am besten dadurch, daß wir uns eine undurchdringliche, schwarze Tafel vorstellen, vor der wir sitzen (liegen). Das Gesichtsfeld sollte gänzlich frei von irgendwelchen Einflüssen irgendwelcher Art sein.

Gehör: Da wir gesund sind, werden wir unter Störungen des organischen Ohres nicht leiden, also weder Rauschen noch „Klingeln" noch sonst irgendein Geräusch hören. Das betrifft die Innenwelt des Körperlichen. Daß wir die Geräusche der äußeren Welt nicht mehr wahrnehmen, erwähnten wir schon.

Geschmack: Da wir uns möglichst nicht gleich nach einer Mahlzeit zur Übung zurechtlegen, schalten geschmackliche Erinnerungen an Essen und Trinken aus, ein mit einem Mundwasser gespülter Mund erzeugt ein Gefühl der Frische, das recht nützlich ist.

Geruch: Da wir in einem Raum üben, der neutral ist, also keine Eigengerüche hat, die etwa stören könnten, dürften hier keine Belästigungen zu erwarten sein. Neutral sollte auch die Temperatur sein, denn u. U. ist eine Zentralheizung — zumal wenn keine Feuchtigkeitsregulierung vorgesehen ist — recht unangenehm durch Trockenheit, die sich Nase und Mund mitteilen kann.

Gefühl: Sie gehören zu den Hauptstörungsmomenten. Gerade der erfahrene „Entspannungsexperte" weiß um die Belästigungen, die völlig unangebrachterweise in die schönste Übungsphase hineinplatzen können: Jucken der Haut, Zucken der Glieder, ein Reiz hier, ein Reiz dort — hier hilft nur Geduld und Nicht-Verkrampftheit, um diese lästigen Störenfriede zur Ruhe zu bringen.

Schlimmer wären Gefühle, Empfindungen, die aus dem Inneren unmotiviert aufsteigen, wie irgendwelche unbegründeten Angstgefühle, Erregung vor Unbekanntem (es ist doch alles bekannt oder wird bekannt gemacht — eine gute Gegensuggestion); am allerwenigsten können wir Unruhe oder gar Schreckempfindung gebrauchen. Wir erwähnen alle diese Punkte, weil sie alle in einem bestimmten Prozentsatz bei den Exerzitien auftreten, gerade so, als wäre eine Herde Plagegeister bereitgestellt, uns die Übung zu erschweren oder heute — und morgen wieder — unmöglich zu machen. Man gebe hier also nicht nach, sondern lasse sich fallen und warte einfach.

Körpergefühl erwähnen wir noch einmal getrennt. Schon in der Entspannung erleben wir manchesmal, daß eine bestimmte Körperstelle — das linke Bein, die rechte Schulter, Magen oder Herz — uns zu belästigen beginnen, in genau dem gleichen Sinne, wie eben unter Gefühl geschildert: als wären Plagegeister losgelassen, unsere ruhige Lage unmöglich zu machen. Es ist nichts neuartiges, wenn irgendwie — früher oder später — leichtbeschädigte oder — geschädigte (Narben!) Körperstellen sich störend bemerkbar machen. Hier ist oft schon ein psychotherapeutischer Reiz bemerkbar, der selbstverständlich durchaus begrüßt wird. Denn jede Übung, von der Entspannung angefangen, hat ja das Bestreben, *harmonisierend* zu wirken, also Spannungen, Verkrampfungen usw. zu lösen und auszugleichen.

Hirntätigkeit. Hier sitzt der Hauptherd der Schwierigkeiten bei den meisten Übenden. Praktisch denken wir Tag und Nacht, denn auch im Schlaf geistern noch die Traumbilder durch unser Hirn. *Und nun soll mit einem Male das alles, lebenslang gepflegt, angehalten werden!*

Wir wollen ganz freimütig sagen, daß es mit zu den größten Leistungen des menschlichen Gehirns gehört — und aller dazugehörigen Schaltstellen —, die Tätigkeit bei vollem Bewußtsein gänzlich einzustellen, also alle Hirntätigkeit „anzuhalten" — wie man einen Wagen bremst. *Bremst — und den Motor abstellt* (sonst fängt der Wagen — hier das Hirn — wieder von allein an zu fahren).

Doch ganz ungeübt gehen wir ja auch an diese Aufgabe nicht heran. Wir haben bereits gelernt, die Gedanken und Einfälle ruhig vorbeiplätschern zu lassen — ohne uns um sie zu kümmern, ohne sie mit Gewalt zu stoppen — das wäre das Falscheste. Wir lassen am besten die Gedanken sich langsam ausschwingen. Und sind wir geduldig — und wiederholen wir notfalls die Übungen bis zu diesem Ziel — dann verrinnt tatsächlich der Gedankenstrom — dann herrscht Gedankenstille.

Man möchte meinen — wenn dieser hervorragende Moment eintritt — es machte irgendwie merklich „klick" — obwohl das nur eine Vorstellung ist. Selbstverständlich sind die ersten Erlebnisse der „Stille-Übung" sensationell, weil sehr ungewöhnlich, und ebenso natürlich ist es, daß die plötzliche, gänzliche Ruhestellung — als wenn z. B. in einem sonst ruhigen Raume plötzlich das Radio abgestellt wird — ein Augenblick der Überraschung, eben etwas Auffälliges, Nie-Erlebtes ist. Wagt sich wieder ein Gedanke hervor, weisen wir ihn in seine Schranken: ins Nichts.

Immer und immer wieder wird ein neuer Gedanke — meistens eine Belanglosigkeit, oft auch etwas Wichtiges, Vergessenes — auftauchen, sich Geltung verschaffen *wollen* — *wir* wollen, daß er verschwindet, und sonst nichts. Und eines Tages erreichen wir auch das. Mit Gewalt gewiß nicht, mit Forcierung der Übungen auch nicht. Die Kräfte, die wir zur Gedankenstille brauchen, wachsen ganz allmählich, jeden Tag ein wenig, bis die Wucht dieser angesammelten Kräfte größer ist als alle Widerstände, die sich etwa entgegenstellen. Als letzter Punkt taucht auf unserer Liste auf

Empfindungen und andere Reize des Innern.

Hiermit sind die Empfindungen und Wahrnehmungen gemeint, die an der Schwelle des Hier und Dort stehen können. Wir haben praktisch alle Wahrnehmung, alle Tätigkeit, alles Wollen und Wünschen, alles Fühlen und „Sich-Selbst-Fühlen" (Selbst-Gefühl) eingestellt — wir stehen an der Schwelle zu einem für uns gänzlich neuen Reich, in dem wir als Erste — jeder Mensch ist hier der Erste! — eindringen und Abenteuern entgegengehen.

Stellen Sie sich doch bitte hierbei einmal ein Grenzland vor, eine Grenze, die lange, *Ihr Leben lang,* gesperrt war. Und nun ist die Grenze urplötzlich geöffnet. Alles, was sich hüben und drüben drängte, will nun hinüber und herüber: hat man nicht lange genug gewartet?

Das sind die Kräfte, die wir mit den letztgenannten Empfindungen meinen, denn noch sind sie verworren, unklar, nicht konturiert, nicht präzisiert, nicht konkretisiert — aber sie harren der Personifizierung, sie warten darauf, wer wohl die Herrschaft antreten wird, um sich um den Mächtigsten zu scharen.

Wer diese Kräfte *auch* im Zaum hält, sie also negiert, einfach fort-negiert, *ist* der Mächtigste. Wisse: Das Vakuum — die Gedankenstille — ist eine mächtige Kraft, Unerwünschtes fernzuhalten oder gar zu vernichten, wenn es schädlich oder störend ist.

Im Kosmos wird das absolute Vakuum nur ganz kurze Zeit kampflos geduldet.

Deshalb wird sich das Vakuum — da die diesseitige Welt getilgt ist, wenigstens für diese Übung — bald mit Bildern, Farben, Tönen *anderer* Welten füllen, vor allem mit einem wallenden Kräftemeer, das der Gestaltung durch den Herrschenden harrt.

Sind wir nicht aufgebrochen, um diese Reiche kennenzulernen? Hier, hier *ist* unser Ziel / unser *erstes* Ziel! Zunächst nehmen wir alles wahr, lernen alles kennen, das sich da herandrängt — *aber erst, wenn wir das Vakuum beherrscht, also gänzlich freigehalten haben. Diese Kraft benötigen wir!*

Denn wir wollen als Triumphator einziehen in jene Gefilde, die sich uns eröffnen wollen.

Wohlan: nach dem Beherrschen-Können folgt das Herrschen.

XXXIII Die 12. Exerzitien-Reihe
Bewußtseins--Erweiterung mit Hilfe der Technik —
Tonträger als Suggestionsquelle.

Bevor wir zu weiteren Teilen unseres noch recht umfangreichen Programms übergehen, wollen wir Jenen, die bereits Fortschritte erzielen konnten, und Jenen, die noch nicht richtig Schritt fassen konnten, eine Hilfe zur Hand geben, die als *Unterstützung* ihresgleichen sucht.

Wir sprechen ausdrücklich von Unterstützung (z. B. auch als Vorbereitung), denn *ausschließlich* sollte man sie für die hier behandelten Zwecke *nicht* verwenden. Denn aus dem bisher Gesagten geht wohl unmißverständlich hervor, daß *echter* Fortschritt nur zu erzielen ist, wenn die für unsere Aufgaben befähigten Organe geweckt, herangebildet und gestärkt werden. Es gibt die Möglichkeit der *Koordination* von geistiger Bemühung und Hilfe durch besprochene Tonbänder oder Kassetten (Schallplatten werden durchschnittlich seltener infrage kommen: man verwendet sie heute vielfach, verkauft sie allerdings gewerbsmäßig, und stößt oft auf Methoden, die wir vor zwanzig Jahren entwickelten). Leider werden diese Methoden so oft unvollständig oder falsch wiedergegeben — also unter Vernachlässigung der psychischen Gegebenheiten —, daß die erzielten Erfolge hinter den Ankündigungen oft weit zurückbleiben.

Wir haben die Suggestionsmethode mit Hilfe von besprochenen Tonträgern seinerzeit bekannt gemacht, weil nachfolgende Erwägungen dazu bestimmten:

1. Die westlichen Lebensumstände, insbesondere der hart beruflich beanspruchten Kreise, sowie ihr Zeitmangel, sich täglich eine nicht geringe Zeit über lange Zeit hin den Exerzitien zu widmen, schufen den Gedanken, mit Hilfe der Technik „der Zeit ein Schnippchen zu schlagen".
2. Das Genie wird durch direkten Kontakt zum Unterbewußten zum außergewöhnlichen Menschen auf einem erwählten Gebiet. Der Berufstätige — der im heutigen, sehr scharfen Konkurrenzkampf Stehende — wird auf „seinem" erwählten Gebiet — meist ja doch „neben" der Berufsausübung — zu keinen befriedigenden Ergebnissen kommen — trotz Fleiß, Zähigkeit, aufgebautem Wissen, ausgebildeter Fähigkeit und guter Intuition — wenn ihm die nötigen zwei bis drei Stunden täglich fehlen, die er wenigstens für sein Hochziel aufbringen sollte. Hier will die Technik helfen.
3. Es ist ein Naturgesetz, daß Kräfte — die gesteigert eingesetzt werden, *wachsen,* daß jedoch Kräfte, die vernachlässigt werden, verkümmern.
Mit Hilfe der technischen Tonträger sollen die einmal eingesetzten Kräfte *verstärkt* werden und dadurch *zwiefach* Zeit sparen: einmal durch verminderte (wache) Übungsstunden, zum anderen durch Abkürzung der Exerzitienkette überhaupt.
4. Das Gesetz der „eingefahrenen Gehirnbahnen" kommt bei den während der *Nachtstunden* (Schlaf) vorgenommenen technischen Suggestionen verstärkt zur Wirkung. Ein durch ständige Wiederholung in immer gleicher Richtung bewegter Gedanke — und tiefenseelischer verankerter Prozeß: Engramm — läuft bald wie von allein, wie auf geölten Geleisen.
5. Die Zeitdauer (abends Übung mit wachen Sinnen, des Nachts, während des Schlafs, Wirkung der besproche-

nen Tonbänder) ist ein weiterer Faktor der Verstärkung *aller* Bemühungen.
6. Durch „nächtliches Aufschließen der unterbewußten Kanäle" werden latente, früher (in früheren vorgeschichtlichen Zeiten) beim Menschen vorhandene, inzwischen vernachlässigte Kräfte — die ja nur auf neues Training *warten* — zu neuem, höherem Leben erwachen.
7. Hinzu kommt die — durch verstandesgemäße Sperren nicht mehr behinderte — unterbewußte Kräfte stetig beeinflussende Einflußnahme, die eben diese Kräfte zur ungehinderten *Mitarbeit* aufruft — und so unser Ganzheitsbemühen vervielfacht.
8. Die *Summierung* der vorgenannten Punkte und Kraftzuströmungen ergibt eine kaum vorstellbare Wirkungsträchtigkeit der Gesamt-Exerzitien. Es werden Leistungen erbracht, Fähigkeiten gefördert und verstärkt, von denen man sich vorher keine rechte Vorstellung machen konnte.
9. Es besteht kein Zweifel, daß die Einwirkung auf das Unterbewußtsein mittels nächtlicher Anhörung von vorbesprochenen Tonträgern für vielerlei *Zwecke* einzuspannen ist. Dieses Buch beschäftigt sich ausschließlich mit der *Bewußtseins-Erweiterung*, und so wird unser Verfahren der „Psychischen Präparation", wie wir es 1950 nannten, und für das uns die Urheberrechte zustehen, *hier* für unsere Zwecke eingesetzt. Das geschieht durch folgende Maßnahmen und Schritte:
10. Maßnahmen zur Durchführung der unterstützenden psychischen Präparation mittels Technik (Tonträger) während der Ruhe — (Nacht)-Stunden:
a) Wir arbeiten zur Unterstützung einer bestimmten Exerzitienreihe die Suggestionstexte aus, die sich jeder nach seinen Wünschen umformen kann, solange

der die hierbei berücksichtigten psychischen Gesetzmäßigkeiten — die ja die Wirkung garantieren — nicht verletzt.

b) Wir geben den technischen Prozeß an, der zur *richtigen* Handhabung unseres Verfahrens anzuwenden ist.

c) Schließlich *koordinieren* wir tägliche bei Wachbewußtsein vorgenommene Exerzitien mit den nachts anzuwendenden Suggestionstexten und geben abschließend

d) Wirkung und Erfolgsablauf auf den verschiedenen Stufen an.

Hierbei sollten wir einen Grundsatz berücksichtigen, der an sich selbstverständlich ist, aber gerade deshalb hier besonders hervorgehoben wird (denn gerade an die Selbstverständlichkeiten denkt man oft zuletzt oder garnicht — weil sie selbstverständlich sind): Wir sollten unterscheiden zwischen der Zeit, da die „Suggestion gesetzt" wird, und der Zeit, da sie beginnen kann, zu wirken. Das heißt, in klares Deutsch geformt, daß wir dem Unterbewußtsein *Zeit* lassen müssen, sich auf das technische Verfahren, auf die „nächtliche Berieselung" *einzustellen,* denn erst *danach* kann es *wirken.*

Dabei wäre zu beachten, daß die Wirkung um so später eintritt, je *tiefere* Bewußtseinsgründe angesprochen werden, und — daß um so häufigere Wiederholungen notwendig sind, je *stärker* die erstrebten Wirkungen sind.

Wenn wir diese — und die noch folgenden — Richtlinien beachten, wird es uns bei Beachtung der psychologischen Grundsätze möglich werden, bei ausreichender Geduld — die nicht mehr nach Monaten rechnet — Leistungen zu erreichen, die wir uns „im Traum" nicht vorgestellt hätten, Fähigkeiten zu entwickeln, die uns die Intuitionen zu großem Werk, zu genialer Entwicklung schenken.

Im folgenden besprechen wir nun zunächst den Aufbau der Suggestions-Texte, damit wir die Grundprinzipien — auch bei wörtlicher oder inhaltlicher Abwandlung der Texte — trotzdem beachten. Danach werden wir nach diesem Rezept dann Muster-Suggestionen vorzeichnen, die ein jeder nach seinen Zielsetzungen interpretieren mag.

1. Als wichtigste Grundbedingung erwähnen wir *zuerst* die Notwendigkeit, *nur positive* Texte — ohne versteckte Verneinungen — zu wählen. Das Unterbewußtsein reagiert ganz korrekt und präzise: sowie wir eine versteckte Schwäche andeuten, wird auch sie wörtlich ausgeprägt.
2. An *zweiter* Stelle — doch nicht minder wichtig als der erste Punkt — ist das Suggestionsstichwort, worunter wir ein Geheimwort verstehen, daß jeder nur für sich alleine prägen sollte.

Berücksichtigen wir bitte, daß es sich um Beeinflussungen im Schlafe, oft auf das Unterbewußtsein, handelt, und daß so leicht halb- oder ganz-hypnoide Zustände während der Suggestions-Aufnahme entstehen können, die für unsere Arbeit durchaus begrüßenswert sind (sintemalen wir jede anomale — dem natürlichen Schlaf nicht gemäße — Situation *abschließend abstellen*). Das Suggestionsstichwort, das in jedem Suggestionstext wiederholt wird — um sofort an frühere Aufnahmezeiten zu erinnern und an die vorher erreichten Erfolge direkt anzuschließen —, muß deshalb unser alleiniges Geheimnis bleiben, weil es Fremde, Außenstehende (die zufällig z. B. durch den ausgearbeiteten Suggestionstext oder durch Abhören der Suggestionsquelle Kenntnis vom Kontaktwort erhalten) in die Lage versetzen könnte, gleichsam als *Fremdhypnotiseur* (besonders bei dafür prädisponierten Lesern) aufzutreten, sich also praktisch das Opfer zu unterwerfen (diese überspitzte Darstellung ist kein Ausnahmefall: er ist durch Nachlässigkeit tatsächlich mehrmals zur Kenntnis gekommen).

Das Suggestionsstichwort oder Kontaktverbum muß ja nicht gerade „Abrakadabra" oder „Sesam, öffne dich" heißen. Auch Worte oder Kurzsätze wie „Das weiße Licht" oder irgendein Eigenname oder Sinnwort erfüllt den gleichen Zweck. Voraussetzung ist nur, gleich, wie es heißt, daß es *geheim* bleibt (das setzt Verschluß aller Notizen und Tonquellen, die besprochen sind, voraus).

3. An dritter Stelle nennen wir — ohne es an die dritte Stelle zu verweisen — Kürze und häufige Wiederholung der möglichst auf *eine bestimmte Sache* beschränkten Suggestionsformel. Beispiele werden uns sagen, was wir meinen.

4. Wenn man Pawlow's schon vor Jahrzehnten erfolgte Versuche über den bedingten Reflex beobachtet, und sich der hier entwickelten Grundsätze *zusammen* bedient, kommt man zu einer *Synthese* von höchster Intensität. Es ist deshalb nötig, zu weiser Beschränkung zu mahnen. Hybris führt in den Untergang.

Suggestionstexte als Beispiele
Zielsetzung:

Unterstützung einer Exerzitien-Reihe, die von der Entspannung über Konzentration bis zur Gedankenstille geht. Also: knappe und klare Zielsetzung (Etappe auf dem Pfade). Das Haupt- (oder Gesamt-) Exerzitium umfaßt *drei* Schritte oder Stufen: Entspannung, Konzentration, Gedankenstille. Demgemäß werden auch die Suggestionstexte klar auf jeweils *einen* dieser Punkte ausgerichtet: bei Erreichen und Fixation des ersten Punktes geht es zum zweiten Punkt, vom zweiten zum dritten Punkt: also klare *Übereinstimmung* der Tag- und Nacht-Übungen (Koordination).

Als *Suggestionsstichwort* wählen wir das fremdartig anmutende Wort „*Aledi*" (auf das ein Außenstehender bestimmt nicht so leicht verfällt): es ist die Buchstabenverdrehung von „Ideal".

Die technischen Voraussetzungen

Sie sind wichtiger, als mancher ahnt. Gerade *weil* sie oft falsch gesehen und angewendet werden.

Folgende Möglichkeiten müssen als Basis für die Übermittlung der auf Tonband gesprochenen Suggestionstexte, die nachts, *während des Schlafs* (notfalls auch während des Mittagsschlafs) störungsfrei für den Schlaf wenigstens rund eine Stunde abgehört werden sollten:

Ein Tonband mit genügender Bandlänge (also ohne Seitenwechsel Mindestlaufzeit eine Stunde, bei Tonbändern mit geringerer Aufnahmefähigkeit durch Dreifachband zu erreichen) (d. h. ein Band, das bei gleicher Länge statt etwa eines 20minutigen Suggestionstextes die dreifache Textmenge — also für *eine* Stunde — aufnehmen kann). Man sollte den Text möglichst selber sprechen. Man spricht ins Mikrophon mit normaler, *nicht* betonter Stimme, gleichsam monoton — auch bei wichtigen Stellen die Stimme nicht heben —. Auf Abhörstärke *einstellen* kann man nachher das Gerät. Man wird schnell herausfinden, welche Lautstärke, besser geringe — leise — Lautwiedergabe für einen selbst am geeignetsten ist. Es sollte unter allen Umständen möglich sein, auf eine Hilfskraft zu verzichten. Der Apparat sollte sich also während einer bestimmten Nachtzeit — die Stunde vor Mitternacht wurde als die geeignetste festgestellt — *von selbst* ein- und ausschalten. Das kann erreicht werden dadurch, daß man am Tonbandgerät einen kleinen Eingriff vornehmen läßt, wodurch es möglich ist, eine hierfür bestimmte *Uhr* (ähnlich einer Eieruhr) anzuschließen. Mit dem Unterschied, daß das Gerät beim Aufhören des Textes *ganz ausgeschaltet* wird (das ist für gewöhnlich *nicht* der Fall.) Gewöhnlich läuft wohl das Band ab, der Text hört auf, aber der Motor des Geräts läuft weiter: diesem Übelstand kann der Tenchiker — jeder größeren Radiohandlung — leicht und für geringes Aufgeld abstellen.

Grundexerzitium

Suggestionstext
so lange wiederholt, bis 1. eine
halbe Stunde, bei 2. eine dreiviertel
Stunde, bei 3. eine Stunde
Sprechzeit erreicht wird.

Entspannung
(siehe entsprechende
Exerzitien-Reihe)

1. Ich schlafe ruhig und tief weiter.
Aledi... Aledi... Aledi...
Nach diesem Wort falle ich
künftig automatisch in echte
Entspannung, die mir tiefe Ruhe
und Gelassenheit gibt,
Entspannung *aller* Teile meines
Organismus (beim letzten Male,
also kurz vor Ablauf der halben
Stunde, fügt man hinzu):
Meine Entspannung geht in
tiefen, erholsamen Schlaf über,
aus dem ich erquickt zur
gewünschten Zeit erwache).

Konzentration
(Eine eingehende Übung bei
Wachbewußtsein leite die nächtliche Suggestion ein, damit der
Suggestionstext die notwendige
Kürze — und häufigere
Wiederholung — erhalten kann).

2. (Kurz vor Beendigung der
Dreiviertel Stunde wird
abschließend der vorgenannte
Text gesprochen, nur wird statt
„Entspannung" das Wort
„Konzentration" gesetzt.)
Ich schlafe ruhig und tief weiter,
gehe von echter Entspannung in
metaphysische Konzentration
auf das Übungsziel über.
Aledi... Aledi... Aledi...
usw.

Gedankenstille
Auch hierfür gilt das unter Konzentration Gesagte: Gute Vorbereitung im vom Intellekt kontrollierten Zustande — bis zum Eintritt der Gedankenstille, wo auch diese Kontrolle fortfällt, und nur das „Selbst-Bewußtsein" (Sich-Selbst-Bewußtsein) übrigbleibt.

Suggestionstext
(Kurz vor Schluß der einstündigen Suggestionen, anhängen:
„Meine Gedankenstille" geht in tiefen, erholsamen Schlaf über, aus dem ich erquickt zur gewünschten Stunde erwache.)
Ich schlafe ruhig und tief weiter.
Aledi... Aledi... Aledi...
Bei diesem Wort gehe ich künftig von selbst in das feingeistige Vakuum, die Gedankenstille, über. *Alle* Wahrnehmungen von Innen und Außen sind völlig ausgeschaltet, ein echtes, reines Vakuum herrscht in mir zur Vorbereitung auf meine weiteren Ziele.
Aledi... Aledi... Aledi...
(Zum Schluß „Abdankungstext", wie oben ausgeführt.)

Lassen Sie uns prüfen, ob wir alle genannten Vorbedingungen bei diesem Muster-Kombinations-Exerzitium (Kombination von täglichem Exerzitium *und* nächtlicher Tonbandsuggestions-Formel im Schlaf) erfüllt haben.

So kurz wie irgend möglich, doch mit den notwendigsten Attributen ausgestatteter Text auf jeweils *ein* klar umrissenes Ziel ausgerichtet, genügend oft wiederholt.

Suggestiv-Stichwort ist — sich steigernd — eingebaut. Wir halten es streng geheim für uns allein.

Wir haben jede negative Anspielung vermieden und nur klare positive Texte gesprochen. Die Übereinstimmung von täglicher Übungsarbeit und nächtlicher Abhörübung ist nahtlos. *Die gegenseitige Steigerung ist gesichert.*

Das Modell steht zur Abänderung mit anderen Worten und evtl. Inhaltsangaben (statt Gedankenstille etwa Imagination) bereit. Ein Fehler kann uns künftig bei Aufstellung unserer eigenen Texte nicht unterlaufen.

Fünftes Buch / Imaginationen und Experimente

XXXIV.

Imaginationen

als Wegbereiter zur Bewußtseinserweiterung, zu bewußten Manifestationen und zur Schaffung der hierfür notwendigen Disposition mit unterstützenden Suggestionen mittels Tonbänder.

XIII. Exerzitienreihe. Imagination in Reinkultur.

Aufbau:

1. Was man von Imaginationen wissen sollte
2. Notwendige Kräfte
3. Vor-Übungen (Bereitung)
4. Leichte Imaginationsübungen
5. Zuhilfenahme von besprochenen Tonträgern
6. Erläuterungen

1. Was man von Imaginationen wissen sollte

Wie unsere Exerzitien schon bisher bewiesen haben, ist unser Unterbewußtes zu erstaunlichen Leistungen befähigt oder dazu zu erziehen.

Lenkt man jedoch den Blick einmal auf andere, ebenfalls latent im Menschen schlummernde, nur zu weckende und zu stärkende Kräfte, erkennt man, daß es *noch ganz andere, vielfältigere Möglichkeiten* gibt, *Erfahrungen mittels erweitertem Bewußtsein* zu machen. Diesen über alles Bisherige hinausgehenden Möglichkeiten wollen wir uns jetzt zuwenden.

Wegen der Wichtigkeit dieser Erfahrungsgruppe widmen wir ihnen den ihnen zukommenden Umfang, schon mit Rücksicht darauf, daß noch gründlicher, noch aktiver, noch länger arbeiten muß, wer auf diesem Gebiete greifbare Erfolge erzielen will (von den Berufenen, Begabten abgesehen, die oft „spielend" die einzelnen Phasen beherrschen lernen). Erklärend möchten wir noch bemerken, daß durch Imaginationsübungen und durch Imaginationen selbst Kräfte *im* Menschen entwickelt und aktiviert werden, von denen „die Schulweisheit sich nichts träumen" läßt — obwohl auch sie selbst erhebliche Beiträge zu diesem Thema geleistet hat.

Doch nicht nur *im* Menschen werden bisher ruhende Kräfte lebendig: auch die *Umwelt* nimmt teil an seinen Bemühungen, in die astrale und archetypische Welt einzudringen — denn um nichts anderes handelt es sich bei Imaginationen.

Die Einbeziehung von sogenannten außerirdischen Kräften — eine Nomenklatur, die nicht unbedingt zutreffend ist — gibt den Imaginationsexerzitien einen eigenen Reiz — und bei *Nichtbeachtung* der Schutzkräfte eine nicht zu unterschätzende Gefahrenquelle.

Wir werden uns mit den Gefahren und mit den möglichen Schutz-Kräften dagegen eingehend beschäftigen. Der Elektriker geht täglich mit Starkstrom um, doch ein Betriebsunfall ist äußerst selten. Viel öfter geschehen Unglücksfälle infolge ungeschützter Stromeinwirkung im Haushalt und bei Nicht-Elektrikern. So ist es auch bei der Wahrnehmung der außerordentlichen Möglichkeiten von Imaginationen: wer genau weiß, wie er umzugehen hat mit Kräften, die buchstäblich die Welt umgestalten können — mindestens die Welt des Einzelnen, ob nun im wirtschaftlichen oder geistigen bleibe hier offen —, wer also den Umgang mit jenen Kräften im Experiment —

Schritt für Schritt — praktisch kennengelernt hat, dem kann wie dem Fach-Elektriker beim Starkstrom auch nichts passieren. Geschehen kann ihm nur auf die eine oder andere Weise etwas

> wenn er sich in unbekannte Welten stürzt, ohne vorbereitet zu sein;
>
> wenn er egozentrische, gegen andere gerichtete Interessen verfolgt
>
> und wenn er sich auf Kontakte mit fremden Kräften einläßt (letzteres ist buchstäblich der „Pakt mit dem Teufel", vor dem also in erster Linie gewarnt sei).

Wir kramen hier weder die Anschauungen noch ein Vokabular des Mittelalters zusammen: die *anderen Welten sind,* und wer davon bisher noch *nicht* überzeugt war, wird Gelegenheit erhalten, sie kennenzulernen.

Schon die „leichten Imaginationsübungen" (Punkt 4 dieses Exerzitiums) wird uns von der Wirklichkeit der betreffenden Kräfte überzeugen, und daß zu Kräften auch Welten gehören, haben wir wohl inzwischen erfahren.

Schwimmen muß man lernen, wenn man sich im Wasser sicher bewegen will, und die Kräfte muß man ausbilden, die notwendig sind, um sich in anderen — sagen wir: superirdischen — Welten, vor Gefahren gesichert, zu behaupten.

Wir gehen, wie stets, schrittweise vor, was die Gewöhnung erleichtert, die Kräfte langsam aber sicher steigen läßt, und etappenweise die Sicherheit erhöht, mit denen wir dem Fremdartigen gegenüberstehen.

Da wir uns später auch mit den „finsteren Seiten" der anderen Welt beschäftigen werden, haben wir auch praktisches Anschauungsmaterial, das uns Wissen und Sicherheit gibt.

Wir haben stets die Ansicht vertreten, daß man niemandem, der unter gewissem Druck steht, verwehren sollte, sich *auch* auf die hier geschilderte Weise von diesem Druck zu befreien. Aber wir haben ebenso stetig und nachdrücklich unserer Überzeugung Ausdruck verliehen, daß jede Übertretung der Grenze — zwischen den Interessen des eigenen und fremden Lebens — nicht nur inhuman ist, sondern auch ein Gefahrengebiet ersten Ranges. Wer sich helfen will auf Kosten anderer — ein rein krimineller Tatbestand — hat auch im anderen Land keine Gnade zu erwarten, im Gegenteil: *dort bleibt ja* — wie im Irdischen oft — *nichts verborgen,* und jede eigensüchtige Tat fällt auf den Urheber als Bumerang zurück. Im Irdischen gibt es mehrere sichere Rezepte zu Erfolg, Reichtum und Ansehen zu kommen (falls man auf solche Ziele Wert legen sollte): eines dieser Rezepte ist u. a. dies, sich nach Maturitätsprüfung und — etwa — juristischem Studium der Laufbahn des Richters oder Staatsanwalts zuzuwenden.

Man gehört — am Ziel — der gehobenen Gesellschaftsschicht an, man hat ein erträgliches Einkommen, man kann eine Familie ernähren, Urlaub machen, schließlich zu Haus und Vermögen kommen, wenn die Karriere *stufenmäßig* mit den Jahren verläuft.

Praktisch kann man auf diese Weise — also gründliches Studium des betreffenden Fachs (Fakultät) und geordneter Aufstiegsweg — *jedes* Ziel erreichen, vorausgesetzt wird dabei nur, daß man in Schule und auf der Universität die Ziele — Examina — erreicht, nirgends während seines Laufgangs „aneckt", und sich keinerlei Seitensprünge erlaubt.

Nicht anders geht es in unserem Bereich zu. Wer sich die nötigen Wissensgrundlagen verschafft, als Ausgangspunkt für seine praktischen Arbeiten, und wer diese Arbeiten gewissenhaft und stetig — stufenweise — ansteigend ausübt, und das über Jahrzehnte hinweg — wie etwa ein Beamter ja auch Jahrzehnte benötigt, um ein höheres Karriereziel zu erreichen —, der, sagen wir, *muß* notwendigerweise auch im Metaphysischen sein Ziel erreichen. Zum Unterschied von der irdischen Karriere kommt ihm allerdings einiges zugute — falls er für den geradlinigen Weg des Beamten nicht geschaffen ist —, nämlich Erfahrungen, sich häufende Erfahrungen in Welten, die vor ihm kein Mensch betreten hat, denn *immer* ist es ja individuelles Neuland, was der Strebende betritt, mögen schon Millionen die gleichen Ziele gehabt und erreicht haben — die *gleichen Wege sind es nie*. Je eigenwilliger, individueller ein Mensch ist, um so mehr wird sein Weg gerade im Geistigen Reich von den Wegen der Übrigen abweichen. Und ist es nicht gerade dieses nur uns persönlich vorbehaltene unentdeckte Land, das uns zu unseren Exerzitien hauptsächlich reizt?

2. Die notwendigen Kräfte

Zum Meister der Imaginationsfähigkeit wird nur werden, wer über die folgenden Kräfte verfügt oder sie sich aneignet (der Wege hierzu gibt es mehrere, wie wir noch aufzeigen werden):

a) Metaphysische Konzentration (im Gegensatz zur irdischen K.)

b) Weckung, Entwicklung und Verstärkung der odisch-astralen Kräfte (dadurch wird Sensitivität gesteigert oder hervorgerufen, und mindestens ein vor-mediumistischer Zustand erreicht)

c) Aussendung und Wiederaufnahme der verstärkten odisch-astralen Kräfte

d) Kräfte-Verdichtung „innen"

e) Kräfte-Verdichtung nach außen

f) Manifestationen, Personifizierungen und andere Phänomene

Wer die erwähnten Kräfte entwickelt, gesteigert und „beweglich" gemacht hat (Stufenübungen hierzu folgen), kann mit Kräften arbeiten, die nur sehr wenige beherrschen, ist in Welten „zu Hause", die noch weniger kennen.
Verständlich, daß für so Begünstigte die Verantwortung wächst. Denn die Beweglichkeit ihrer odisch-astralen Teile verschafft ihrem Gefühlsleben, ihrem Wunschdenken Kräfte, an die man sich erst gewöhnen muß, die man beherrschen lernen muß, will man nicht z. B. durch unwillkürlichen Zornesausbruch jemandem schaden. Im übrigen sind die Kräfte und Welten, von denen hier die Rede ist, vielen unter unseren Lesern — wie dem Autor selbst — nichts unbekanntes mehr: sie haben durch Experimente mit Halluzinogenen Eintritt in jene Welten *erzwungen*. Denn bei den durch Drogen erzeugten Vorstellungen handelt es sich keinesfalls um bloße durch das Hirn nach Belieben erzeugte Illusionen, sondern in Wahrheit um die durch das Hirn belebte astrale und archaische Welt (die, wir wiesen schon darauf hin, bei jedem anders ausfallen muß, denn keine Menschenseele ähnelt der anderen — also auch die inneren Reflexionen nicht).

Alle diese oft nur wissensdurstigen Experimentatoren haben demnach archaische Welten betreten und — oft zu ihrem Leidwesen — von den sie bevölkernden Kräften erfahren. Das Hirn — und die dem Menschen eigenen Kräfte — manifestieren und personifizieren astrale und archaische Kräfte in dem Maße, daß sie oft die Wirklichkeit überwältigen und dann zu unkontrollierten und schädigenden Handlungen führen.

Die dem Menschen eigenen Kräfte, sagten wir vorstehend. Diese Kräfte werden durch psychodelische Drogen urplötzlich wachgerufen und ins *Leben* des *Irdischen* gebracht. Sie *müssen* einen Schockzustand herbeiführen — gleichgültig, ob dieser Schock zunächst vielleicht (!) freundlicher Natur ist. Ablösung durch schreckliche dämonische Kräfte erfolgt bestimmt — weil es — wie wir schon anfangs ausführten — gesetzmäßig garnicht anders sein *kann*.

Anders bei erarbeiteten Bewußtseinserweiterungen und durch Exerzitien erlangten Eintritt in unbekannte Welten, denen man sich allmählich nähert, die man langsam kennenlernt, deren Gesetze einem vertraut werden. Zugleich sind unsere eigenen Kräfte gewachsen, so daß sie den ungestalten Geschöpfen jener Bereiche überlegen sind, und sie — sofern man sich nicht mit ihnen einläßt — auch beherrscht.

Die oben genannten notwendigen Kräfte werden wir anläßlich eines praktischen imaginativen Beispiels wecken, entwickeln und verstärken, so daß die schrittweise Angleichung an ungewohnte Zustände und Phänomene jedem ermöglicht wird.

3. Vorübungen

An Vorübungen und Bereitungen kommen besonders jene infrage, die wir bereits nannten, hier vor allem die „Psychische Präparation" in der am Schluß des ersten Buches (dieses Teils) besprochenen Weise.

Die Suggestionen müßten also — wenn wir den technischen Weg als Vorübung wählen, den wir ja gleichschalten können und sollten den bei Wachbewußtsein zugleich betriebenen und gleichlaufenden Exerzitien, — diese Suggestionen müßten für die jetzigen Ziele im Zielsuggestionstext demnach etwa wie folgt lauten:

zu a) Von Tag zu Tag verstärkt sich meine Fähigkeit zu metaphysischer Konzentration.

zu b) Meine odisch-astralen Kräfte verstärken sich mit jedem Tag und verselbständigen sich mehr und mehr.

zu c) Meine Fähigkeit der Aussendung und Wiederaufnahme odisch-astraler Teile verstärkt sich von Tag zu Tag.

zu d) Meine Fähigkeit, die odisch-astralen Kräfte in mir zu verstärken und zu konzentrieren, steigert sich von Tag zu Tag.

zu e) Meine Fähigkeit, odisch-astrale Kräfte zu verdichten und nach außen zu senden, verstärkt sich von Tag zu Tag.

zu f) (Suggestionsstichwort) ... Bei diesem Wort bin ich befähigt, jede gewünschte odisch-archaische Kräfteballung außerhalb von mir zu manifestieren und zu personifizieren.

Nach einigen Wochen können wir dann zu leichten Übungen übergehen.

In jedem der vorerwähnten sechs Fälle sollten naturgemäß die Bedingungen der Psychischen Präparation beachtet werden, also Suggestionsstichwort, einleitender und verabschiedender Text. Die Dauer der Übungen richtet sich nach den Fortschritten, die erzielt werden. Normalerweise werden diese sechs Übungsketten sieben bis neun Wochen erfordern. Mindestens die letzten beiden Wochen sollten schon koordiniert werden mit den Exerzitien im wachen Zustand. So wird die gegenseitige Steigerung gewährleistet und die später selbständige, vom Technischen unabhängige Arbeit vorbereitet.

4. Leichte Imaginationsübungen

Nr. 1: Manifestation einer einfachen Zahl
Nr. 2: Manifestation eines Dreiecks
Nr. 3: Imagination einer doppelten Zahl

Davon abgesehen, daß es sich um Übungen handelt, die für die Schulung der Imaginationsorgane und -Kräfte vorgesehen sind, haben sie auch, wenn z. B. die Zahlen richtig gewählt und die Suggestionen zweckentsprechend sind, eine u. U. große Bedeutung. Nehmen wir einmal an, im Falle der Übung Nr. 1 wird die Zahl „7" gewählt, und die — als zusätzliche Übung — Suggestion „gesetzt", daß die Zahl Sieben „Glück bringe". Es ist schwer gegen den Aberglauben der meisten Menschen anzukämpfen, die sich unter einer bestimmten Zahl „Glück", unter einer anderen Zahl (z. B. 13 oder 8) „Unglück" mit einer Zähigkeit vorstellen, die einer besseren Sache würdig wäre.

Kein Aberglaube jedoch ist es, wenn ich dem Unterbewußten die Suggestion einpflanze, daß die Zahl Sieben stets glückverheißend oder glückbringend für mich ausgehe. Sind erst einmal kleine Bestätigungen für diese Zwecksuggestion erbracht, wird man künftig blindlings daran glauben — und gegen das Setzen positiver Engramme ist ja durchaus nichts einzuwenden.

Die drei einfachen Imaginationsübungen unterliegen alle den gleichen Prinzipien:

1. Beachtung der Vorübungen, wie unter 3. angegeben;
2. Koppelung mit Exerzitien, die gleichlautend sein müssen, im wachen Kontrollzustand;
3. Betrachtung des betreffenden Gegenstandes, evtl. Vor- oder Nachzeichnung;
4. Geistige Wiedergabe des betrachteten Gegenstandes;
5. Geistige Wiedergabe eines nicht betrachteten Gegenstandes;
6. „Manifestation" des betreffenden Gegenstandes dadurch, daß er geistig ständig verstärkt wird;
7. Kraftvolles Hinausschleudern und Verstärkung „draußen".

Man kann etwa — um ein Modell zu setzen — die Zahl Sieben (7) nach Betrachtung der Vorlage sich geistig vorstellen, auch in einer bestimmten Farbe.

Man wird mit Sicherheit feststellen, daß zum Beispiel

nach etwa vierzehn Tagen die Zahl — oder/und die Farbe der Zahl — ständig *kräftiger* werden. Das ist ein durchaus natürlicher Vorgang — bisher jedenfalls —, der nichts befremdliches an sich hat.

Anders ist die Sachlage schon, wenn man die Od- bzw. Astralkraft-Konzentration soweit gebracht hat, daß man sie „innen" (innen und außen sind nur in unserer Vorstellung bestehende Begriffe, lösen wir uns von ihnen, fallen auch die Begrenzungen), daß man die Zahl in der geistigen Vorstellung soweit verstärken und komprimieren kann, daß sie „aussendefähig" wird — für eine kurze Zeit wird das *anfangs* leicht gelingen, für längere Zeit bedarf es längerer Übungszeit —, mag wohl wie „Zauberei" vorkommen. Wir bedienen uns jedoch — wir sagten es bei jeder Gelegenheit — durchaus natürlicher, in uns vorhandener Kräfte, und lediglich rechte *Konzentration* und unentwegte Übung im rechten Geiste erlauben die erstaunlichsten Leistungen.

5. Zuhilfenahme von besprochenen Tonträgern

Es ist hier — bei diesen Erprobungen der imaginativen Kräfte, also den leichten Imaginationsübungen — durchaus gestattet, die nächtlichen-mechanischen Suggestionen zu Hilfe zu rufen, wenn die eine oder andere Stufe der Übung oder Vor-Übung nicht zufriedenstellend klappt. Der Uneingeweihte glaubt nicht, was durch Ausdauer, Beharrlichkeit und ständige Wiederholungen gerade auf imaginativem Wege zu erreichen ist. Wir bedauern nur, daß wir uns auf visuelle Imaginationen — zumindest in den Anweisungen — beschränken müssen, denn die Exerzitien für Imaginationen zu dem Zweck, irgendwelche *Einflüsse* auszuüben, sind ein so starker Anreiz für nicht ganz astreine Menschen, sich dieser Kräfte zu unlauteren Zwecken zu bedienen.

Alle unseren Exerzitien sind imgrunde genommen für den intelligenten Durchschnitt aufgestellt (mit Ausnahme derjenigen, die anders bezeichnet sind). Wir müssen aber bedenken, daß doch ein wesentlich höherer Teil unter uns im Besitze von bekannten oder nicht bewußten Kräften ist, die einen so schnellen Fortschritt bei den Übungen bewerkstelligen, daß alle anderen lediglich hinterherhinken können.

Wollten wir die Erfolge der Prädisponierten hier aufzählen, wäre nichts daran geändert, daß wir anderen ja doch härter arbeiten müssen. Die hier geschilderten Modell-Exerzitien sind an langen Erfahrungen ausgerichtet, also an Tatsachen-Material. Trotzdem wirken sie logischerweise zum Teil lehrhaft-abstrakt (obwohl die Nachfolge bald beweist, wie *sehr konkret* sie sind). Und trotzdem werden wir im weiteren Verlaufe unserer Arbeit auch noch *rein konkrete Fälle bringen,* von denen aus man dann — wenn erwünscht — auf die Modellgestaltung schließen kann.

Nach den verschiedenen Modellen für die Psychische Präparation dürfte es keinem unserer Leser schwer fallen, sich an den Stellen, wo ein Exerzitium nicht den gewünschten prompten Verlauf nimmt, einen Suggestionstext aufzubauen, der nach den gegebenen Vorlagen ausgerichtet ist.

So — meinen wir — ist die Exerzitienkette nahezu lückenlos für jeden Wissensdurstigen geschlossen, und seiner Phantasie — in der Ausgestaltung weiterer Exerzitien und Suggestionstexte für sein Tonband — sind keine Grenzen gesetzt — sofern er die Grundregel für alle unsere Arbeiten beherzigt, die einmal gegenüber den Mitmenschen gesetzten Grenzen niemals zu überschreiten. Nach der Schulung der Imaginationsorgane — der Od- und astralarchaischen Kräfte und des Vermögens der Komprimierung und Aussendung und Wieder-Zurücknahme — gehen wir bald zu schwierigeren Aufgaben über, die wir wiederum — nach bewährtem System — stufenweise aufbauen, dort, wo es notwendig erscheint, mit fertigen Suggestionstexten versehen, damit wenigstens hier Pannen auf jeden Fall ausgeschlossen sind.

Wir dürfen niemals außer acht lassen, daß Suggestionen, die wir im Schlaf erhalten, *oft* zu reinen Hypnoseformen oder gar somnambulen Zuständen überführen, und daß somit die vom hellwachen Verstand *nicht* kontrollierten Schlafsuggestionen oft eine sehr viel mächtigere Wirkung entfalten, als man vielleicht glaubte.

Deshalb erscheint es dringend ratsam, immer wieder im Wachzustand — also auf die übliche, kontrollierte Weise — die Exerzitien gleichlautend mit den Schlafsuggestionen zu absolvieren, um so an dem bewußt werdenden Stand der Entwicklung die Wirkung der Tonbandsuggestionen abzutasten oder festzustellen.

Wenn z. B. eine metaphysische Konzentration auf astrale Kräfte bei üblicher Versenkungsweise den gewünschten Erfolg nach einiger Zeit nicht brachte, können schon wenige Tage Tonbandsuggestionen gleichlautender Art den Übungserfolg derartig steigern, daß man bei erneuter Überprüfung des Exerzitiums im Wachzustand den großen Fortgang genau feststellen kann.

6. *Erläuterungen*

Sicherlich ist es nicht die Aufgabe dieses Buches, die *Erzeugung* metaphysischer Phänomene zu erklären. Nach sorgsamer Prüfung haben wir es aber als notwendig angesehen, denjenigen, der durch *Bewußtseins-Erweiterung* Einblick in suprairdische Bereiche erhält, über Wesen und Charakter der Kräfte zu informieren, denen er auf seinem Rundgang begegnen kann. Vor allem ist es für jeden Interessierten wichtig, zu erkennen, *wie* derartige Phänomene zustandekommen, denn erst dadurch kann man feststellen, „weß' Nam' und Art" die Erscheinung oder Wirkung ist.

Die subjektiv erschauten Bilder, Kräfte und Wesenheiten sind Konzentrationen, Emanationen und Vorstellungen des Geistes, die der tiefenseelischen Konstitution und Kraft ihr Dasein verdanken und vom Hirn erfaßt und projiziert werden.

Es ist eine durch Jahrtausende lange Erfahrung feststehende Tatsache, daß dieselben Organe des Menschen, die Materie *wahrnehmen*, ihrerseits imstande sind, feinstoffliche Phänomene (Manifestationen, Materialisationen) zu *erzeugen*.

Die Voraussetzung hierfür ist Übung und nochmals Übung, damit die bei der Bildung notwendigen feingeistigen Stoffe gelöst und verdichtet und nach außen projiziert werden können. Metaphysisch ist der menschliche Gesamtorganismus ein Mittler (Medium), mit dessen Hilfe man alles, was innerhalb und außerhalb der irdischen Welt ist, schöpferisch wiedergeben kann.

Dabei ist es gleichgültig — nur graduell unterschiedlich — ob man an eine Kraft oder an eine bildhafte oder gar dreidimensionale Verdichtung und ihre Projektion nach außen denkt.

Der Lauf des Exerzitiums ist in jedem Falle der gleiche:
Erst die möglichst plastische Vorstellung, dann die *Konzentration aller Kräfte* auf diese Vorstellung;
danach die immer stärker werdende *Verdichtung*, sowie die Ansammlung einer Energie, die uns befähigt, das „innen" erzeugte Gebilde oder Kraftkonzentrat nach „außen" zu werfen, d. h. mit einem gewissen Schwung zu projizieren,
und dort solange die Projektion vorzustellen, fest-

zuhalten, zu verdichten, bis man sie gleich einem „materiellen" Gegenstande *sieht,*
> bis man sie auch in Wirksamkeit setzen kann entsprechend der Zielsetzung.

Wer erst einmal rund ein Dutzend Imaginations-Exerzitien hinter sich gebracht hat, weiß, wovon wir sprechen, und hat erkannt,
> daß der Mensch und Kräfte des Menschen, die er pflegt, in einer unvorstellbaren Weise sich entwickeln können und verstärken lassen,
> daß aber ohne Kraft, ohne Übung, ohne Beharrlichkeit kein Ding auf dieser Erde gelingt, am wenigsten in einem Bereich, der uns so fremd geworden ist, wie der metaphysische, als der tiefenseelische Bereich mit allen seinen Kräften, Welten und Wirkungen.

Die mehr oder weniger verdichteten seelischen Aktionen und Kräfteballungen sind in viel höherem Maße Schicksalsträger, als der moderne Mensch ahnt, und das Gebiet der Bewußtseinsentwicklung, sowie alle durch diese Erweiterung und Bereicherung des Geistes erkannten Welten und Kräfte
> *werden in Zukunft eine weit höhere Rolle spielen, als sich heute irgendjemand vorzustellen vermag.*

Und darum raten wir zu den hier geschilderten Exerzitien, und zwar auf dem Wege des stufenweisen Vorwärtsschreitens, weil allein auf diese Weise die *Herrschaft des* menschlichen Geistes und seiner *souveränen Seele gewährleistet ist.*

Wir wiederholen für alle Exerzitien, die sich mit *Wirkungen,*
> also entweder um Kräfte oder Kräfteballungen, bebeschäftigen,
> *daß es darauf ankommt, die im Körper verankerten Kräfte* — vornehmlich Odkraft, Muskelkraft, En-

ergie, Astralkraft und archaische Kraftballungen —
*freizumachen und in optische Bilder oder Gestalten
zu verwandeln, indem die so geschaffenen Kräfte
nach außen projiziert werden.*

Und die Experimentatoren unter uns, die mittels Psychodelika oder Halluzinogenen die archaische Welt mit ihren verwirrenden Bildern, mit ihren schönen und erschreckenden Kräften, mit ihren bunten Welten bereits kennengelernt haben, sollten wissen, daß es sich bei ihren Erlebnissen nicht um Halluzinationen, vergleichbar den weißen Mäusen oder Elefanten von Trinkern im Stadium des delirium tremens handelt, sondern

um belebte, geweckte, projizierte Bilder und Gestalten und Reiche ihrer Tiefenseele, die vom Hirn wiedergespiegelt — oder, wenn man will — interpretiert werden.

Es sind durchaus Psychopharmaka bekannt, die *nur* krankhafte Einbildungen und Vorstellungen, also echte Halluzinationen hervorrufen, und ebenso bekannt sind die heute als Halluzinogene bewerteten Psychopharmaka,
die das tiefenseelische Bereich in seiner ganzen Fremdartigkeit und oft Grauenhaftigkeit so plötzlich erschließen, daß ein oft bleibender Schock unvermeidlich ist,
also ein seelisch-geistiger Knick, der entweder den Übergang zur geistigen Erkrankung bildet oder bereits den Ausbruch ankündigt. Es ist ein
außerordentlich ernstes Anliegen dieses Buches, auf die unvermeidbaren Gefahren hinzuweisen,
die bei einem *plötzlichen* Einbruch in tiefenseelische Bezirke entstehen.

Es gibt auch Mittel, auf bestimmte Weise tiefenseelische Kräfte zu „beschwören", und sie unterliegen neben der erforderlichen Disposition zu solcherlei geistigen Abenteuern ganz bestimmten Vorschriften, die man kennen muß, und sei es nur, um für den Augenblick das Leben zu retten — die Seele ist bei solcherart Praktiken allzuleicht sofort verloren, und zwar für immer. Solche Beschwörungen bedürfen außer einigen Wolken Weihrauchs keiner Hallzuzinogene, aber ihre Wirkung — wegen der Plötzlichkeit, der unvorbereiteten Erscheinung nie geahnter Kräfte — ist ähnlich den Folgen, die der Einnahme von Halluzinationen erzeugenden Mitteln anhaftet.

Es kann nicht eindringlich genug davor gewarnt werden, auch nur mit dem Gedanken an solcherlei Experimente zu spielen — der menschliche Geist besitzt auch im Negativen eine fürchterliche Kraft, Vorstellungen zu verwirklichen, die den unvermeidbaren Untergang des Leichtfertigen nach sich ziehen.

Nach diesen grundsätzlichen Bemerkungen wird es ein Leichtes sein, bei den folgenden Experimenten das Mögliche von dem Gefährlichen zu scheiden — und sich darauf einzustellen.

XXXV *Das XIV. Exerzitium-Modell:*

Die große Imagination
1. Vorbereitungen
2. Bereitungen
3. Erste Stufenfolge: Bis zur Ausgangsposition
4. Zweite Stufenfolge: Sammlung aller Kräfte
5. Dritte Stufenfolge: Die Welten
6. Vierte Stufenfolge: Die Summierung allen Strebens
7. Fünfte Stufenfolge: Reinigungs-Zeremonie
8. Sechste Stufenfolge: Endgültige „Verabschiedung"
9. Siebente Stufenfolge: Die Unwägbarkeiten
10. Achte Stufenfolge: Abgrenzung zur rituellen „Beschwörung"
11. Neunte Stufenfolge: Fazit tiefenseelischer Manifestationen

1. Vorbereitungen

Da wir die sogenannte „Große Imaginationsübung" vielleicht rein experimentell erproben wollen, sollten wir uns auch genau nach den Weisungen für diese anspruchsvolle seelische Prozedur vorbereiten. Dazu gehört außer einem ungestörten Raum — in den wir gleichwohl einen erfahrenen Fachmann mitnehmen sollten, mindestens als Beobachter und Kontrolleur —, einer Vollmondnacht, und einem neutralisierten — durch Myrrhen und Weihrauch gereinigten — Ort auch *unsere* innere und äußere Reinigung, ein möglichst nur für rituelle Praktiken bereitgestelltes Gewand (in dem wir uns völlig ungezwungen bewegen können), gutes Ausgeschlafensein, frei sein von inneren und äußeren Störungen, ein ruhig-gelassenes, selbstbewußtes Verhalten und dementsprechende innere Einstellung. Wir nennen hier keine bestimmte Kraft oder Kräfteballung. Man kann sich auch auf die „nächsterreichbare gute Kraft" einstellen oder auf einen guten Archetypus. Die rituelle Beschwörung tiefenseelischer Wesenheiten findet man an anderer Stelle* als in diesem, dem vorliegenden Buch, das sich nur mit der Erkundung interweltlicher Phänomene mittels geistig-seelischer Kräfte befaßt, um dem Interessierten einen Begriff zu geben von dem, was ihn nach sorgsamer, geduldiger und gründlicher Arbeit an sich selbst erwartet. Zur Vorbereitung gehört alles, was der Neutralisierung dient und zur Abschaltung der (irdischen) Welt mit ihren Geräuschkulissen, mit ihrer Unrast und Hetze und Vergnügungssucht, mit ihren Betriebsamkeiten und anderen vielfältigen Störungen durch technische und andere „zivilisatorische" Dinge.

2. Bereitungen

Zu den geistig-seelischen „Bereitungen" gehören:
gut verlaufende Imaginationsübungen, evtl. unter Verstärkung durch technische Mittel (Tonband);
Erreichung des „Vakuums" ist vorteilhaft, also absolute Gedankenstille, die bei gewünschtem, plötzlichem Abbruch des Experiments beste Dienste tut.
Das Lichterlebnis wäre eine begrüßenswerte Bereitung, die unangreifbar macht.
Erforderlichenfalls muß man noch weiter zurückgreifen in unseren Exerzitien-Reihen, die sich mit Od- und astraler Kraft-Konzentration und Verdichtung beschäftigt, auch hier notfalls mit Unterstützung durch Psychische technische Präparation mittels Tonträger.

---

* nämlich in den „Büchern der praktischen Magie" (vom gleichen Verfasser und Verlag) (s. Bibliographie)

3. Erste Stufenfolge. Bis zur Ausgangsposition.

Die Drei Phasen dieser Stufe sind
  Die Grundstellung
  Die Steigerung und
  Die Ausgangsposition (zur Aktion)

Die Grundstellung

Entsprechend der Bereitung gehen wir in völliger Ruhelage (Couch oder ähnliche Ruhegelegenheit) in jene Versenkungsstufe, die am ehesten und am besten zu erhalten und *festzuhalten* ist. Es hat also wenig Sinn, eine „höhere Stufe" als Ausgangs-Punkt oder Grundstellung einzunehmen, wenn wir sie nachher zugunsten einer „niedrigeren Stufe" wechseln müssen. Sollte uns an der Grundvoraussetzung — Gedankenstille — etwas fehlen, vor allem Sicherheit und Beständigkeit, dann ist es wesentlich besser, diese Basis zuvor mit allen verfügbaren Mitteln zu erüben, bevor wir unvorbereitet oder der Gedankenstille nicht sicher an die große Imaginationsübung gehen, die uns ja direkt in eine für uns völlig fremde, neue Welt tragen kann, ja, soll.

Steigerung

Wir sollten ja — im Gegensatz zum unsicheren Festhalten an einer Stufe, zum Zurückgehen an eine Vorstufe — möglichst über die Fähigkeit verfügen, uns noch „hinter" die Gedankenstille zurückzuziehen, zu dem sogenannten „positiven Vakuum", weil sich dann sozusagen „von selbst" die gewünschten Kräfte und Welten bemerkbar machen.

Je größer der erübte Sprung von der Grundstellung zur Steigerungsmöglichkeit ist, desto größer sind die Aussichten für ein befriedigendes Gelingen des Imaginationsprozesses. Denn wir wissen ja, daß der Kosmos die „Leere" nicht duldet, und wenn normal-irdische Stimmen und

Kräfte verbannt sind, dann stellen sich mit Sicherheit — mit unfehlbarer Sicherheit — Wesen und Kräfte aus anderen, der irdischen vorgeordneten Welten ein.

Auch die Steigerung — also der „Sprung" von Gedankenstille zu ihrer Fixikation (um nicht weiter zu gehen) — sollte „sitzen", also sicherer Bestandteil unseres Wesens geworden sein. Es kann hier auch nicht einmal angedeutet werden, welche Folgen eine solche geistige Entwicklung *auch* für den irdischen Menschen und sein Schicksal hat. Es sind uns verbürgte Fälle, kontrollierte Schicksale, zur Kenntnis gekommen, wo sich selbst das wirtschaftliche Potential wunderbarerweise „über Nacht" ins stark Positive gewandelt hat — von der Steigerung auch der geistigen und konzentrativen Fähigkeiten ganz zu schweigen.

Es *lohnt* also auch, nach den Gütern zu greifen, die wir hier aufzeigen.

Ausgangsposition

Wir dürfen es uns also ruhig einige Zeit — und eine Reihe von Übungsabenden — kosten lassen, um die genannten Vorbedingungen erfüllen zu können. Und wenn wir zu *den* Naturen gehören, die gut auf nächtliche Tonband-Suggestionen ansprechen — das werden wir bis jetzt ja festgestellt haben — dann sollten wir uns ruhig dieses Hilfsmittels bedienen. Vorausgesetzt, unsere eigenschöpferische Arbeit — also Exerzitien vom Wachbewußtsein aus — leiden *nicht* darunter.

Nach Erfüllung der bis hier aufgezählten Bedingungen haben wir die Ausgangsposition erreicht.

Aber noch ein wesentlicher Punkt gehört dazu: wir sollten uns unbedingt *vor Einleitung der aktiven Imagination* vollkommen darüber klar sein, was wir zu erleben wünschen (wobei wir von sinnenfreudigen Vorstellungen Abstand nehmen sollten: *die* können wir wahrhaftig „*billi-*

ger" haben, d. h. ohne diesen Aufwand von Zeit, Energie und Geist). Es ist, wie schon erwähnt, nicht nötig, die gewünschte Kraft beim Namen zu nennen — Namen sind eine Verpflichtung, schon ein halber Kontrakt, und den vermeiden wir am besten unter allen Umständen. Wir werden genau *die* Kräfte, *die* Welten erleben und *die* Erfahrungen sammeln, die unserer Entwicklung gemäß sind — und schon das wird uns ein Wunderreich, zugleich Kräfte erschließen, von denen wir bislang nicht einmal zu träumen wagten.

4. Zweite Stufenfolge. Sammlung aller Kräfte.

Wir raten an dieser Stelle der vorliegenden Exerzitienreihe stehts, sich „fallen" zu fallen und der Erfüllung der uns zugedachten Erlebnisse zu Vorstellungen zu harren.

Befolgten wir diesen Rat, erübrigte sich alles, was unter diesem Punkt noch zu sagen wäre.

Wir haben aber — gerade an dieser Stelle — mit so mannigfaltigen Menschenarten zu tun, daß wir eine so allgemeine Prognose nicht abschließend geben können.

Wir müssen also ein wenig weiter ausholen.

Die „Stille"- oder „Vakuum"-Übung setzt einen bestimmten Grad sittlicher Reife und geistiger Kraft voraus, wohl auch einen bestimmten Grad, sagen wir: kosmischer Begünstigung (die eigentlich auf den beiden genannten Reifegraden beruht).

Trotz dieses gemeinsamen Bodens aller hier teilnehmenden Experimentatoren bestehen zwischen den Einzelnen gewaltige Unterschiede, wie etwa — um einen groben Vergleich zu verwenden — zwischen einem indischen Saddhu und einem westlichen Gelehrten. Und deshalb können wir — weil wir es müssen — mindestens diese Gruppen von Menschen unterscheiden, die sich dem jetzigen Exerzitium hingeben:

Da sind erstens die „Einfältigen" (das heißt beileibe nicht Dummen), also jene, die gläubig an die uns bewegenden Kräfte eben diese Kräfte erfahren nach einem Gesetz, nach dem wir alle angetreten (und unter dieser Gruppe sind Jene, die oft die größten Erfolge erzielen und die schönsten Entwicklungen durchmachen und die herrlichsten Erfüllungen finden).

Da sind ferner die — ethisch absolut einwandfreien — Menschen, denen ein bestimmter Ehrgeiz, nennen wir ihn „Führungsanspruch", *eingeboren* ist *(sie* werden oft von den Schicksalsmächten bevorzugt, und — wenn auch oft erst spät — zu hohen Verantwortungen und Positionen berufen).

Und dann gibt es die dritte Gruppe, die „dazwischenliegenden", die also weder der ersten noch der zweiten Gruppe zuzurechnen sind, trotzdem aber einen „inneren unbewußten Führungsanspruch" erheben, der zum Beispiel durch eine besondere Veranlagung oder Fähigkeit gegeben ist.

Wie *selbstverständlich,* daß jeder Vertreter einer der drei Gruppen *andere* Vorstellungen hat von dem, was er wünscht, was er erwartet, ja, von dem, was er als Erfüllung ansehen würde. *Und gerade das wird ihm zu Teil werden.*

Es ist also absolut *sinnlos,* sich auf eine bestimmte — vielleicht sogar von uns längst genannte — Kraft zu versteifen, wenn eine andere, dem Wesen des Übenden entsprechende Kraft bereitwillig schon zur Verfügung steht.

Dies ist der Hauptgrund, warum wir hier keine Präzisierung empfehlen. Die Erfahrung hat gelehrt, daß man am besten fährt — wenn man uns bis hierher gefolgt ist —, auch den kosmischen Mächten alles Weitere anheimzugeben: wir verleugnen dadurch weder unsere Individualität noch unser zielbewußtes Streben: im Gegenteil, *beide werden ja gerade durch die uns adäquate Erfüllung unterstützt und vorangetrieben!*

Wir haben alle unsere Kräfte dementsprechend auf das *eine Ziel* zu richten, die und gerade *die* Kräfte vorzufinden und zu konzentrieren, indem wir uns mit unserer ganzen Aufmerksamkeit *diesem* Ziel *allein* zuwenden, das uns Fördernde zu erleben, kennenzulernen, und dankbar in Empfang zu nehmen.

5. Dritte Stufenfolge. Die Welten.

Wer auch nur einen Teil der hier geschilderten Exerzitien absolviert hat, wer auch nur die verschiedenen Stufen der Übungen teilweise befriedigend erlebte, *der* weiß ganz sicher, daß das sogenannte „Hier" und „Dort" nur zwei Seiten derselben Münze sind.

Der weiß — und dieses Wissen ist vielleicht der größte Gewinn, den wir aus unseren Exerzitien ziehen —, daß Raum und Zeit Begriffe sind, die auf der einen Seite der Münze — ja auch nur teilweise — gelten (denn *ein* Sommertag ist für ein Kind in den Ferien etwa lang wie eine halbe Ewigkeit, für einen in seine Pflichten [gleichbleibenden Pflichten] eingespannten Erwachsenen kaum eine Reihe von Stunden, die er bewußt nur wahrnimmt, wenn ihn Termine daran erinnern). So relativ ist also schon im Irdischen der Zeitbegriff, und so sehr hängt er von der Reihe *neuer Erlebnisse* ab, die wir in einer gewissen Zeitspanne hier auf Erden durchleben. Und *Derjenige* oder *Diejenige wissen*, daß unser die Ewigkeit harrt, für die zehn Milliarden Lichtjahre etwa nur ein weiterer Schritt in die Unendlichkeit sind.

Und *der* Übende oder die unsere Exerzitien Betreibende *wissen*, daß es — genau so wie unendlich viele Weltensysteme, Nebulare genannt, existieren — daß es auch so unendlich *viele Welten* gibt, in die er kraft seiner Zähigkeit, seiner Entschlossenheit, seinem Ziel und seinem Willen — und nicht zuletzt seinem zielbewußten Arbeiten an sich und mit den Exerzitien — begnadet ist, einzudringen, ohne Schaden zu nehmen, ja, um den größtmöglichen Nutzen aus den Erfahrungen und den Erlebnissen und dem Kraftzuwachs zu ziehen.

Man wird alle Arten und Gruppen von Welten antreffen, angefangen von jenen Bezirken, die „gleich hinter" der irdischen Welt liegen, über jene „Zwischenbezirke", die ebenso von bizarren, lichten oder düsteren Gestalten bevölkert werden, bis zu den lichten Höhen, die uns zu allererst eine klare Vorstellung von dem Paradieses-Himmel geben, der unser harrt.

Den Welten gemäß sind — wie schon erwähnt — die Bewohner, obwohl sie sich nicht ganz genau an die „Grenzen" halten. Wie in einem Vielvölkerstaat, der von einer Staatspartei getragen wird, tummeln sich in den verschiedenen anderen Welten die hier herrschenden und die hier geduldeten Kräftegruppen — Toleranz untereinander ist auch hier oberstes Gebot, *solange wir selbst es nicht verletzen.* Eine solche Verletzung unsererseits liegt vor, wenn wir uneingeladen und unvorbereitet — also nicht prädestiniert — in eine Welt vordringen, für die wir die nötige Reife und Kraft nicht mitbringen. Alle *plötzlichen* Einbrüche finden sehr oft ein ebenso plötzliches, und leider vielfach schreckliches Ende. Die Liste der Opfer auf diesem — verbotenen — Weg ist lang.

6. Vierte Stufenfolge. Die Summierung alles Strebens.

Wenn aber, wie hier immer wieder betont wird, Streben und Reife, Kraft und Ziel *übereinstimmen,* ist der Weg in unaussprechliche Glückseligkeiten *frei.* Und wir werden begrüßt, gleich dem „verlorenen Sohn" der Bibel, der in das Vaterhaus zurückkehrt. *Die Summierung aller Kräfte des Menschen auf das eine Ziel hin* (die Erkundung jener Welten, denen wir zugereift sind) *zieht die Hilfe und Unterstützung aller helfenden, guten Kräfte des Kosmos in allen Welten — also auch der irdischen — nach sich —* dieses Gesetz ist unauflöslich, das Gesetz der Harmonie aller Sphären des Kosmos.

Wir durchstreifen die Welten, aber wir nehmen keine Kontakte auf. „Niemand gehe zum Fürsten, der nicht gerufen wird" — dies Wort gilt auch hier.

7. Die fünfte Stufenfolge. Reinigungs-Zeremonie.

Wir bitten unsere geschätzten Leserinnen und Leser, die absolvierten Übungen *nicht zu unterschätzen.*

Es ist bei den ersten paar Experimenten durchaus möglich, daß sich während des Exerzitiums keinerlei Kräfte bemerkbar machen, daß man also als Folge einer *scheinbar* ausbleibenden Reaktion glaubt, „ins Leere hinein" geübt zu haben.

Das ist in den meisten Fällen eine Täuschung, die — wenn man sich den Tatsachen verschließt — arge Folgen haben kann. Es sind die nachfolgenden Experimentier-Erfolge möglich:

a) Man hat in der „Leere" die üblichen, aber keine sonstigen auffälligen Erlebnisse.

b) Man nimmt nur dahinhuschende Schatten und Lichter, Reflexe wahr.

c) Es zeigt sich wohl eine Kraft, doch huscht sie vor dem inneren Auge nur eben vorüber — und weiteres erwartet man umsonst.

d) Es zeigen sich nur unangenehme Erscheinungen.

e) Es zeigen sich nur freudebringende Gestalten, die aber mit der Zielvorstellung offenbar nichts gemein haben.

f) Es zeigen sich und tun sich kund Lichter und Töne, die

wohl beglücken, aber auch nicht den Erwartungen entsprechen.
g) Man spürt überhaupt *keine* sich irgendwie äußernde Kraft oder andere Welt.

In allen diesen Fällen lasse man sich nicht täuschen. Wir *wissen* doch, daß eine der Hauptvoraussetzungen unserer Exerzitien Geduld, Zeit und Wiederholung sind. Deshalb sollten wir immer annehmen — sowie wir nur die Versuchsbedingungen streng beachteten — daß sich *doch irgendeine Kraft entwickelt,* nur noch nicht bewußt gezeigt oder bemerkbar gemacht hat.

(Einen Sonderfall möchten wir hier erwähnen, der bei dazu Disponierten nicht selten ist: daß sich durch die innere Konzentration und Kraft die archetypische Macht von selbst und mit Hilfe unserer disponibel liegenden Kräfte „nach außen" katapultierte, dort sogar von unserem Kontrollhelfer wahrgenommen wurde: in diesem Falle muß die Aufmerksamkeit besonders groß sein: Man beginne kein irgendwie geartetes Gespräch, denn fast immer ist es üblich: Erst kommt die Lockung — auch durch „schöne" Bilder und himmlische Farben und Töne, dann kommt der Kontakt — darauf folgt der Schrecken.)

Aus allen diesen Gründen setze man mit Gewißheit voraus, daß das Experiment erfolgreich, wenn auch nicht erkennbar wirkungsvoll war.

Wir sind zu einer sogenannten Reinigungszeremonie deshalb gezwungen, damit nach den Übungen oftmals und plötzlich eintretende — meist unangenehme Überraschungen ausgeschlossen werden; diese Reinigungs-Zeremonie umfaßt:

A) Wir gehen vor endgültigem Abbruch des Experiments in die absolute Gedankenleere in der suggestiven Überzeugung, daß unser Programm beim nächsten Male auch erkennbare Fortschritte bringen wird,

B) Daß bis dahin *jeder* — Experimentator und archetypische Welt — innerhalb *seiner* Grenzen bleibt, etwa „eingedrungene" Wesenheiten sich jedenfalls unter allen Umständen zurückzuziehen haben, um nicht zu unvorbereiteter, vielleicht sogar ungünstiger Stunde uns heimsuchen oder allerlei Schabernack treiben (denn auch mit den sogenannten Kobolden und Poltergeistern, die sich oft zuerst bekunden, muß man rechnen).

C) Das man unter dem Schutz der *Macht* steht — man muß sie nicht unbedingt Gott nennen, gemeint ist immer die Zentralmacht, der wir alle von der Schöpfung des Kosmos an unterstellt sind, — und daß *keine* andere wie immer geartete Kräftekonstellation befähigt ist, unter diesen Umständen irgendetwas zu tun oder zu veranlassen, was wir nicht ausdrücklich erbeten oder als Ziel festgelegt haben.

D) Je länger das „Vakuum" der Gedankenstille anhält — zum Schluß des Experiments — um so besser ist es. Im Tiefenseelischen kann und muß man mit allem, auch dem Ungewöhnlichsten — nach beiden Richtungen hin — rechnen.

8. Die sechste Stufenfolge. Die endgültige Verabschiedung.

Hat man mit einer oder mehreren Ebenen Kontakt gehabt, muß man sie ausdrücklich verabschieden. Eine entsprechende suggestive Formel genügt dazu durchaus (z. B. „Mit Dank verabschiede ich mich von euch, und bitte, mir beim nächsten Mal wieder günstig gesonnen zu sein"). Hat man die Technik (nächtliche Tonband-Suggestionen) zuhilfe genommen, *muß* auch hier die Verabschiedung wiederholt werden.

9. Siebente Stufenfolge. Die Unwägbarkeiten.

Jedes Leben steht unter einem Verhängnis. Je mehr Leben *umgrenzt* wird — durch eine geregelte Tageseinteilung, durch festgefügte Hobbys und Vergnügungen, durch Familie, Betrieb, geordnete Verhältnisse und Lebensweise, und — vor allem — durch Vermeidung des „Schritts vom Wege" —, desto gesicherter wird im allgemeinen das Leben des Menschen. Die Imponderabilien — die Unwägbarkeiten — sind es, die das Leben und Geschick des Menschen gefährden: ein kleiner, aber verhängnisvoller Schritt abseits des genormten Weges, eine — vorbestimmte — „Schicksalstücke", Veränderung des Massenschicksals (Inflation, Arbeitslosigkeit, Krieg), eine große Liebe — die bald in kleine Stücke zerfällt — alle diese Momente, dazu die Gefahren der Straße, die Bedrohung von der Kriminalität her, von Unfällen, Krankheiten, Epidemien, machen jede menschliche Planung sehr oft — wir haben es ja erlebt — zunichte.

In Wahrheit gibt es im Menschenleben nur *eine* Sicherung gegen alle „genormten" und außerordentlichen Bedrohungen: das Ruhen in sich selbst, in seiner Weltanschauung, in den Erlebnissen seiner Seele — die ihm vermutlich, wie vielen Millionen anderen, einen unerschütterlichen Halt auch in Katastrophenlagen geben.

Wir alle — wir meinen besonders die Leser dieser Blätter — haben den „Weg nach Innen" gewählt — sonst läsen wir diese Zeilen vermutlich nicht.

Nun glaube aber niemand, gerade das weithin unentdeckte „Universum der Seele" sei frei von Gefahren. Wir haben eine Reihe von Bedrohnissen schon kennengelernt, wir werden eine weitere Reihe noch zur Kenntnis nehmen — und aus diesem Wissen und Erfahren wächst uns ein Schutz zu, der uns auch gegen die Schwankungen im seelischen Bereich absichert — soweit das überhaupt im „Großen Plane" vorgesehen ist.

Wer zu Stille- und Lichterlebnissen gelangt ist, weiß, daß alle Menschen im Grunde ihrer Seelenschichten —

gleich Tropfen im Meer — zusammengehören (wie wären sonst die Phänomene der Gedankenübertragung über Tausende von Meilen hinweg denkbar). Dieses dem Menschen allgemeine Fundament ist zweifacher Art:

einmal bilden alle Seelenkerne der gewesenen, der lebenden und der kommenden Geschlechter einen gigantischen Lichtkristall, den man „Allgeist" genannt hat, zum anderen bilden die archetypischen Grundschichten der gesamten Menschheit eine alle verbindende Einheit — daraus erklären sich unter anderem die erstaunlichen Verhaltensweisen der Masse (man vgl. le Bon „Psychologie der Masse").

Absicherungen auch im Seelischen — und besonders bei unseren Experimenten und Exerzitien und Übungen — ergeben sich durch Beachtung folgender Fundamentalsätze:

Da jede Handlung entsprechend der Verbundenheit Aller mit Allen immer wieder auf den Urheber zurückschlägt, vermeide man alles, was man sich nicht selber wünscht.

„Seitensprünge" — Abweichungen von den aufgestellten Stufen und Gesetzen — sind auch und besonders im Seelischen gefährlich, da man vielleicht noch weiß, wo man den ersten Tritt hinsetzte, jedoch nicht mehr, wo der letzte Schritt endet.

Wohl ist das Universum der Seele noch weithin unbekannt, doch sind immerhin einige Gesetze durch Erfahrungen bekanntgeworden. Eines der obersten Gesetze lautet, *keinerlei* Kontakte mit archetypischen Kräften etwa zu suchen oder gar Absprachen einzugehen.

Man weiß aus vielfacher Erfahrung, daß derlei „Kontrakte" auch mit anscheinend „guten Kräften" — fast immer einen Teufelskern enthalten.

Ein weiteres, unumstößliches Gesetz ist, daß man

stets *sich nur der Ebene nähern kann, die einem adäquat ist.*

Es gibt — im kosmischen Sinne, nicht im juristischen oder moralischen — eine strenge Trennung zwischen „gut" und „böse". Ein bildhafter Vergleich: je leichter eine Seele ist, je freier sie ist von Erdenlasten, von irdischen Wünschen und Begierden, um so eher darf sie sich ungefährdet in lichte Regionen wagen.

Die „schwere" — belastete — Seele sinkt nach „unten".

Da *diese Lichte oder Schwere jedoch bekannt sind* — überall im Kosmos — hat imgrunde Niemand nötig, irgendeine Bitte direkt vorzutragen — der stille Wunsch nach Abänderung eines peinigenden Zustandes schon wird erfüllt werden, meistens, bevor er noch ausgesprochen. Das ist keine blinde Glaubenslehre, das ist ehernes Gesetz.

Und wenn wir nach der Reinigungszeremonie und nach der endgültigen Verabschiedung uns noch eine kurze oder längere Zeit der Ruhe — vielleicht beglückender Nacherinnerung hingeben — dann dürfen wir uns auch in der Gedankenstille, im Vakuum, unbeschadet und ungefährdet den helfenden Kräften des Kosmos zuwenden, im Stillen vor ihnen unsere Sorgen ausbreitend — die ja meist Sorgen für andere sein werden.

Wer so arbeitet, ist ein Segen, eine Heilquelle für Andere, vielleicht sogar für viele Menschen, und *dem* fließt der Segen, den er so aussandte, vervielfacht zurück.

10. Achte Stufenfolge.

Abgrenzung zur rituellen „Beschwörung".

Die „Große Imagination" — also die Einstellung auf die höchsten Sphären des Kosmos, auf die edelsten Hüllen des Seelenkerns, auf alle die Gestalten und Wesenheiten, die diesen sogenannten Himmel mit Glanz, berauschenden Farben und Tönen erfüllen, — dieses Exerzitium ist eine Vorwegnahme höchster menschlicher Entwicklung, der unio mystica, der Vermählung, der Vereinigung mit dem Lichtmeer der Gottheit, wie es in einer fernöstlichen Lehre genannt wird.

Diese mit Recht Große Imagination genannte Versenkung in unsagbar vollkommene und beglückende Welten hat nichts, aber auch garnichts zu tun mit einer Imagination, die man „Beschwörung" (von Dämonen) nennt.

Diese Beschwörung wächst auf einem gänzlich *anderen* Acker. Sie ist eine selbständige Handlung für sich und unterliegt anderen — wegen der Autonomie der einzelnen Vornahmen auch strengeren — Gesetzen.

Wenn unsere Exerzitien — auch in Verbindung, also Koppelung, mit Tonbandsuggestionen während des Schlafs die *eine* — positive — Seite der Münze sind, dann sind die „Trips" in tiefenseelische Gefilde mit Hilfe von Halluzinogenen, die *andere* — negative Seite der Medaille. *Dazwischen* aber liegen die andernorts eifrig gepflegten okkulten oder magischen Praktiken, besonders die Beschwörung — möglichst die „in Dienst-Stellung" — archetypischer Kräfte gleich welcher Art (denn die Kraft, die sich zum *Diener eines Menschen* zwingen läßt, ist gleich der Art *des* Menschen, der die Beschwörung vornimmt). Der Mensch steht allein — die Dämonen aber, wenn sie „losgelassen", haben Scharen von Helfern zur Hand, und ihre Ziele sind klar: weitere Helfer zu gewinnen. Das Ende dürfte jedem ohne weitere Erklärung einleuchten.

11. Neunte Stufenfolge.
Fazit tiefenseelischer Manifestationen.

Vorstehend haben wir schon eine qualitative Klassifizierung in großen Zügen vorgenommen. Jetzt gilt es auf den

Kernpunkt unserer Bemühungen — aller Bestrebungen, Exerzitien und Übungen und Experimente — zu kommen.

Man hört oft sagen, daß alle Leute, die sich viel mit Psychologie und mit verwandten Gebieten beschäftigen, einen „Sparren im Kopf" hätten — falls man sich nicht noch drastischer ausdrückt. Abgesehen davon, daß in *allen* Fakultäten der Prozentsatz der Leute mit einem Sparren im Kopf ziemlich gleich hoch ist — wie unter allen Menschen überhaupt —, gibt es tatsächlich zwei Gruppen von Sonderlingen unter denen, die sich besonders für Psychologie interessieren, nämlich die Wissensdurstigen, und jene, die Psychologie — und das daraus zu schöpfende Wissen und Erkennen — lediglich als Mittel zum Zweck (zum Zweck der Machterweiterung) ansehen (von der dritten Gruppe, die nur egoistische, materielle Ziele verfolgen, brauchen wir hier nicht gesondert zu sprechen, denn man findet sie ja in allen Schichten der Bevölkerung). Für den Idealisten jedoch — und diese Zahl ist unter den Menschen auch unserer Zeit weitaus höher, als der „Mann auf der Straße" oder der Statistiker wähnen —, für diese seltene Gruppe von Menschen ist Psychologie, insonderheit der Weg ins „Innere" eine Art Glaubensbekenntnis, das Altruismus mit Forscherdrang verbindet.

Die Pluspunkte, die sich für Jene ergeben, die sich unseren Exerzitien ergeben, können nicht hoch genug eingeschätzt werden. Wir wollen von der Rückwirkung auf die irdische Welt, auf Umgebung und Schicksalswandlung, nicht noch einmal sprechen. Wir sprachen schon mehrmals darüber.

Daß darüber hinaus unsere Kenntnis der Welt und der Menschen weit das durchschnittliche Wissen von diesen Dingen überflügelt, wird Jedem einleuchten.

Uns will scheinen, daß der wichtigste Faktor die Tatsache ist, daß die *Enge unserer Welt* durch unsere Exerzitien gesprengt wird — praktisch ins Grenzenlose hinaus. Denn je tiefer man in die Tiefenseelischen Bezirke eindringt, um so mehr erkennt man, daß man immer wieder neue Tore aufstößt und neue Tore vor sich sieht — und hinter diesen Toren liegen ganze Galaxien von Welten, die der Wanderung, der Entdeckung, der Deutung harren, und — sicherlich — ihrer Einsetzung in den Rang, der ihnen auch in *unserer* Welt zukommt.

Aber auch hier ist noch kein Halt. Genau so, wie wir eine Welt nach der anderen entdecken, *entwickelt sich in uns* kongenial *eine Welt nach der anderen,* und das will in unserer Sprache besagen, daß uns immer größere, höhere, mächtigere Kräfte, Fähigkeiten, Kenntnisse, Hilfen zuströmen oder entwickelt und gesteigert werden. Daß wir über allem *ein gänzlich anderer* — ganz gewiß nicht schlechterer — *Mensch werden, sei nur am Rande vermerkt.*

Es ist doch so, daß wir bei unseren Exerzitien ein Höchstmaß von Selbstdisziplin, von Beherrschung, von Geduld und Zähigkeit, von geistigen und seelischen Kräften *gewinnen,* wie es auf keinem anderen Gebiete möglich ist.

Daß uns diese Tugenden und Möglichkeiten *auch* im Irdischen zugute kommen müssen, liegt klar auf der Hand.

Von uns wird nichts weiter verlangt — als das, was man vom Beamten oder anderen Berufstätigen erwartet, der vorwärtskommen will —, nämlich daß wir „bei der Stange" bleiben, daß wir uns und unserem Ziele nicht reulos werden, auch dann nicht, wenn es uns faustdick um die Ohren prasselt — denn Rückschläge bleiben dem Mensuchen auf keinem Lebenswege erspart, warum gerade auf unserem, der den *höchsten Zielen* zustrebt? Nehmt alles in allem — vor uns liegt mit unseren Exerzitien eine Hochschule, wie sie in früheren Zeiten nur den Auserwählten der Völker vorbehalten blieb — und wir sollten uns dieses Geschenks nicht dankbar erweisen, und mitarbeiten an einem Gebäude, wie es gigantischer auf Erden noch nicht errichtet wurde? Keinen Turm von Babel wollen wir bauen, sondern eine Welt der Harmonie, des Friedens, der Liebe, der Toleranz, aller jener Güter, die uns in unserem Wettbewerb nach oben den höchsten Rang zusichern.

Alle Exerzitien, die wir hier nennen — sofern sie nicht ein Warnungssignal vorzeigen — sind gleichsam ein geebneter Weg in sonst verschlossene Welten, denn Bewußtseins-Erweiterung ist nichts mehr und nichts weniger, als die Eintrittskarte in ein völlig neues Universum, das der Schritte neuer Pioniere harrt.

XXXVI.
Giftige Blüten

XV. Experiment
Zur Warnung allen Unkundigen

1. Vorbedingungen des Versuchs
2. Vorbemerkungen zur Verwendeten (halluzinogenen) Droge
3. Der Beginn
4. Das „Ereignis"
5. Abdankung
6. Nachwehen
7. Mögliche Gefahren und Folgen

1. Vorbedingungen des Versuchs mit cannabis indica

Wie man „ungezielt" in die Leere oder Gedankenstille gehen kann, um nach gründlicher Aus- und Vorbildung Kenntnisse in fremden Welten zu sammeln, so kann man auch — mit Hilfe von Halluzinogenen — ganz *plötzlich* sich in einen tiefenseelischen Zustand versetzen und nach der Zielsetzung mit einer bestimmten archaischen Kräfteballung — wir nennen sie hier „Dämon" — Kontakt aufnehmen: was man ja nicht einmal unter den Bedingungen unserer Exerzitien tun sollte, am wenigsten aber unter Rauschgifteinfluß, wenn die Willens- und Abwehrkraft so weit herabgemindert sind, daß von ihrem Vorhandensein schon nicht mehr zu sprechen ist.

Wir haben mehrmals über die Folgen des Mißbrauchs von Drogen berichtet und einige extreme Fälle angeführt.

Jetzt wollen wir einmal — unter den von uns vorgeschriebenen und kontrollierten Bedingungen — *praktische Versuche* mit Psychodelika *miterleben,* um ganz genau zu erfahren, was mit uns geschieht, wenn wir uns unkontrollierten Kräften hingeben.

Vielleicht ist es einem Teil unserer Leser bekannt, daß gerade bei Haschisch die suggestive Imagination — also die Grundeinstellung des Experimentators — maßgebend ist für die *Wirkung, für die Wirkungsfolge* nach der Einverleibung des Narcoticums. Zudem ist es möglich, sich auch auf eine bestimmte archaische Kraft — oder besser: Kräfteballung einzustellen, um mit ihr in Kontakt zu gelangen.

Weiter muß hier angemerkt werden, daß Haschisch oder Marihuana qualitativ recht unterschiedlich „in den Handel" gebracht wird. Es gibt — als *echtes, unverfälschtes* Gift des indischen Hanfs das Harz der Blüten weiblicher Pflanzen, das nach einer Sonderbearbeitung „reif", also gebrauchsfertig, ist. Immer muß die Hanfpflanze in warmen, also tropischen Gegenden gewachsen sein, weil sie andernfalls die hier infrage kommenden Eigenschaften nicht entwickelt.

Weiter werden von der Cannabis-indica-Pflanze die Blätter getrocknet, behandelt, und für „Joints" (Zigaretten mit Marihuana) verwendet. Alle Präparate kommen — je nach dem gewünschten Erlös, in mehr oder weniger reiner Form zum Verkauf.

Am stärksten wirkt eine Essenz aus dem Harz der weiblichen Blüten-Pflanze der cannabis indica. Es handelt sich hier um eine Konzentration der ursprünglichen „reinen" und einfachen Substanz.

Zu den Vorbedingungen des Versuchs — um ihn einigermaßen unter Kontrolle zu halten — gehörten:

a) ein abgeschlossener Raum mit einer Couch und einem abseits stehenden bequemen Sessel;
b) absolute Ungestörtheit;
c) Verwendung des Konzentrats, also der stärksten Dosis von Haschisch.
d) Die Versuchsperson, die wir Gerson nennen wollen,
e) eine parapsychologisch erfahrene Persönlichkeit, um notfalls eingreifen zu können.

2. *Vorbemerkung zur Verwendung der halluzinogenen Droge*

Die Versuchsperson (Vp oder Gerson) mußte nüchtern sein, frisch, durch ein bestimmtes Training auf den Versuch vorbereitet, um keinem (psychischen) Schock zu erliegen (für andere Schockwirkungen stand die Kontrollperson zur Verfügung).

Die Droge wurde in warmem Zuckerwasser aufgelöst und oral vereinnahmt, das heißt: getrunken.

Die Vp. legte sich sodann auf die Couch, die Kp (Kontrollperson) nahm ihren Platz im seitwärts stehenden Sessel ein.

Die Wirkung der Droge hängt nicht nur von der augenblicklichen Gemütsstimmung der Vp ab, sondern auch von ihrer (suggestiven) Zielsetzung *und* von ihrem Reifegrad, also von dem geistig-seelischen Entwicklungsstand des Betreffenden.

Alle Phänomene, die durch systematisches Exerzitium erlebt werden können, also nach geistig-seelischer Vorbereitung und „Angleichung" an die gewünschte Ebene, können — lehrt die Erfahrung — durch Halluzinogene *plötzlich* herbeigeführt werden.

In dem folgenden Versuchsprotokoll — das nachträglich von Herrn Gerson erstellt wurde — werden uns die einzelnen Etappen des Versuchs aus der Sicht der Vp vorgeführt.

3. Der Beginn

„Nachdem ich mich auf das Ruhebett gelegt hatte", berichtete Gerson später, „entspannte ich mich, entlasse alle meine Empfindungen, Gedanken und Vorstellungen bis auf die eine: mir imaginativ die archetypische Gestalt vorzustellen, mit der Kontakt aufzunehmen mein (vor dem Versuch suggestiv formulierter) Wunsch war.

So gebe ich mich zwar leicht unruhig, aber einigermaßen gelassen dem erwarteten Ereignis hin. Mein Freund sitzt einsatzbereit im Hintergrund, für den Notfall gerüstet, denn unberechenbar, unerforscht sind die dunklen Mächte, die ich beschwöre. Es ist später Nachmittag, die Dämmerung senkt sich langsam nieder. Das Zimmer ist unbeleuchtet und liegt im Schatten des herabsinkenden Abends.

Eine bleierne Müdigkeit überfällt mich, doch mein Verstand ist durch die erfahrene Schulung hellwach und kritisch. Mein Puls hämmert ein wenig. Mir ist das Zeitgefühl abhanden gekommen. Ich glaube, nur einige Minuten so gelegen zu haben. Später hörte ich, daß bereits mehr als eine halbe Stunde* vergangen war. Das durch einen Vorhang verdeckte Fenster liegt hinter mir. Vor mir, in der einen Ecke, in der ein Schrank steht, leuchten plötzlich phospherizierend zwei grünlich schimmernde Augen auf, große, starre, unheimlich drohende Augen, nur Augen, nein, mehrere Augenpaare, nur Augen, Augen, Augen, kein Körper. Oder, vielmehr, der ganze Raum schien der Körper dieser Augen-Unzahl zu sein, denn plötzlich *lebte* der Raum, er bewegte „seine" Glieder, hin und her, auf mich zu.

Ich schließe die Augen, um mich weisungsgemäß zu konzentrieren, da nähert sich mir unversehens ein sonderbares Etwas, schleimig, kalt, legt sich mir auf den Körper, plötzlich sind Hände da, greifen nach meinem Hals.

Entsetzt fahre ich hoch, greife nach der ungreifbaren,

---
* nach Einnahme der Droge

körperlosen Masse, die mich trotzdem weiter umklammert, ich stoße gegen etwas Nachgebendes, gallertartig-Widerliches, Weiches, endlich Nachgebendes.

4. Das Ereignis

Ich spreche, jetzt völlig wach, einen Bannspruch. Der unheimliche Körper, plötzlich kompakter, zusammenhängender Körper, weicht zurück, zischt böse:

‚Du wolltest mich sprechen — was also willst du?'

Eine große Masse wächst vor mir auf, nimmt die Form eines überdimensionalen Mannes mit riesigen, grünlich schimmernden Augen, im dunklen Habit, an.

‚Wie ist dein Name?' — frage ich bebend. Ich halte nach dem Freund Ausschau, der irgendwo in der anderen Ecke sitzen muß, in der Ecke, die durch Dunkelheit verborgen ist. Ich weiß, daß sein Eingreifen erst erfolgen soll, wenn ich ihn ausdrücklich rufe.

‚Ich frage ja nicht nach deinem Namen', erwidert jetzt drohenden Tones das grausige Wesen.

‚Dann sag' mir bitte, woher du kamst' frage ich mit letztem Mut.

‚Das solltest du wohl wissen' antwortet das Phantom.

Weitere Fragen beantwortete der Schreckliche nicht, aber er bemühte sich, wie ich empfand, *mich aus meinem Körper zu zerren.*

Da rufe ich in letzter Furcht, fast überwältigt von Grauen, den Namen des Freundes. Er eilt herbei.

Ein Buch fällt polternd vom Schreibtisch, eine Kerze, die mein Freund entzündet hatte, erlischt jäh. Ein strenger Geruch breitet sich im Raume aus. Der Eindringling, den ich beschworen hatte, schien verschwunden.

Halluzination? Vision? Künstlicher Wahnsinn? „Lebend" gewordene Ur-Wesenheit? Elementarwesen, durch vorübergehende Erweckung sonst schlummernder Sinne

und Kräfte personifiziert, zur Wirksamkeit, der verderblich scheinenden, aufgerufen? Täuschung, Einbildung, Traum, Albdruck?
Für mich gab es nichts Wirklicheres als das Erlebte.
Der Beobachter freilich sah nur meine Erregung, hörte mich mit Jemanden sprechen, sah meine Abwehrbewegungen, hörte meinen Ruf, eilte herbei, sah und hörte das unmotivierte Fallen des Buches, registrierte das Verlöschen der soeben angezündeten Kerze, spürte wie ich den strengen Geruch, der zurückblieb.
Wahrgenommen hat mein Freund die gräuliche Gestalt nicht. Also doch nur Halluzination? Das Fallen des Buches ein sonderbarer Zufall?
Oder konnte jemand Anderer das Phantom nicht erkennen, weil er nicht den „Zaubertrunk" genommen hatte?
Was wäre geschehen, wenn er nicht zu Hilfe geeilt wäre?"
So endete dieses Versuchsprotokoll.

5. Abdankung

Die Erscheinung des Archetyps, vermutlich der „Hüter der Schwelle", war so überraschend, daß Außenstehende sich so blitzschnell nicht auf die Ebene der handelnden Gestalten einzustellen vermöchten. Immerhin hatte der Zutritt der Kontrollperson die Gestalt vertrieben.
Zur Sicherheit rieten wir dem Experimentator, die formelle Reinigungszeremonie und Abdankung vorzunehmen. Der Geruch verriet eindeutig, daß die Kraft noch nicht gänzlich verschwunden war, sich vielleicht nur dematerialisiert hatte.

6. Nachwehen

Noch tagelang stand Gerson unter merkwürdigen Belastungen. Das „Katergefühl", die Folge des „Giftgenusses", war zwar einkalkuliert und konnte medikamentös behoben werden, jedoch die *Träume*, die Gerson noch fast eine Woche lang heimsuchten, waren imgrunde nur Wiederbelebungen der unter Cannabis-Eindruck beschworenen dämonischen Erscheinung.

Die Versuchsperson wurde zu strengen Meditationen angehalten, und mit der Zeit stellte sich der „Normalzustand" wieder her.

7. *Mögliche Gefahren und Folgen*

So kurz das Experiment war, so hat es doch alle Momente einer echten archetypischen Erscheinung und die damit zusammenhängenden Faktoren deutlich gezeigt:

a) Der Reifegrad der Versuchsperson war der Erscheinung nicht angepaßt, also auch nicht gewachsen.

b) Diese Situation wurde sofort und brutal vom Phantom auszunutzen versucht.

c) Man stelle sich anstelle dieses geordneten Versuchsablaufs die Lage eines Menschen vor, der *allein* sich einer halluzinogenen Droge hingab — ohne die Konsequenzen auch nur zu *ahnen* — und die Schrecken, die ihn überfallen mußten — und das denkbare Ende des „Versuchs".

d) Die Beschwerden der Versuchsperson rührten vornehmlich von dem Kräfteentzug her, dem er durch die Erscheinung der archetypischen Kraft ausgesetzt gewesen war. In einem anderen Falle hätte das leicht zu einem völligen Kräftezusammenbruch führen können.

e) Die „Anwesenheit" einer Kraft dokumentierte sich eindrucksvoll durch zwei materielle Aktionen, so harmlos sie erschienen: durch den „Fall" eines schweren Buchs von ebener Fläche, und durch das Auslöschen der Kerze. — Beispiele sind die deutlichste Warnung.

XVI. Experiment mit Bilsenkraut

1. Vorbemerkungen und Droge
2. Start
3. Am Ziel
4. Verabschiedung
5. Gefahren und Folgen

1. Vorbemerkungen und verwendete Droge

Das Bilsenkraut (lat. Hyoscyamus niger) ist von altersher als Mittel zu „Liebeszauber" und als Bestandteil von „Hexensalben" bekannt. *Allein* steuert es nur einen Teil zum Hexentrank bei, nämlich die plötzliche und vorübergehende Fähigkeit, „Halluzinationen" gezielt zu erzeugen, oder — in unserer Terminologie — Imaginationen mindestens „sichtbar" zu machen, das heißt, in der benötigten Weise — die der Zielsuggestion entspricht — zu materialisieren.

Auch zu Hellsehversuchen wurde das Bilsenkraut verwendet, aber auch hier dürfte — in unserer Sicht — der Wirkungsbestandteil des Bilsenkrauts (vorausgesetzt eine genaue Dosierung) zu teilmanifestierten Imaginationen und dem dazu gehörenden Bewußtsein-Zustand — eine Art Trance — führen.

Bis in die jüngste Zeit hinein wurde ein aus Bilsenkraut gebrauter Extrakt auch als Aphrodisiakum verwendet, und da es — in geringer Dosis und bei *nicht* gezielter Suggestion — tatsächlich wollüstige Vorstellungen und „Träume" fördert, ist die aphrodisiakische Wirkung durchaus glaubhaft.

Das vorliegende Experiment — wiederum mit Gerson als Versuchsperson — sollte dem Zwecke dienen — gegen allen besseren Rat — in einer Vision oder Imagination einen Hinweis auf erwünschte Beseitigung einer Notlage zu erhalten.

Unter den nötigen Schutzvorkehrungen (vgl. Experiment XV) und unter Beisein einer zweiten Person, die in einem etwaigen Notfall eingreifen sollte, wurde das Experiment „ordnungsgemäß" geplant und durchgeführt.

2. Vorbedingungen des Versuchs, Start

Gerson nahm eine genau berechnete Dosis von Hyoscyamus niger. Das Zimmer ist diesmal vollkommen abgedunkelt, nur eine schwache, violett gefärbte Glühbirne gibt gespenstisches Licht.

Die Vp. setzte sich in völlig entspannter Lage vor einen hohen Standspiegel, um unter der „Dopplerwirkung" des Spiegels vielleicht bessere Imaginationsbedingungen zu erhalten. Das Licht fiel über den Rücken der Vp. auf den Spiegel.

Aber lassen wir jetzt wieder das nachträglich durch Gerson erstellte Protokoll sprechen, um einen unmittelbaren Eindruck von der Wirkung der Droge zu erhalten.

Gerson schrieb:

„Nach Überwindung einer leichten Übelkeit und erhöhter Herzfrequenz kam nach einer Zeit, die mir recht kurz vorkam, ein Gefühl des „Freiseins" über mich. Das starre Sehen auf den Spiegel, ohne die Lider zu bewegen, ist mir an sich recht anstrengend, doch scheinbar unter der Wirkung der Droge gelang mir diese Übung nahezu spielend. So rauschten, wie ich glaubte, die Minuten in meinen Ohren — verwehten in der Ewigkeit.

Plötzlich entdeckte ich etwas Überraschendes. Aus dem Spiegel schlugen eine Art Strahlen, wie Sonnenprotuberanzen etwa, nur nicht vom Rande des Spiegels her, sondern *aus* dem Spiegel heraus, beinahe wie Flammen.

Dann ereignete sich noch etwas Merkwürdiges: ich sah den Spiegel nicht mehr: ich schien *in* ihm zu sein — oder er war verschwunden. Jedenfalls nahm ich nichts mehr von der Umwelt wahr, vergaß auch mich völlig, erlebte nur noch.

Ich befand mich in einer Art von dunklem Verließ. Der Spiegel bildete einen phosphoreszierenden, dunklen, unbegrenzten Hintergrund, der aber auch aus den Wänden um mich herum bestand, ja, auch aus der Wand hinter mir gebildet wurde, die ich plötzlich auch „sah" — obwohl ich ihr den Rücken zukehrte.

Ich hatte den Eindruck, in einen anderen Bewußtseinszustand geglitten zu sein, in dem *alles* möglich zu sein schien. In dem dunklen Verließ, in dem ich mich befand, sah ich schemenhafte Gestalten huschen..., dann Farben, prächtig leuchtend, während ein unbestimmtes Brausen irgendwo im Hintergrund nach vorn kam und sonderbarerweise auch zu Farben wurde.

3. Am Ziel

Und dann war plötzlich so deutlich, daß ich glaubte, es mit Händen greifen zu können, ein Bild da, das erwartete, suggestiv imaginierte Zeichen, wenn man will: ein Symbol:

Ich sah ein großes, schweres Buch, einer Bibel vergleichbar, auf ihm, mit schwingenden Flügeln, ein Bussard. Ein Bild, wie aus einem Wappen geschnitten, eine Allegorie sicherlich, doch mir war klar, daß ich die Bedeutung *wußte*.

Und als dieses Wissen ganz klar wurde in mir, da rief ich meinem Freund.

In diesem Augenblick schien der Bann gebrochen, der Zauber zerstört, das Normalbewußtsein — wenn auch etwas getrübt — zurückgekehrt. Der Raum um mich wurde wieder zu einem Zimmer und dem Spiegel.

Der Spiegel rückt aus seiner Entrissenheit wieder in die Ordnung dieser Welt.

Und auch ich bin wieder „da", wenn auch mit schwerem Kopf, schmerzenden Augen. Mein Freund flößt mir etwas ein. Es hilft, mir die Klarheit des Denkens zurückzugeben.

Ich schildere ihm, was ich sah:

Unser Familienwappen — Sie wissen, unsere bäuerische Familie ist schon uralt — ist ein Eichenzweig mit einem Bussard. Was aber soll die Bibel bedeuten? Wir haben eine Familienbibel, aber die wird nur — weil sie so groß und so schwer und leicht verletzlich durch ihr Alter ist — nur bei großen Anlässen hervorgeholt, bei Geburt eines Stammhalters etwa, oder bei einem Todesfall. Mein Freund erwiderte darauf:

‚Nach deiner Fragestellung scheint mir das Symbol doch eine recht klare Antwort zu geben: Ist jemand aus eurer Sippe hochbetagt, und hat er vielleicht — vielleicht auch an dich — ein Erbe zu vergeben?'

Das Sonderbarste an der ganzen Geschichte war, daß mich anderntags ein Telegramm nach Neualsenburg rief, wo mein Großvater im Sterben lag. Sein Erbe erlaubte mir dann, die Buchhandlung zu erwerben, die noch heute meine Existenzgrundlage darstellt.

4. Verabschiedung

Es genügt nicht, aus einem „anderen" Bewußtseinszustand in den normalen Zustand zurückzukehren. Es können sich bei dem Experiment „Reste" der angerufenen Kräfte zurückgehalten haben, es können sich bei der Versuchsperson, durch Willen, Übung und Droge hervorgerufen, Teilchen des Od-Astralkörpers gelöst haben, oder auch nur leichter lösbar geworden sein, so daß eine „Verdichtung" der angerufenen Kraft — die hier direkt nicht in Erscheinung trat — jederzeit wieder möglich war. Deshalb bestanden wir darauf, daß regelrecht die „Reinigungs-Zeremonie" und die der „Verabschiedung" vorgenommen wurden.

5. Gefahren und Folgen

Werden die beiden Verfahren der Reinigung und Verabschiedung unterlassen, können nicht nur „geisterhafte" oder „koboldartige" Erscheinungen und Manipulationen in Wirksamkeit gesetzt werden, sondern die größere Gefahr wäre dann nicht auszuschalten, daß irgendeine tiefenseelische Wesenheit der archaischen Welt versucht, *Besitz* von der Versuchsperson zu ergreifen, die ja gewissermaßen mindestens „den kleinen Finger" dem Argen entgegengestreckt hatte. Was stets als Aufforderung verstanden wird, sich nicht nur der ganzen Hand, sondern des ganzen Menschen zu bemächtigen.

Die Vp. hatte den Eindruck, nur Minuten „im Spiegel" verbracht zu haben. Tatsächlich hatte das Experiment mehr als zwei Stunden gedauert.

Wer im Drogenrausch mehrere Stunden zugebracht hat, in einem Bereich, der normalerweise nicht zugänglich ist, hat gleichsam „den Schlüssel in der Tür" gelassen — unverhofft kann sich die Pforte öffnen, und entweder unerwünschte Kräfte aussenden oder den Frevelnden greifen und „hinunter" zerren.

Diese Gefahren bestehen bei einer systematischen Absolvierung unserer Exerzitien *nicht*. Im Gegenteil: die Ausschließlichkeit, mit der z. B. die Vp. „drüben" war, enthält eine bestimmte Begrenztheit — und die gibt es nach systematischem Training nicht. Und nur deshalb können wir bei Absolvierung unserer Übungen von *echter* Bewußtseinserweiterung, verbunden mit Souveränität, Freiheit und dem Gefühl der Erlöstheit, sprechen.

Vor allem: als Folge der regelrecht absolvierten Exerzitien *bleibt* die Fähigkeit, jederzeit Zugang zu den anderen Welten zu erlangen, während sie sonst jedesmal mit Einnahme einer Droge verbunden ist — kommuniziert mit allen Gefahren, die ihr anhängen.

XVII. Experiment: Hexensalben

1. Das Besondere der Hexensalben
2. Das „Arbeiten" mit Hexensalben
3. Zielsetzungen
4. Ein gefährliches Experiment
5. Und seine Ergebnisse

1. Das Besondere der Hexensalben

Hexensalben — also eine Mischung von „Halluzinationen" erzeugenden Kräutern und Früchten aus der Werkstatt unserer Wälder, Wiesen und Raine, ein Absud dieser Kräuter vermischt mit Schweineschmalz — sind sozusagen pures Gift.

Wollte man den aus vier bis fünf Ingredienzien herausdestillierten Absud unvermischt trinken, wäre ein schauerlicher Tod die Folge. Natürlich kennt jeder die Gefahren von Nachtschatten, Schierling, Bilsenkraut und anderen Bestandteilen von Hexensalben, wie etwa Tollkirsche und bestimmten Giftpilzen. Aber weiß jeder auch von der sich vervielfältigenden Wirkung dieser Ausgeburten der Natur? Selbst in einer Lösung von Alkohol: Tinktur, in einem Verhältnis von 100:1, ist diese sich vervielfältigende Wirkung noch so sehr viel giftiger, als etwa der verdünnte *Einzelbestandteil* des Destillats.

Schon die tragische Rolle, die unsere heimischen Giftkräuter als Bestandteile der Hexensalbe gespielt haben, sollten uns zurückschauern lassen vor diesen wahrhaft höllischen Mixturen. Der Mensch ist bekanntlich ein sonderbares Wesen. Oft will er mit aller Gewalt — und sei es unter Einsatz von Gesundheit und Leben — prüfen, ob Dinge, die überliefert wurden, auch tatsächlich einen Wahrheitsgehalt haben.

So ging es auch unserem Freund Gerson, dem bisherige,

harmlosere Experimente offenbar nichts anhaben konnten, und der deshalb danach lechzte, die Wirkung der Hexensalbe auszuprobieren. So kam es zu dem nachfolgend geschilderten Versuch.

2. Das „Arbeiten" mit Hexensalben

Wer die Grenzen eines Versuchs eng absteckt, wer die Dinge kennt, um die es hier geht, und wer schließlich glaubt, der Welt einen korrekt durchgeführten Versuch mit „Augenzeugenbericht" schuldig zu sein — nun, den kann man schwerlich zurückhalten. Man kann nur durch allerlei Maßnahmen die Risiken einschränken, und im übrigen die Tinktur so stark verdünnen, daß das Experiment zeitlich so begrenzt wird, daß Störungen oder Schäden nahezu unmöglich eintreten können.

Unmöglich ist ein Begriff, der in den anderen Welten genau so wenig gilt, wie etwa Zeit und Raum oder Beschränkung durch materielle Widerstände.

Mit Hilfe von Hexensalben kann man — die rechten Mischungsverhältnisse vorausgesetzt — praktisch jede imaginatorische Zielsetzung derart erreichen, daß man glaubt, innerhalb der imaginativ geschaffenen Welt wirklich zu sein und zu leben.

3. Zielsetzungen

Weil es möglich war, durch immer wieder neue Kombinationen der genannten Hexenkräuter, zu denen auch das Stechapfelgewächs, der Stechapfel besonders, gehören, immer wieder neue Erfahrungen zu sammeln, und weil man schließlich herausfand, daß die erregendsten Erlebnisse in einer Art wiederbelebten Saturnalien zu erreichen waren, kristallisierte sich das Interesse besonders im Mittelalter mehr und mehr auf jene, nun schon fast legendär gewordene Mischung, die „eigentlich" die richtige Hexensalbe ist, jene Mischung, die „nach einer Reise" in ein bestimmtes Höhengebiet (Mittelgebirge) entführte, auf dem ein Stelldichein der wüstesten archaischen Kräfte des Tiefen-Menschen stattfand. Wir sagen nicht Tiefenseelischen Menschen. Denn was sich „an diesem Ort" — der ja niemals „wirklich" besucht wurde, abspielte — und jederzeit abspielen kann, die Versuchsbedingungen streng eingeschlossen — kann kaum durch die menschliche Feder beschrieben werden. Eine *andere* Mischung der Ingredienzien wiederum bewirkt andere Resultate. Gerson hatte bestimmte Vorstellungen von dem, was er zu „finden" hoffte. Nach dem Kriege herrschte eine arge Not, seine Buchhandlung war ein Opfer der Kriegsflamme geworden, und seine täglichen Sorgen teilte er mit den uns'rigen.

Folgende Zielsetzungen sind — je nach Zusammensetzung und Mischungsverhältnis — mittels Hexensalben *imaginativ* erreichbar:

a) Erlebnis von Saturnalien, oder — wie der Volksmund prägte — einer „Walpurgisnacht auf dem Blocksberg".
b) Andere Imaginationen nach vorher eingeprägten Suggestionen, wobei der Vorarbeit große Bedeutung zukommt, um ein „Vom-Weg-Abirren" zu vermeiden.
c) Erlebnisse oder Wunscherfüllungen vielerlei Art.
d) Beschwörung von archetypischen Kräften.
e) Beeinflussungen anderer Menschen, ein Vergehen, das niemals ungestraft bleibt.

Gersons Zielsetzung lag im Materiellen begründet; da eine unverschuldete Notlage vorlag, war sein Begehren nicht unbedingt anfechtbar.

In diesem Experiment werden zwei Momente besonders deutlich

A) Die Gefährlichkeit für jeden Uneingeweihten, der sich vielleicht auch noch im rechten Mischungsverhältnis der Drogen vergreift.

B) Die „Anpassung" selbst der bösen Kräfte an den ethischen Reifegrad der Versuchsperson.

Darüber hinaus aber brannte im Hintergrund die furchtbarste Gefahr — über Gesundheit und Leben weit hinausgreifend —, die Versuchung, mit den dunklen Mächten einen Pakt zu schließen — die *Annahme* eines Vorschlags schon ist ein Kontrakt! —, der den Verlust der unsterblichen Seele — ihre Bannung in die Bereiche der finsteren Archetypen oder ihre Zertrümmerung — unweigerlich nach sich zieht.

4. *Ein gefährliches Experiment*

Da Gerson für die Durchführung seiner Suggestion den somnambulen Tiefschlaf brauchte — seine Entwicklung war damals noch nicht so weit fortgediehen, daß er über die „Stille" hinauskam —, wurden die Hexenmittel im rechten Verhältnis mit natürlichem Fett gemischt und in die Haut appliziert.

Hier der Bericht Gersons:

„Ich hatte mich bequem niedergelegt, mein Freund saß neben mir. Wir warteten auf den Erfolg.

Ich entglitt rasch in das Reich der Schatten — und hatte später den Eindruck, einen großen Teil meines Lebens dort verbracht zu haben.

Nach der abklingenden Start-Erregung überfiel mich Müdigkeit. Dann aber weiteten sich die Räume, und ich flog — auf irgendeinem sonderbaren Gefährt sitzend — hinaus, dahin über Landschaften und Städte, über Wälder und Seen.

Langsam näherte ich mich einer Bergkuppe.

Dort erwartete mich eine bunte, ja, erschreckend vielgestaltige Gesellschaft. Es war tiefe Nacht, sternenlos und finster, einige brennende Reisigbündel warfen Licht auf die sonderbaren Wesen um mich, erzeugten abenteuerliche Reflexe.

Ich kümmerte mich — meines Auftrages eingedenk, der unverrückbar in mir feststand — um nichts, ich hörte nicht auf die lockenden oder höhnischen, aufreizenden Worte, die man mir allenthalben zurief. Ich suchte unverdrossen nach einer bestimmten Gestalt, die mir seit den ‚gesetzten' Suggestionen ‚vor Augen' stand. Plötzlich drängte sich durch die Menge, die das Plateau ausfüllte und mich bedrängte, eine hagere, kleine Gestalt in rotem Rock.

‚Wir haben dich erwartet, Freund', sagte der Redegewandte, ‚tritt unserer Vereinigung bei — und es soll dir künftig an nichts mehr fehlen!'

‚Ich suche weder dich noch deinesgleichen', versetzte ich schroff. Ich sah weiter suchend um mich, ohne mich um den Rotgewandeten zu kümmern. Abseits sitzend entdeckte ich auf einem Baumstumpf sitzend einen alten Mann, der mir nicht in die finstere und ausgelassene Gesellschaft zu passen schien. Er kam mir merkwürdig bekannt vor. Denn er entsprach in etwa meiner suggestiv-imaginativen Vorarbeit. Ich schritt auf ihn zu. ‚Sind Sie es, der mir die verlangte Auskunft geben kann?' fragte ich unumwunden.

‚Ob Sie denen gehorchen oder mir, junger Mann' erwiderte wehmütig der Alte, ‚ist gleich. Das Ergebnis wird für Sie immer dasselbe — das Schrecklichste sein!'

Selbst in meinem ‚Traumgesicht' erschrak ich heftig. Mit bebender Stimme verteidigte ich mich: ‚Ich will nichts für mich. Was etwa ich erhalte — ich will es in den Dienst der Menschheit stellen!'

Der Alte erhob sich, und ich erkannte einen alten Mann, der in meiner Nachbarschaft wohnte, den ich als Eigenbrötler kannte, und den ich mir unbewußt als Ziel vorgestellt hatte. ‚Solange Sie sich dieser Verpflichtung bewußt sind, wird Sie der Fluch nicht treffen, der an jede Gabe dieses Ortes gebunden ist. Warum aber fragen Sie nach einem Schatz? Graben Sie am Ort, an dem Sie wohnen —

dort finden Sie der Schätze genug!' Irgendwie im innersten befriedigt, wurde ich allmählich an den Ort meines Starts zurückversetzt, doch man verfolgte mich. Ich fühlte, wie Greifer an meinen Armen und Beinen zerrten, wie sich eine riesige Hand um meine Kehle legte. Ich schrie, aber ich hörte später, daß ich keinen Ton herausgebracht hatte. Die Schrecken dauerten eine Unendlichkeit an, böse Gesichter schoben sich vor meine Augen, brutale Stimmen forderten mich zum ‚Beitritt' auf, sonst müßte ich mein Leben dort lassen."

Soweit der Bericht Gersons, der rund zwei Stunden nach Beginn des Experiments langsam zu sich kam, mit bleichem Gesicht, schweißbedeckt, Furcht in den Augen. Erst allmählich schien er zu erkennen, wo er sich befand.

„So bin ich doch wieder zurückgekommen" stammelte er.

Die Versicherung, daß er keinen Augenblick die Couch verlassen habe, nahm er fassungslos entgegen.

Die Erklärung, daß er sich wohl gewunden, mit Armen und Beinen um sich geschlagen, wiederholt wie ein Erstickender nach seiner Kehle gegriffen, vergeblich versucht habe, sich mündlich bemerkbar zu machen, stieß anfangs ebenso auf Unglauben.

Bis er wieder ganz zu sich gekommen war. Da glaubte er, daß er ein unvergeßliches, schreckliches Erlebnis *in seinem Innern* gehabt habe, und daß der Versuch unter weniger günstigen Umständen recht ungünstig für ihn hätte ausgehen können.

Diese Experimente

5. Und ihre Ergebnisse

liegen seit vielen Jahren in der Erinnerung — und im Tagebuch — begraben.

Seither haben wir niemals wieder bei derartigen Versuchen mitgewirkt, so großherzig oft die Einladungen und Angebote waren. Denn unbeteiligter Zuschauer kann man ja niemals sein. Gerson beseitigte nach und nach mit Hilfe einiger Nachbarn die Trümmer von seiner zerstörten Heimstatt und der Buchhandlung. Unter den Trümmern fand er — fast völlig unverdorben — eine Anzahl wertvoller alter Handschriften, die ihm später ein kleines Vermögen einbringen sollten.

Heute bedarf man der Hexensalben nicht mehr.

Eine Prise LSD oder verwandte Halluzinogene tun die gleichen „Dienste".

Wohl dem, der die Finger von dieser Art von Experimenten läßt. Es kommt in der Praxis nicht eben selten vor, daß man um Hilfe gegen lästige „Eindringlinge" gebeten wird. In neun von zehn Fällen kam diese Bitte zu spät. Es war keine Hilfe mehr möglich, da der Tod die Qualen abgelöst hatte — oder eine völlige geistige Umnachtung, die schlimmer ist als der Tod.

Wir sind der letzte, der Erfolge versprechende Experimente ablehnt, wo aber Einsatz und Risiko *zu* hoch sind — und in keinem Verhältnis stehen zum etwaigen Erfolg — davon soll man doch wohl besser die Finger lassen.

Ist das nicht auch Ihre Meinung?

XXXVII
Achtzehnte Exerzitien-Reihe: Weitere Sonder-Exerzitien. Übungen der leichten Hand, der kunstvollen Ergänzung, und Erweiterung der Hilfe mittels Technik.

1. Übungen der „leichten Hand"

Wer schwimmen will, muß sich ins Waser stürzen, und wer einen Zaun überspringen will, werfe sein Herz vorweg hinüber.

Wie wär's, wenn Sie, freundliche Leserin, geschätzter Leser, einmal ohne jede Vorrede und Einleitung, „einfach so", zu üben beginnen würden?

Mit irgendeiner Vorübung einsetzen etwa, die schon für Ihr persönliches Wohlergeh'n eine wichtige Stufe bedeuten könnte, Sie dazu im Leben vorwärts bringt (statt durch Stress-Wirkung zurückzuwerfen), und obendrein schon eine der ersten Stufen ist zu einer der Grundexerzitien, die wir hier aufgestellt haben?

Wir beginnen — ganz schlicht und einfach — zum Beispiel die Entspannungsübung zu einer bestimmten täglich oder abends möglichen Zeit. Sie legen sich nieder, lassen sich „fallen", und entspannen sich und den ganzen Körper gänzlich, lassen Gefühle und Gedanken sich ruhig austoben, ebenso die Geräusche, die sie von der Außenwelt her anfangs zu stören versuchen, Sie kümmern sich um nichts, sind so herrlich ohne jedes Wollen, ohne jedes Müssen, ohne jede Verantwortung, *frei* im Sinne des Wortes, — und harren einfach der Dinge, die da kommen sollen.

Sie können aber auch — ebenso leicht und einfach und vorbehaltlos — mit dem Sprechen der Vokale in die Füße beginnen — haben Sie diese Übung nicht wieder und immer wieder aufgeschoben?

Diese „Buchstaben-Übung" führt ebenso zur Entspannung, zur Abkehr von der Welt mit ihren Mißhelligkeiten und Sorgen und — ja, auch — Freuden. Sie ist nur — im Gegensatz zur einfachen Entspannung — schon ein direkterer Schritt zu jenem Bewußtseinszustand hin, der der Bewußtseinserweiterung vorausgeht.

Doch wir haben noch eine Reihe anderer „leichter" Übungen bereit, leicht in zweierlei Hinsicht: sie befreien von überflüssigem Ballast, und sie befreien uns ein Stückchen von der Erdenschwere, die uns oft genug allzusehr bedrückt.

Wenn Sie die beiden vorgenannten Übungen exerziert — oder auch nicht — haben, vielleicht interessiert Sie dann eine der nachfolgend skizzierten „Sonder-Exerzitien" (Fortsetzung der früheren Reihe)?

Fangen Sie nur an, „springen Sie ins Wasser": das „Schwimmen" kommt ganz von selbst. Und gehen Sie an die Übungen ganz unverbindlich, ohne Verkrampfung, und schon gar ohne jeden Stress, jeden Zwang und ohne jede Zeitnot.

Es geht uns ja darum, Einblick in eine erweiterte Welt zu erhalten, einen Blick zu werfen in Bereiche, die uns sonst verschlossen sind, einmal, weil wir nichts davon *wußten*, daß diese Möglichkeit überhaupt besteht, zum anderen, weil wir die Methodik nicht *kannten*, mittels deren man jene Bewußtseinsstufe erreicht, die eben den Einblick erlaubt. Denn Welten, Kräfte und Bewußtseinszustände sind immer einander gleich, will ich schwimmen, muß ich mich dem Wasser anpassen, will ich fliegen, muß ich die Gesetze der Luft beherzigen, und will ich die Bewußtseinserweiterung, dann sollte ich wirklich einmal nicht nur wollen, sondern auch handeln, also einfach beginnen! Und dazu bieten sich auch noch folgende Übungen an:

„Belebung" eines Mantram's in unserem ganzen Körper, ohne Einschränkung oder Beschränkung, einfach nur so für uns dahinsprechen, besser murmeln, flüstern, am besten nur denken. Hierzu eine kurze Erklärung:

Es ist allgemein bekannt, daß der gesamte Kosmos — mit seinen Milliarden Sternensystemen gleich unserer Milchstraße — eine unvorstellbar große Summe von Vibrationen ist, Schwingungen, die sich an einzelnen Stellen — von uns aus gesehen — verdichten, also Nebulare bilden, Sonnensysteme, Fixsterne, Planeten, Monde und Sternenteilchen (ein aus der Bahn gerissener Stern oder ein gelöstes Sternteilchen ist entweder Komet oder Sternschnuppe). Alles Leben, das praktisch überall denkbar ist, schwingt auch, vibriert im Rhythmus der Gestirne, auf denen es entsteht. So ist Leben Träger der gleichen Schwingungskraft, die auch die Weltenkörper formte. Gegenüber dem Universum, dem Makrokosmos, ist der Mensch auch ein Zentrum vibrierenden Lebens: Mikrokosmos. Alle Vibrationen aber sind imgrunde nichts weiter als Licht, Ton, Wort, Odem (der Schöpfung).

Jeder Mensch ist also Träger schöpferischen Odems, der in ihm *glüht,* und jederzeit zum *Brennen* gebracht werden kann. Und dieses *Glühen* bewirkt das Mantram — aus welchem Grunde immer: die Wirkung ist da.

Wenn Sie also sich jetzt ein Ihnen passend erscheinendes Wort suchen, es kann „Licht" heißen, oder „Ton", es kann konkreter formuliert sein, wie „Licht durchflutet mich", oder „Der Ton der Schöpfung schwingt in mir", oder das tibetische „Om mani padme hum", oder irgendein von Beginn an in Ihnen klingendes, widerhallendes Wort oder Wortgefüge.

Kümmern Sie sich *diesmal* nicht um Hände oder Füße, lassen Sie den Ton im *ganzen* Organismus hallen und widerhallen und vibrieren, er verstärkt sich von Minute zu Minute, Sie werden es vielleicht recht seltsam finden, aber immer mehr *werden* Sie zu dieser Vibration, diesem Klang, diesem Wort (darum ist es zweckmäßig, ein helfendes, heilendes Wort zu verwenden). Bis der ganze Körper wirklich „wieder" das Wort ist — wie am Beginn aller Zeiten.

Indem wir ganz das durch den ganzen Körper schwingende Wort werden, entziehen wir uns mehr und mehr der sogenannten Wirklichkeit, dem Irdischen, wir kommen also in einen anderen Bewußtseinszustand, der von nun an die Möglichkeit in sich birgt, *Bewußtseinserweiterung* zu erlauben. Sie können aber auch Zahlen in sich schwingen lassen. Dabei sollten Sie freilich beachten, daß die Zahlen *zugleich* vor dem geistigen Auge aufleuchten, also hell auf dunklem Grunde erscheinen. Sie können von eins bis neunundneunzig zählen, Sie können auch weiter zählen, solange Sie fähig sind, mehr als eine oder zwei Zahlen sich ständig bildhafter werdend vorzustellen. Mit dem Zustand der Erdloslösung, in den Sie auch hierbei gelangen, verstärkt sich auch die Zahlenimagination, und schon rücken Sie wieder ein Stückchen weiter vor in das vorher so nebulose Reich der anderen Seite.

Noch wirkungsvoller ist es, wenn Sie ein Wort, ein Wunsch-Wort vielleicht (etwa: lt. Coué: „Ich fühle mich von Tag zu Tag besser und besser"), *beleben* (also nicht nur, wie bei den einfachen Suggestionen vorgeschrieben, vor dem Einschlafen, kurz nach Erwachen vor sich hinflüstern oder denken).

Beleben heißt hier wiederum ganz einfach: im ganzen Körper klingen lassen, den ganzen Körper *durchdringen, mit dem Körper verschmelzen.* Dabei ist es wiederum nötig, die Imagination zu Hilfe zu nehmen, das Wunschwort also so kurz oder so lang zu gestalten, daß Sie es geistig, in der Vorstellung, bildhaft und möglichst leuchtend festhalten können. Dann werden Sie einen erstaunlichen Gewinn aus dieser scheinbar so leichten Übung ziehen.

(Es wäre gut, wenn Sie sich nach einer dieser Übungen in eine der Grundexerzitien einschalten — Sie haben dann den langen *Anweg* zum Gipfel gespart.)

Alle diese Übungen sollten mit gewohnter Beharrlichkeit durchgeführt werden. Chinesisch lernt man schließlich auch nicht an einem Tag — obwohl diese Übungen ganz sicher weniger Zeit erfordern, als eine Fremdsprache zu erlernen.

2. Einige technische Hilfen

Alle Hetze ist verderblich, schädlich auch auf unserem Gebiet, der Versenkung nach innen, um der dadurch erreichbaren Bewußtseinserweiterung willen, um so die ganze, große, reiche Fülle des Lebens auszuschöpfen und für uns nutzbar zu machen, und geschähe es anfangs auch „nur" mit der Einschränkung, einen Entspannungs- und Freudenbringer zu hegen.

Der Schritt auf dem Wege kann also nicht beschleunigt werden, Fortschritt kann also nur aus der Intensivierung kommen. Hier ist eine Übung, die uns — haben wir nur die rechte Gelegenheit dazu — keine Zeit zu rauben braucht:

Wer in einem eigenen Arbeitsraum beschäftigt ist, kann in beliebiger Entfernung von seinem Platz oberhalb seines Kopfes ebenfalls einen Lautsprecher anbringen, der von einem Tonband oder von einem anderen Sprechgerät gespeist wird (Kassettenrekorder u. a.). Hier geben wir nun tagsüber, als Ergänzung der nächtlichen Tonbandsuggestion oder koordiniert mit unseren Wachbewußtseins-Übungen, die jeweils angepaßten oder erforderlichen Suggestionen automatisch wieder, wenn wir wollen, den ganzen Tag über, solange wir in diesem Raum weilen.

Je weniger die Tonwiedergabe mit den bewußten Sinnen wahrgenommen wird, desto besser wird sie vom Unbewußten aufgenommen und verarbeitet (die psychologischen Gesetze des Stichworts, der Einleitung und Verabschiedung bitte beachten).

Am besten wird die Wiedergabe des Tons so eingestellt, daß wir ihn mit den Ohren gerade wahrnehmen (das Unterbewußtsein hört sowieso besser). Die so aufgenommenen Suggestionen — (über Tage und Wochen hinweg, mit wechselnden Texten, wie die Beispiele zeigen) — werden in Ihrem Inneren gespeichert. Erfolge vorbereitend oder vertiefend.

Was für den Arbeitsraum gilt, hat für den Raum noch mehr Geltung, der Sie nach Feierabend beherbergt. Auch hier können Sie dieselbe Vorrichtung mit Lautsprecher-Suggestions-Übertragung anbringen, und Ihr „Soll" auf diese Weise schneller erfüllen, als es sonst wohl möglich wäre.

Gerade die gleichförmige, monotone, leise „Berieselung" mit Suggestionen hat sich als recht wirkungsvoll erwiesen, nicht nur bei Zwecksuggestionen (ich fühle mich von Tag zu Tag wohler), sondern auch und vor allem bei Übungs- oder Exerzitien-Hilfen oder Vorarbeiten.

3. Kunstvolle Ergänzungs-Exerzitien

Zur Vorbildung, zur „Bereitung", gehört es, daß das *ganze* Bewußtsein mitarbeitet, also auch „angesprochen" wird. Das wiederum heißt, daß alle fünf Sinne verlebendigt werden, besonders in solchen Fällen, wo die Erfolge der auf den ganzen Körper gerichteten Exerzitien zu wünschen übrig lassen.

Es gibt eine sogenannte Hohe Schule für diese „Kleinarbeit", die besonders bei jüngeren Übungsteilnehmern angewendet wird, damit sie gleichschnell mitschreiten können.

Diese Sonderarbeit zerfällt in zwei Arbeitsbereiche:
a) in die Belebung von Augen (Sehen),
               Ohren (Hören),
               Riechen (Nase),
               Schmecken (Zunge, Mundhöhle),
               Fühlen (Haut, besonders Hände und Finger);
b) in die schrittweise Gewöhnung dieser fünf Sinne an die „Teamarbeit" auf höherer Ebene.

Dazu kommt als dritter Bereich:
c) Das Hirn (der Kopf mit seinen Drüsensystemen und die beiden Nervensysteme des Menschen).

a) Die Belebung der Sinne

Wir haben bereits ein Augen-Exerzitium vorgeführt, das auch zur Entwicklung der sensitiven Empfindlichkeit der Augen, des Sehens schlechthin, dient.

Verstärkt werden können diese Übungen in vorkommenden Fällen durch Suggestions-Übungen (Meine Augen gewinnen mehr und mehr die Fähigkeit metaphysischen Sehens) und durch Unterstützung mittels Tonspeicher und Wiedergabe nachts oder tagsüber.

Das gleiche gilt sinngemäß für die Ohren.

Die Suggestionen hinsichtlich Geruch, Geschmack und Gefühl werden ebenfalls suggestiv vorbereitet, doch kommt hier noch eine anfangs eigenartig anmutende Übung hinzu:

Die feingeistige Kraft unseres Organismus wird ungemein gestärkt, wenn wir nachstehende Übung vornehmen: wir strahlen unsere Odkraft in eine Wasserschüssel aus, mit der Bestimmung, ein bestimmtes Odeur zu erzeugen (Blumendüfte u. a.). Dann nehmen wir die ausgestrahlte Odkraft wieder auf, doch zuvor müssen wir den Geruch geschult haben: er sollte nach einigen Übungen *) den spezifischen Blumenduft wahrnehmen.

Das *Fühlen* der Haut, in diesem Falle die stärkere Sensibilisierung, findet stellvertretend durch die Haut der *Hände* statt, in denen die feinsten Empfindungsnerven enden. Zudem besteht ein seit der Urgeschichte der Menschheit geschaffener Zusammenhang zwischen der Tätigkeit der Hand und der Hirnproduktion. Wir können also auf einem Umweg verhältnismäßig leicht die Sensibilisierung der gesamten Haut *für unsere Übungen* (nachher, nach Beendigung der Übungen schalten wir ja abrupt ab) erreichen, indem wir

 erst die Hände entsprechend dem nachfolgenden System schulen,

 danach die Schulung auf die gesamte Hautoberfläche übertragen.

Sensibilisierung der Hände:

a) Die Hände werden „belebt".

b) Die Hände werden in einer Steigerung verstärkt belebt, so zwar, daß sie die Sensibilisierung auf die gesamte Hautoberfläche *ausstrahlen* (zudem eine der Gesundheit sehr förderliche Übung, mit der notwendigen Suggestion begleitet: „Pranakraft strömt durch meine Hände auf die Haut und damit auf den Körper über").

c) Nach der verstärkten Sensibilisierung der Hände wird die direkte Ausstrahlung in der vorstehend unter b) genannten Weise vorgenommen, vornehmlich mit der aufgeführten oder einer ähnlichen Suggestion.

d) Die so erreichten Faktoren können durch Tonbandsuggestionen nachts im Schlaf oder auch tagsüber oder abends verankert werden, immer mit der Maßgabe, daß

---

* die Anzahl ist relativ: sie hängt vom Entwicklungsstand ab.

die erhöhte Aufnahme- und Abgabebereitschaft der Haut auf die Übungen beschränkt bleibt.

e) Der Abschluß der Übungen wird jeweils besonders stark markiert, am besten dadurch, daß wir auf ein *erstes* Suggestionsstichwort hin die Übung *einleiten* und mit einem zweiten Suggestionsstichwort das Exerzitium beenden.

Anmerkung der Ausführungen zu a)
(Belebung der Hände):

Wir *setzen* uns bequem auf einen möglichst gradlehnigen Stuhl und halten die beiden Hände etwa in Schulterhöhe hoch, aber nicht zusammen, sondern getrennt durch „einen Streifen tragendes Prana" von etwa 15 bis 25 cm (jeder muß für sich ausprobieren, welche Entfernung für ihn am wirkungsvollsten ist: die Geübten kommen mit weiteren Entfernungen ebenso gut zurecht).

Wir stellen uns bei den ersten paar Übungen vor, daß zwischen den Händen der Pranastrom hin und her pulsiert, und zwar derart, daß einerseits die Kraft der Hände gegenseitig übertragen, andererseits durch zuströmendes Prana — aus dem Äther — verstärkt wird.

Wir werden in der nächsten Phase der Händeübung zu unserer größten Überraschung feststellen, daß tatsächlich Ströme nicht nur hin- und herpendeln, sondern auch durch Ätherzuströmung die Kräfte verstärkt werden.

zu b)

Die dritte Phase der Händebelebung läßt uns nun einen zwar flexiblen, gleichwohl aber festen, Widerstand leistenden Strom zwischen den beiden Händen feststellen, der in wiederum einer neuen Phase fester und fester wird, stets zunächst in unserer Vorstellung, dann tatsächlich.

Kaum eine andere metaphysische Übung als diese ist geeigneter, recht schnell einen Übungsfortgang festzustellen und zugleich uns von der Tatsächlichkeit der anderen Welten zu überzeugen, denn Prana gehört schon einer anderen Bewußtseinslage, also einer anderen Weltebene an, als der Irdischen.

zu c) Nun gehen wir zu der unter b) erwähnten Übung über, die in den Händen einerseits gespeicherte, andererseits ständig neu zuströmenden Kräfte *liegend* auf die gesamte Hautoberfläche des Körpers — mit der angegebenen Suggestion — zu übertragen. Dabei liegen die Hände in der bei der Entspannung erübten Weise locker, leicht angewinkelt zu beiden Seiten des Körpers. Die Erwärmung der Haut, die einen Teil des Körpers nach dem anderen ergreift, überzeugt uns von dem Fortgang des Exerzitiums.

Die Punkte d) und e) schließen dieses Exerzitium ab. Wir haben das Hände-Beispiel besonders ausführlich erläutert, weil nach dieser Arbeitsmethodik praktisch alle anderen Sinne in gemäßer Weise zu sensibilisieren sind, notfalls immer mit suggestiver Tonbandunterstützung tags, abends oder/und nachts, dies gilt für *alle* fünf Sinne, während wir ein Sonderexerzitium für Hirn (nebst Drüsen) und Nerven (Rückenmark und Sonnengeflecht) nachfolgend vorfinden.

Die besondere Sensibilisierung des Hirns findet in der Weise statt, daß wir

sitzend, vor dem Spiegel (Kerzenlicht im Rücken, über die Schulter fallend) in der Weise, wie der Prana-Austausch zwischen den Händen stattfand, nunmehr auch den Kräfteaustausch zwischen Kopf und Spiegelbild vornehmen, und zwar auch wieder in der Weise, daß wir erst in unserer Vorstellung

den Kraftstrom hin- und herpendeln lassen, gleichzeitig unter Einbeziehung der Verstärkung aus dem Äther,
daß wir dann aber *bemerken,* daß tatsächlich ein Kräfteaustausch und eine ständig größer werdende Verstärkung einsetzt, zugleich mit einem weiter wachsenden Gefühl der *Entfernung* vom Irdischen — womit wir wiederum einen Schritt auf die Welt zugetan haben, die zu erobern und zu beherrschen alle unsere Exerzitien anstreben. Festigung, Fixierung, schließlich ausdrücklichen Abschluß.

Die Hauptübung der Sensibilisierung des Gesamtorganismus

Alle Sinne sind Bestandteil unseres Gesamtorganismus. Jede *Sondertätigkeit* einzelner Organe oder Sinne darf wohl erübt werden, zum Schluß aber muß *alles* zusammenklingen, und zwar in der Hauptübung, in der auch die beiden Nervensysteme einbezogen werden. Die einzelnen Stufen sehen so aus:

A) Wir *entspannen* uns.
B) Wir richten in der Entspannung unsere Aufmerksamkeit auf das Rückenmarkende *und* auf die Gegend rings um den Nabel (wer noch nicht gelernt hat, beides zu vereinigen, gehe diese beiden Teile nacheinander durch).
C) Bei dieser Konzentration auf den Gesamtorganismus, zunächst unter Betonung der beiden Nervenzentren, dann auch diese Unterscheidung fallen lassend, und nur noch unter der festgelegten Suggestion arbeitend *„Der ganze Organismus schwingt eine Harmonie",* bei dieser Gesamtkonzentration erreichen wir, daß nicht nur die *im* Körper vorhandenen Kräfte hin- und herschwingen, sondern daß sie sich auch durch zuströmendes Prana ständig verstärken.

Diese *Sensibilisierungs*-Übung des Gesamt-Organismus ist eine weitere Verfeinerung unserer bisher aufgeführten Haupt-Exerzitien. Ihr kommt ebenso wie der technischen Unterstützung bei der Erringung der vollkommenen Beherrschung der angestrebten Kräfte und Ebenen erhöhte Bedeutung zu. Vor allem ist bei dieser Übung der *spontane* Übergang von einer Bewußtseinsstufe zur anderen feststellbar, will heißen, daß wir schnell vom Wachbewußtsein zur Entspannung, also zur „Auch-Müdigkeit" kommen (um das Wort Trance zu vermeiden), danach zur Konzentration, zur Imaginationsstufe und schließlich zur Stille.

XXXVIII *19. Exerzitien-Reihe: ein weiterer Schritt hin zur Meisterschaft*

Exerzitium zur Beschleunigung des Wechsels von einem Bewußtseinszustand zum anderen
Exerzitien-Kette:

1. Das „Warum" dieser Übungen
2. Von der Entspannung zur Konzentration
3. Von der Konzentration zur Imagination
4. Von der Imagination zur Gedankenstille
5. Von der Stille-Übung zurück zur Imagination
6. Von der Imagination zurück zur Konzentration
7. Von der Konzentration zur Entspannung
8. Helfende Suggestionen
9. Beliebiger Wechsel von einem Bewußtseinszustand zum anderen
10. Einschaltung von mechanischen Dauer-Suggestionen

1. Das „Warum" der folgenden Übungskette

Wir sprachen schon darüber, daß die archaisch-astralen Kraftwallungen und -ballungen fähig sind, von einer Weltebene zur anderen überzuwechseln, ohne „Rücksicht" auf die — von uns aufgestellten — Begrenzungen zu nehmen.

Wollen wir diesen Kräften mindestens ebenbürtig sein — wir sind ihnen bei Ebenbürtigkeit *deshalb* überlegen, weil wir einen schöpferischen Seelen-*Kern* besitzen, der uns direkt der höchsten Schöpferkraft zugesellen kann —, bei diesem Streben also bleibt uns gar nichts weiter übrig, als ihnen in den „technischen" Fertigkeiten des Wechsels von Kräften und Ebenen gleich zu werden, das heißt hier: die Fähigkeit zu erlangen und gründlich vorzubereiten, jederzeit von einem Bewußtseinszustand zum anderen, damit von einer Ebene zur anderen überzuwechseln.

Das erreichen wir dadurch, daß wir uns das anfangs gewaltig erscheinende Ziel in Etappen einteilen, deren jede ohne große Mühe erreichbar ist, bis wir zum Schluß — als Abschluß dieser Übungsreihe — das gesteckte Ziel erreicht haben.

Welche Folgerungen sich aus solcher Beherrschung von supranormalen Welten und Kräften auch für das irdische Leben ergeben, können wir hier nur anklingen lassen, denn einmal ist die Auswirkung naturgemäß bei jedem Übenden verschieden, zweitens steht jeder auf einem anderen Entwicklungsstand, und drittens sind ja auch Veranlagungen und Fähigkeiten jedes einzelnen unter uns verschieden von den Dispositionen und Talenten des anderen.

Auf jeden Fall ist eine so frappierende Entwicklung aller geistigen, künstlerischen, intuitiven und anderen gepflegten oder schlummernden Eigenschaften zu erwarten, daß wir nur staunend der nahezu selbständigen Entwicklung — als Folge unserer Übungen — zuschauen können.

Übrigens wird hier *ein wesentlicher Punkt entkräftet,* den Anhänger von Halluzinogenen, die der schöpferischen Elite angehören, für die Verwendung von Psychodelika geltend machen: sie meinen, sie könnten ohne ihre Rauschgifte nicht Einblick in neue schöpferische Welten geben und müßten beim Verzicht auf ihre berauschenden Stunden auch auf jeden Fortschritt in ihrer Kunst oder einer anderen Fertigkeit verzichten.

Daß durch unsere Exerzitien nicht nur mindestens dasselbe an schöpferischer Intuition und Bilde- und Leistungsfähigkeit zu erreichen ist, wird jedermann bestätigen

können, der sich ernsthaft mit unseren Exerzitien befaßt.
Auch die Einwendung, daß der Weg zu lang sei, während ein geeignetes Rauschmittel im Nu in die gewünschten Gefilde versetzt, ist leicht zu widerlegen: Wir wollen gar nicht davon sprechen, daß den im Rausch Arbeitenden nur eine verhältnismäßig kurze Frist gegeben ist (die von dem Grad der Beherrschung abhängt, also von dem Widerstand gegen den Zwang, immer größere Mengen, immer stärkere Narcotica zu sich zu nehmen), die im Chaos endet — im gänzlichen Versagen nicht nur der schöpferischen Ader, sondern der Lebensquelle überhaupt. Wir wollen hier nur darauf aufmerksam machen, daß unsere Exerzitien *grundsätzlich* und mit vollem Bedacht (um den Anschluß *jedem* Sterblichen zu ermöglichen) auf kleine Schritte und zusätzlich auf helfende und unterstützende Maßnahmen ausgerichtet sind, die auch *gradweise* nicht nur die metaphysischen Fähigkeiten entwickeln, sondern auch die für ein *Ausnahme-Leben* notwendigen Voraussetzungen Zug um Zug entwickeln, oft letztere schneller als die ersteren.

2. Von der Entspannung zur Konzentration

Wir können uns jetzt — glauben wir — versagen, jeweils den methodischen Aufbau der einzelnen Übungen — oft sind es ja Wiederholungen — zu ersparen. Das Prinzip dürfte schließlich inzwischen allen eingehämmert sein. Was die einzelnen Übungen voneinander *jetzt* unterscheidet, ist die Geschwindigkeit, mit der wir lernen sollten, von einer Bewußtseinsstufe zur anderen zu pendeln, und damit uns plötzlich den Eindrücken erst der einen, dann der anderen Welt zu öffnen.

Jede Stufe findet den für die Suggestionen jeweils geeigneten Text unter Punkt 8.

Ansonsten ist der Übungsablauf der folgende:
a) die bekannten Vorbereitungen und Bereitungen;

b) immer gut sind vorbereitende Suggestionen schon *vor* der eigentlichen Übung (Texte folgen);

e) die Bedingungen des Äußeren: Raum, Kleidung, Gelassenheit, Heiterkeit, Unbeschwertheit, Kälte, Wärme usw.;

d) eine Liege zur bequemen Ausspannung (nicht zu weich, Kopf nur ein wenig höher lagern);

e) keine Verkrampftheit, sondern geduldig alles — äußeren Lärm, innere Unruhe —, mit der man möglichst schon vorher fertig werden sollte, Gedankenchaos — alles ruhig ausschwingen lassen, ja, geduldig zusehen, *wie alles in die gewünschte Ruhelage kommt;*

f) manchmal gelingt es — z. B. bei Neumond — besonders schwer, in die wirkliche, also echte Entspannung zu gelangen. Da scheue man sich nicht, ein Wort (Mantram) oder eine Zahl oder einen anderen Kristallisationspunkt als Konzentrationsziel dazu zu nehmen, denn dann tritt erfahrungsgemäß eine völlige Entlastung des gesamten Organismus auf, die „Entfernung" von der Welt wird leichter, der nächste Bewußtseinszustand rückt näher, in diesem Falle (wenn wir schon durch einen Kristallisationspunkt vorarbeiteten, um so leichter) nach der Entspannung die Konzentration, und zwar, wie wir ausdrücklich noch einmal betonen möchten, *nicht* die irdische Konzentration, sondern die metaphysische, die nur noch ein Konzentrationszentrum kennt.

In der gleichen Weise werden die nachfolgenden Stadien des Exerzitiums genommen, unterschieden nur durch eben die jeweils andere Welt und Bewußtseinslage und durch die jeweils richtige Suggestion (wie nachfolgende Texte aussagen).

In dieser Weise absolvieren wir die Punkte

3. von der Konzentration zu Imagination
4. von der Imagination zur Gedankenstille

5. zurück zur Imagination
6. zurück zur Konzentration
7. zurück zur Entspannung und Abschluß-Suggestion

8. Helfende Suggestionen

zu 2

Von der Entspannung zur Konzentration

Übliche Einleitung (doch zweierlei Texte, wenn die Suggestionen zugleich für Tages- und Nachtschlaf-Tonband-Arbeit gedacht sind).

Grundtext: Es gelingt mir ständig leichter, von der Entspannung zur Konzentration überzuwechseln.

Suggestionsstichwort (nach bewährten Vorschlägen).

Abschlußtext.

Für die folgenden Texte nennen wir — da alle anderen Punkte gleich bleiben können, sogar einschließlich dem Suggestions-Stichwort — nur noch den Grundtext.

zu 3

Es gelingt mir von Tag zu Tag leichter, von der Konzentration zur Imagination überzuleiten und damit die gewünschte Bewußtseinsverschiebung zu erreichen.

zu 4

Meine Fähigkeit, von einer Bewußtseinsstufe zur anderen schnell überzugehen, wächst ständig. So kann ich von Übung zu Übung ständig leichter von der Imagination zur völligen Gedankenstille übergehen.

zu 5

Ich habe die als Ziel gesetzten Bereiche durchschritten und kann ebenso schnell nunmehr von der Gedankenstille zur Imaginationsstufe übergehen.

zu 6

Alle Bewußtseinsstadien sind zu meinem unverlierbaren Besitz geworden, ständig leichter kann ich von der Imaginationsstufe zur Konzentration übergehen.

zu 7

Als souveräner Beherrscher aller Bewußtseinszustände und damit der ihnen zugeordneten Ebenen kann ich täglich leichter von der Konzentration zur Entspannung übergehen.

9. *Beliebiger Wechsel von einem Bewußtseinszustand zum anderen*

Vor-Übung, Suggestionstexte, die der jeweiligen Bewußtseinslage angepaßt sind (es gilt jetzt, *nicht* in der vorher genannten Reihenfolge vorzugehen, sondern nach den folgenden Musterübungen so zu arbeiten, daß es im Verlaufe mehrerer Wochen — und sei es mit ständigen mechanischen Suggestionen — gelingt (ohne jemals zu übertreiben!), etwa von der Entspannung sofort zur Imaginationsstufe, von dort zur Gedankenstille, von dieser wieder zur echten Entspannung überzuwechseln.

Die Suggestionstexte, die unter Punkt 8 aufgeführt sind, gelten unter entsprechender Abwandlung auch jetzt, doch wir bedienen uns noch eines zusätzlichen Suggestions-Stichwortes, und zwar für *jede Bewußtseinslage* eines spezifischen:

Die spezifischen Suggestionsstichworte (die keinen Einfluß auf das *persönliche* Suggestionsstichwort haben, die bei allen Exerzitien angewandt werden) lauten für die einzelnen Bewußtseinslagen:

a) für Entspannung „Harmonie"
b) für Konzentration „Kräftesammlung"
c) für Imagination „Schöpferische Wegbahnung"
d) für Gedankenstille „Sein im Vakuum"

Demnach lautet also der Suggestionstext für das abrupte Wechseln von einer Bewußtseinlage in die andere beispielsweise für den Wechsel von der Stille zur Entspannung wie folgt (nach dem Einleitungstext):

Haupttext: Es gelingt mir von Tag zu Tag leichter, von einem Bewußtseinszustand zum anderen überzugehen.

„Sein im Vakuum" wandelt sich von Übung zu Übung leichter in „Harmonie"

(es ist dagegen *auch* möglich, den vollen Text auf sich einwirken zu lassen, doch die Suggestionsstichwörter *haften* erfahrungsgemäß — einmal einverleibt — leichter). Der volle Text müßte demnach lauten: (nach dem Einleitungssatz *und* dem *persönlichen* Suggestionsstichwort)

„Es gelingt mir von Übung zu Übung leichter, von der Gedankenstille zur Entspannung überzugehen" (da das Wort „zurückzugehen" einen negativen Sinn enthält, wenden wir ihn *nicht* an).

In dieser Weise spreche man zuvor — nach schriftlicher Niederlegung — die Texte auf Tonband oder präge sich die Suggestionen so ein, daß man sie — zusammen mit dem betreffenden Stichwort — „im Schlaf" hersagen kann.

Zunächst wird man bei *einer* Übung ja jeweils nur *einen* Sprung tun, also entweder die Aufstiegsreihe von Entspannung bis zur Stilleübung, oder den willkürlichen Wechsel von der Stille zurück zur Entspannung oder Imagination (*eine* Übung heißt, damit kein Mißverständnis aufkommt, jeweils nur ein Bewußtseinswechsel), also entweder in aufsteigender Reihenfolge von Entspannung zur Konzentration *oder* in absteigender Linie von der Stille zur Imagination.

Erst viel später — wenn man der Bewußtseinsstufen absolut sicher ist — kann man mehrere Phasen bei einer Übung absolvieren, und noch später darauf sogar hin- und herspringen, das heißt, in einer Übung ebenso „aufwärtssteigen" wie „abwärtsgehen" (die Wortbildung ist unserem üblichen Begriffsvermögen angepaßt, an sich müßte es eher heißen „in die Tiefe gehen" (obwohl man zu „höheren Regionen" gelangt, und umgekehrt).

10. Einschaltung mechanischer Dauer-Suggestionen

Das alles hört sich vielleicht komplizierter an, als es in Wahrheit ist. Ein Satz wird vielleicht in zwanzig Sekunden gelesen, der Wechsel von einer Bewußtseinsstufe zur anderen geschieht in Sekundenbruchteilen, weil sie dem Gedanken-Impuls folgen, der ja so viel schneller ist als etwa die Augen beim Lesen.

Die Übereinstimmung der Tonbandtexte mit den Suggestionstexten während der direkten Übung muß vollkommen sein, es darf keinerlei Abweichung geben.

Wir empfehlen deshalb nochmals, sich zunächst einmal einen genauen Übungsplan aufzustellen, also etwa derart

aufsteigend

a) Entspannung — Konzentration
b) Konzentration — Imagination
c) Imiganition — Gedankenstille

absteigend

a) Gedankenstille — Imagination
b) Imagination — Konzentration
c) Konzentration — Entspannung

bunter Wechsel

a) Stille — Imagination — Stille
b) Stille — Konzentration — Stille
c) Stille — Entspannung — Imagination
d) Imagination — Konzentration — Imagination
e) Imagination — Entspannung — Konzentration
f) Konzentration — Entspannung — Stille
g) Stille — Entspannung — Stille
h) Stille — Konzentration — Stille
i) Stille — Imagination

k) Imagination — Entspannung — Imagination
l) Imagination — Konzentration — Imagination
m) Imagination — Stille — Konzentration
n) Konzentration — Imagination — Konzentration
o) Konzentration — Entspannung — Stille

Dieser Wechsel der Bewußtseinsarten hat praktisch eine nicht abzuschätzende Bedeutung.

Deshalb ist es von großem Wert, wenn wir uns über das Gefüge des Bewußtseins und der dazugehörenden Welten recht klar sind, und in dieser Geistesklarheit auch die Suggestionstexte — für Einprägen und für Tonbandbesprechung — vorher entwerfen und erst dann verwenden.

Prüfen wir dann abschließend, ob wir jedesmal den Prozeß folgerichtig begonnen (Einleitungstext) und abgeschlossen haben (Abschlußtext), denn hier werden oft Fehler gemacht, die erst durch viel Mühe und Zeit wieder ausgeglichen werden können.

Im nachfolgenden Abschnitt wird die Wichtigkeit deutlich werden, die der Fähigkeit, schnell von einer Bewußtseinslage zur anderen überzuwechseln, zukommt.

Diesen Abschnitt abschließend möchten wir noch einmal darauf hinweisen, daß wir erst dann diese Spitzen-Exerzitien erfolgreich abgeschlossen haben, wenn die Bewußtseinsstufen klar voneinander abgegrenzt werden können, und wenn der Wechsel mit der Zeit ständig schneller vor sich geht.

Was nicht durch stetiges Trainieren erreicht werden kann, kann überhaupt nicht erreicht werden. Und auf unserem Gebiet ist mit Geduld nahezu *alles* durch Übung und Intensität zu erreichen. *Immer* bestehen während der Exerzitien — als auch während der gesamten Arbeit an der Meisterung der Bewußtseinsstufen — zwei Möglichkeiten, die man nicht außer acht lassen sollte:

Einmal kann eine plötzliche Situation auftreten, die das Eingreifen von einer höheren Stufe — die schnell zu erreichen sein muß — notwendig machen.

Zum anderen kann sich eine *Chance* bieten, durch plötzlichen Wechsel der Bewußtseinslage gerade dieses Plus, oder den sich bietenden Fortschritt, wahrzunehmen.

XXXIX 20. *Exerzitien-Reihe: Eine fehlende Ergänzung*

Es kommt nicht nur darauf an, schnell von einer Bewußtseinslage in die andere (auf- oder absteigend) gelangen zu können, es ist oft auch von entscheidender Wichtigkeit, in jeder (irdischen) Lage oder Situation in eine der metaphysischen Bewußtseinszustände kommen zu können. Die Voraussetzungen zu dieser benötigten Fähigkeit — will man wirklich souverän im anderen Reich herrschen (es gibt auch Meister, die in der Beschränkung ihren Sinn finden) —, diese Voraussetzungen also können durch nachfolgenden Übungsplan geschaffen werden:

Die Herbeiführung der Bewußtseinszustände
in jeder Körperlage

Lage, Stellung oder Haltung, auf die äußere Formulierung kommt es nicht an, wohl aber darauf, daß man bewußt und schnell arbeiten kann

liegend
sitzend
stehend
laufend (im Gehen) und
tanzend (im Wirbel)

Möglicherweise leuchtet der letzte Punkt einigen unserer Leser nicht ein, darum wollen wir ergänzend gleich hier sagen, daß es sich natürlich nicht um die Herbeiführung etwa der Konzentration während eines Modetanzes handelt, sondern um einen sogenannten rituellen Tanz, wie er seit altersher — eben zur Herbeiführung bestimmter Zustände — auf allen Kontinenten bekannt war und auch noch heute bei bestimmten Naturvölkern ist.

Liegend haben wir alle Bewußtseinszustände erübt, sitzend haben wir einige kennengelernt, was da noch an Lücken klafft, sollten wir — wenn wir die Meisterstufe erreichen wollen — nachholen, indem wir die Exerzitien, die wir bisher nur liegend absolvierten, nunmehr auch sitzend durcharbeiten, und zwar *vor dem Spiegel und ohne Spiegel.*

Uns bleibt jetzt also noch offen, *die* Praktiken kennenzulernen, die uns auch stehend, gehend und tanzend die Praktizierung der Bewußtseinszustände erlauben, und damit bei jeder Gelegenheit des täglichen Lebens oder in irgendeiner (schönen oder bedrohlichen) Situation Herbeiführung und Wechsel der Bewußtseinszustände gestatten.

Aneignung metaphysischer Bewußtseinszustände während des Stehens

Vorarbeit: Es ist unausbleiblich, daß auch diejenigen unter uns, die sonst nur zu sitzen oder zu gehen pflegen — unter Umständen das Stehen nicht „vertragen" (wie sie vielleicht meinen) —, daß also auch diese Außenseiter unter uns das Stehen „erlernen". Natürlich meinen wir nicht das Stehen in einer Untergrundbahn oder das Anstehen nach einem vielbegehrten Artikel (etwa nach einer Zeitung während einer kritischen Weltlage).

Gemeint ist das *entspannte* Stehen, so zu stehen, daß *keine* Belastung empfunden wird, so zu stehen, daß man es nicht bemerkt oder diesen Zustand völlig negieren kann.

Im allgemeinen bedarf es hier einer rein körper-gymnastischen Vorarbeit, um in die Anfangsgründe der Bewußtseinsverlagerung (also zunächst Entspannung) zu gelangen, ohne die Pein längeren Stehens zu empfinden (es ist schon so: die meisten unter uns, die pausenlos und stundenlang laufen können, vermögen kaum fünf Minuten stillzustehen).

In der Yogalehre werden verschiedene Haltungen empfohlen, auf die wir hier nicht näher eingehen können, weil wir sonst von unserem Thema abkämen. Aber beherzigenswert bleiben trotzdem Übungen, die den Körper „auf den Kopf" stellen — und zwar buchstäblich. Unter Umständen mit Unterstützung einer Wand, eines Schranks. Doch diese Übung muß nicht unbedingt sein. Es gibt ein System, den Körper an das Stehen zu gewöhnen, das von Leuten ausprobiert wurde, von denen Spitzenleistungen in körperlicher Leistungsfähigkeit gefordert wurden. Diese Leute blieben und hielten sich fit durch folgende Bein-Arbeit:

a) auf den Zehen wippen, ohne daß die Fersen den Boden berühren, beginnend mit täglich zwanzigmal, ansteigend bis zu dreimal zwanzigmal;

b) die Füße hin und her bewegen, dabei die Zehen hochhaltend, so daß *nur* die Fersen den Boden berühren (bis dreimal zwanzigmal);

c) zwanzigmal auf den Zehen stehend springen (die Fersen bleiben in der Luft): auch dreimal täglich (leicht zu üben!);

d) zwanzigmal so springen (wie man über ein Seil hüpft), daß zwanzigmal der rechte Fuß (natürlich auch der linke im Wechsel, doch ein Doppelschritt ist einmal) den Boden berührt (bis zu dreimal täglich).

Nach einigen Wochen dieser Beinarbeit wird man keine Beinbeschwerden mehr haben, und schwerelos stehen können (aus dem Ausbildungsprogramm der US-Astronauten).

Trotz dieser hervorragenden Übungsfolge oder Beingymnastik sollte man sich an das Stehen nach und nach gewöhnen, also jeden Tag fünf Minuten zulegen, und mit etwa zehn Minuten beginnen.

Das wichtigste bei dieser Haltung ist, daß sie völlig unverkrampft, zwanglos, ohne Anstrengung durchgeführt wird, so daß wir bald dazu übergehen können, die erlernte *Entspannung* nunmehr auch stehend zu erproben.

Es ist nur anfangs ein wenig schwer, weil ungewohnt. Sobald man sich daran gewöhnt hat — man sollte von Anfang an vermeiden, sich irgendwie abzustützen —, wird es zur Selbstverständlichkeit.

Beschwerden können sich — sobald man die Beingymnastik durchführt — *nicht einstellen* (Voraussetzung ist immer absolute Gesundheit — im Zweifelsfalle frage man lieber den Arzt, als sich eine Übung zuzumuten, der man rein physisch nicht gewachsen ist).

Als Vorstufe zu den weiteren Exerzitien ist das Trainieren des Stehens unvermeidlich.

Zu den Suggestionen kann man — man muß es nicht — den Zusatz fügen „Stand-Suggestion", Stand-Entspannung usw. Daß man so etwas am besten selbst herausfinden muß, ist deshalb verständlich, weil es eine Konstitutionsfrage ist, und nicht nur der leiblichen Konstruktion, sondern auch der seelisch-geistigen Prädisposition. Sobald man — unter Umständen wiederum mit Hilfe von Tonband-Suggestionen — die Entspannungs-Stand-Übung beherrscht, kann man zur echten (metaphysischen) Konzentrationsübung übergehen, danach zur Imagination und zur Stille-Übung.

Wer beschwerdefrei und gleichsam spielend jetzt auch im Stand die Bewußtseinsstufen absolvieren kann, ist gerüstet, zur nächsten Phase überzugehen, zur
gehenden Bewußtseins-Verlagerung.

Natürlich muß es heißen: Bewußtseinsverlagerung während des Gehens, doch liegt ein bestimmter Sinn in der Überschrift-Formulierung, auf den wir vielleicht noch kommen.

Es fällt den meisten Menschen leichter, im Gehen als im

Stand zu üben, und tatsächlich kann man sich diese Exerzitien noch wesentlich erleichtern, wenn man sich nachfolgenden Vorübungen unterzieht:

a) Verlagerung des Bewußtseins (des Ich-Bewußtseins in diesem Falle) in abwechselnd den rechten und den linken Fuß, derart, daß alles „Sein" in einem Fuß konzentriert erscheint (und bewußt wird).

b) Die gleiche Prozedur, wie mit den beiden Füßen, wird mit den beiden Händen und Armen vorgenommen. Wir *spüren* es schon, wenn die Versetzung des „Ich" richtig erfolgt ist.

c) Arbeitet man dann nachfolgend mit Füßen (Beinen) und Händen (und Armen) *zusammen,* ist eine auffällig sich bemerkbar machende Kette geschlossen, und — wie von selbst — wird

d) der gesamte Rumpf mit einbezogen. Erst wenn diese Vorübungen „klappen" — wenn also in diesem Fall beim Gehen die Ich-Verlagerung *auch* fortschreitet, besteht die gute Sicherheit, mit den nachfolgenden Exerzitien einzusetzen. *)

e) Das fortgleitende Entspannungsgefühl, das wir aus früheren Exerzitien kennen, versetzen wir nun *auch* wieder zuerst in die Füße, dann in die Beine, darauffolgend in die Hände, um schließlich die Arme hinzuzunehmen.

f) In diesem Stadium können wir dann dem Entspannungs-*Bewußtsein* freie Bahn geben, so daß es sich im ganzen Körper ausbreiten kann.

Wir *erkennen* bei diesem Exerzitium deutlicher als an irgendeiner anderen Stelle, als bei irgendeinem anderen Exerzitium, daß der Entspannungszustand ein Bewußt-

---

* denken wir hierbei immer an ein „Feuer", das an jedem beliebigen Körperpunkt beginnen kann, jedoch immer den ganzen Körper erfaßt.

seinszustand ist, der nach Belieben erzeugt oder gewandelt werden kann. Auf dieses Erkennen kommt es an, denn es ist die Vorbedingung dafür, daß dieser entspannte Bewußtseinszustand auch während des Gehens beibehalten werden kann, obwohl Entspannung und Bewegung sich auszuschließen *schienen*.

Nach einigen verstärkenden, das Exerzitium befestigenden Wiederholungen, können wir einen Schritt weitergehen, besser, vom Gehen zum bewegten Rhythmus, fortschreiten.

Der Tanz der Derwische

Derwische, die „Mönche" des Islams, wurden besonders zwischen dem zwölften und sechzehnten Jahrhundert in der geschilderten Weise geschult, zu dem eingestandenen Selbstzweck, anstelle des Rauschs die „Verzückung" treten zu lassen, die durch immer schneller werdendes Um-sich-Drehen bei den also Präparierten eintrat. Unter Entzückung — in mehr oder weniger stark ausgeprägtem „Außer-sich-Sein" — aber verstand man jenen Bewußtseinszustand, der sich nach der Stille-Übung bei uns — sofern wir die Exerzitien richtig betrieben — einzustellen pflegt.

Es war ein ekstatischer Zustand, ein Bewußtseinszustand jenseits irdischer Wahrnehmung, der die Derwische — nachdem sie nach Atem ringend zusammengesunken waren — befähigte, sowohl „astral" zu heilen, als auch zu „sehen", was demnach besagt, daß sie sich in der astral-archaischen Welt befanden, die sie zu ihren besonderen Leistungen befähigte.

Später wurden die Tanz-Bewußtseins-Verschiebungs-Zustände mit Hilfe von Rauschmitteln *und* der tanzenden Rotation erlangt, wodurch sich das Schwergewicht auf die Eigenerlebnisse verschob, während die Interessen für die

Umwelt weitgehend zurückgestellt wurden — was schließlich zum Rückgang des Ordens führte, so daß die wunderbaren Berichte aus der reinen *Tanz*-Zeit (unvermischt mit aufpulvernden Rauschmitteln) plötzlich aufhörten, und reiner, trockener Berichterstattung Platz machten.

Einigen Interessierten unter uns und jenen, die eine besondere Veranlagung mitbringen, kann der Tanz in verändertem Bewußtseinszustand sehr schnell zu Höhen verhelfen, die sonst nur durch eine lange und geduldige Exerzitienreihe errungen werden können. Zum strengen Exerzitien-Zeremoniell gehört die Tanzübung nicht mehr, weil *nach der Stille,* wie unsere Leser wissen, noch weitere Bewußtseinslagen kommen, die wir jetzt in direktem Verfahren angehen wollen.

Noch ein Wort zu Verlagerungen des Bewußtseins:

Genau so, wie es *in Wahrheit* keine Schranken zwischen hier und dort gibt — sie können, wie wir gesehen haben, durch Systematik ohne weiteres niedergerissen werden —, genau so wenig gibt es irgendwelche *Beschränkungen.*

Wer an irgendeiner Stelle einer Übungsreihe Halt macht, endet von sich aus den Weg, der ihn in Wahrheit — bei Fortsetzung der Exerzitien — nun erst steil zum Gipfel führt.

Und diesen Pfad wollen wir nun — Stufen in Unterstufen eingeteilt — betreten, uns dabei alles das noch aneignen, was uns bei der vorangegangenen Behandlung anderer Exerzitienreihen etwa noch gefehlt haben sollte.

XXXX 21. *Exerzitien-Reihe: Archetypische Naturkräfte*

Sobald wir die Fähigkeit erworben und gefestigt haben, schreitend durch Wald, Wiesen und Flur zu durchstreifen, und mindestens im Zustand echter (metaphysischer) Konzentration, besser, einen Schritt weiter, im Imaginationszustand zu verbleiben, werden wir merkwürdige Entdeckungen machen können, die uns in dieser Ausgewähltheit bei den liegend ausgeführten Exerzitien nicht gelingen.

Professor Staudenmaier, ein Naturwissenschaftler, der sich mit Experimenten um Archetypen (allzusehr) befaßte, und der eine so starke Veranlagung mitbrachte, daß es ihm nur wenige Übungen abverlangte, die erstaunlichsten Entdeckungen zu machen, beschreibt u. a. einen Rundgang durch einen Park. Er trifft hier auf Schritt und Tritt auf *Naturgeister* und *Dämonen*, die ihm mit der Zeit so lästig wurden — weil ihm die systematische Schulung und Heranbildung seiner feingeistigen Körper fehlte —, daß er sich ihrer kaum mehr erwehren konnte.

Es ist auffällig, in welcher oft schroffen Weise uralte Überlieferungen aus Mythen, Sagen und Märchen mit der transcendentalen Wirklichkeit übereinstimmen.

*a) Im Konzentrations-, besser Imaginations-Zustand
schreitend durch eine Bergwelt streifen*

Sie brauchen in dieser Umgebung und in Ihrer jetzigen Bewußtseinslage *nicht* konzentrierte Imaginationen zu bilden, denn in dieser Umgebung *mischen* sich die — ja nur in unserer Einbildung durch Schranken getrennten — Kräfte des „Innen und Außen".

Es kann Ihnen in Ihrem rechten Zustand durchaus begegnen, daß Sie Zwerge oder Kobolde antreffen, die Sie vielleicht eine Strecke Weges begleiten, aber sich Ihnen in Ihrer Überlegenheit nicht nähern. Überflüssig, zu erwähnen, daß diese Gestalten Projektionen Ihrer inneren Kraft (archetypischen Kraft) sind, die sich mit den kosmischen Kräften der Umwelt vermählen. Heinzel-, Wichtel- und Spukgeister sind es, die Ihnen vielleicht irgendeine Kostbarkeit, einen verborgenen Ort voller Reichtümer, oder ähnliche Dinge „aufschwatzen" wollen. Sie sind gefeit — Sie wissen, daß Sie sich auf keinerlei „Verhandlungen" einlassen sollten, wenn Ihnen Ihr Seelenheil lieb ist.

b) Archetypen des Wassers und der Quellen

Immer ist es möglich, daß Ihnen der — Ihrem Bewußtseinszustand und Ihrem Entwicklungsstand adäquate — Archetypus entgegentritt, wie er in Träumen, in den Jung'schen Gestalten, und in Ihren Exerzitien auftritt: der Tod ebenso wie der Fährmann des Totenflusses (Acheron), der Zauberer ebenso wie der (meist verlocken wollende) Teufel, den Frauen „ihr" Gegenstück, der Animus, oft von berückender Gestalt, dem Manne „sein" Komplementärwesen, der Archetyp Anima, böse oder lockend, je nach Entwicklung und Einstellung (Toleranz oder schroffe Ablehnung).

Kommen Sie jedoch an einen Bergsee etwa, kann es Ihnen durchaus — in dem rechten Bewußtseinszustand — gelingen, guten oder bösen Wassergeistern zu begegnen. An Meeren ist der aus den Märchen bekannte arge Wassergeist „Dschinn" beheimatet, an Bergseen oder -quellen flüstern Nymphen, die Bäume senden „ihre" Seelen aus, die

Dryaden von den alten Griechen genannt wurden, und viele andere Gestalten mehr, die wir wegen der suggestiven Kraft der Vorwegnahme nicht aufführen können.

c) Kräfte des Waldes und der Natur

Aus anderen Bereichen und Welten wollen wir hier noch einiger Kräfte gedenken, die mit großer Wahrscheinlichkeit früher oder später bei einer solchen Wanderung — z. B. durch einen großen, unberührten Wald — begegnen, aber Sie können alle diese Erlebnisse bereits bei den geschilderten Exerzitien gehabt haben, sowie Sie nur mindestens den Bewußtseinszustand der Imagination erreichten.

Harpyen sind Windgeister, Archetypen der griechischen Ideenwelt, die erst zu Schrecken werden, wenn sie als Dämonen Verbindung mit dem Totenreich schließen. *Sonst waren bei den Griechen Harpyen liebliche, begehrenswerte Wesen weiblicher Art, und auch ihre Art ist es, zu locken, zu verführen.*

Trifft man im Walde Pan mit seiner groben Schar, schlägt man am besten einen Bogen oder geht in die Gedankenstille, daß nicht panischer Schrecken ob dieser Meute uns überfällt, und die modernen Verkörperungen (Manifestationen dieser Kräfte) sind um nichts angenehmer. Denn unberechenbar ist ihr Wirken, wechselhaft sind die Gestalten dieser Dämonen und ihrer Anhängerschar. So ist es auch möglich, Luftgeister (innere), Berggeister oder Kräfte des Erdinnern, alles Naturkräfte auffälliger, meistens mal lieblicher, mal „reißender Art" (wie etwa Pan oder der Hüter der Schwelle andernorts) zu erleben.

Vielfach haben die aufgeführten Archetypen ihr Gewand, ihr Antlitz, gewandelt, aber ihre typisierende Eigenart ist durch die Jahrtausende allzu fest verankert, als daß sie so schnell schwinden könnten.

In unseren Träumen überwiegen freilich — den neueren

Erlebnissen und Verdrängungen adäquat — oft „verkleidete" Engel oder Teufel, Kind-, Vater- oder Mutter-Archetypus, aber in unseren Exerzitien *können wir auch*, etwa in einem größeren, ungestörten Arbeitsraum auf- und abschreitend, in den rechten Bewußtseinszuständen alle die Kräfte imaginativ nachschaffen, die wir zu sehen wünschen, mit ihnen aber auch die Welten erleben, die sie umgeben.

d) Ein ernstes Wort zur rechten Bereitung

In unkontrollierten Bewußtseinszuständen — etwa denen eines Rausches — kann es geschehen, daß die *ganze Schar* der Naturgeister in einem bösen Aspekt auf uns zustößt, unterstützt durch alle nur denkbaren Personifizierungen von Elementar- (z. B. Feuer-) Kräften oder anderen zerstörerischen und elementaren Gewalten.

Wer sein Inneres ungeläutert diesen Kräften darbietet, ist früher oder später ein Opfer dieser Kräfte — seiner eigenen, niederen, personifizierten und archaischen Kräfte, und der dämonisierten „äußeren" Gestalten, die sich unseres Ods, unserer Astralkraft (kurz unseres Ektoplasmas) bedienen, um sich „auszutoben". Wobei „nieder" keinerlei moralische Wertung enthält.

Nicht umsonst wird etwa in der Lehre der Tantra-Shastras verlangt, daß

> das Denken *rein* sei
> daß der Mensch *wisse* (also wohl unterrichtet ist)
> Klarheit (des gesamten Gefühls- und Denklebens)
> Bindungslosigkeit (will heißen: frei von zu starken irdischen Belastungen)
> strenge Aufmerksamkeit (unserer echten Konzentration entsprechend)
> Leidenschaftslosigkeit vorherrsche
> Festigkeit und Stärke (durch Übung erworbene Kräfte)

Standhaftigkeit
Erleuchtung (das „Licht")
absolute Loslösung (Gedankenstille, die längere Zeit anhalten sollte)
Mäßigkeit (keine extreme Neigungen) und — vor allem —
Gewaltlosigkeit (die Toleranz und Hingabe einschließt)
und beharrliches Befolgen der vorgeschriebenen Exerzitien

Entsprechend unserer Wesensart und unserem Kulturkreis — und unserer Geprägtheit durch die Menschheitsgeschichte in unseren Breiten- und Längengraden — entspricht eine gesunde, normale Lebensweise, ohne Extreme nach der einen oder anderen Seite, vor allem eine heitergelassene Gemütsart den Voraussetzungen, die an uns gestellt werden, wenn wir uns den Exerzitien „nähern" wollen.

Wir meinen, alles andere, auch in bezug auf unsere Lebensweise, unser Verhalten und Tun — wird wesentlich bestimmt, sobald wir uns wirklich den Exerzitien „hingeben" — denn das ist ja eine der Hauptvoraussetzungen, daß wir uns hingeben — angefangen von dem „Fallenlassen" zur Entspannung, über die echte Konzentration (also komprimierter Hingabe), hin zur Imagination, die ja schon ein „Hinüberwechseln" ist, bis zur Gedankenstille, da alles Wünschen und Denken aufhört, alles Erwarten ist, auf das, was man Begnadung nennt.

Es ist ebenso überraschend — wie im Grund selbstverständlich —, daß die Mysterien aller echten Religionen (ursprünglich alle metaphysischen Kulte) sich im Kern nicht nur berühren, sondern auch die gleichen „Einweihungszeremonien" aufweisen.

Anders wäre es auch gar nicht möglich, stest zu den glei-

chen Resultaten zu kommen — zu welcher geschichtlichen oder vorgeschichtlichen Zeit, auf welchem Kontinent, bei welcher Rasse es sich auch abspielte.

Denn die seelischen Gesetze sind nun einmal überall und zu allen Zeiten die gleichen gewesen und geblieben — wir mögen uns drehen und winden, wie wir wollen.

Stimmen Ausgangspunkt und Zielpunkt überein, muß der Weg zwischen den beiden Punkten *auch der gleiche sein,* und die geringen Variationen, die bestehen, sind oft nur territorial oder landschaftlich bedingt.

Was wesentlich ist — besonders für den Abendländer, den Okzidentalen —, *das sind Wahl und Art der Methoden,* die den Lebensumständen angepaßt sein müssen, sollen sie auch hier ihren Zweck erfüllen.

Es ist eine Arbeit von Jahrzehnten gewesen, der wir uns prüfend, verwerfend, ausbauend, unterzogen, um unser Lehrsystem hier vorzulegen, das inzwischen ungezählte Male in ihrem Grundgehalt und in der Auswirkung bestätigt worden ist. Das allein zählt für unsere Leser, meinen wir. Und in diesem Sinne und Geiste wollen wir die nächsten Blätter in Angriff nehmen — zum Segen jedes einzelnen — und der Gesamtheit.

XXXXI Die 22. Exerzitien-Reihe: die Krone der
       Exerzitien: Exerzitium der Meisterklasse
       Aufstieg in höchste Bewußtseinssphären und
       -Welten

Übersicht:

Vorbemerkungen über die belebte archetypische Welt (Dämonologie). Für die Leser dieses Buches ein neuer Begriff: das menschliche Chakra-System, adäquat den Bewußtseinsstufen.

Vorarbeiten
(von hier ab Führung eines Exerzitien-Buches, das die wichtigsten Erfahrungen, Fortschritte und Rückschläge festhält)
stehend:
1. a) Training der Bauchmuskulatur durch
       Zwerchfellatmung
   b) dasselbe mit zu verlängernden Intervallen
2. Atemgymnastik für metaphysische Ziele
3. dasselbe, in Verbindung mit Pausen
4. dasselbe, in Verbindung mit bestimmten Lauten, die dem Fortschritt dienen
5. dasselbe, in Verbindung mit Pausen *und* Lauten
liegend
6. a) Zwerchfell-Atmung
   b) mit Pausen
7. Atemgymnastik für metaphysische Ziele
8. dasselbe, mit Pausen
9. dasselbe, mit Lauten
10. dasselbe, mit Pausen *und* Zischlauten

Das Haupt-Exerzitium
Vorher: Prüfung des Tagesbuches in bezug auf Besonderheiten, Fehler und Fortschritte, die Nutzanwendung daraus.
1. a) Füße
   b) Knie/Hände
   c) Kreuzbein (Schritt)
2. Zwerchfell (Sonnengeflecht)
3. Herzgrube
4. Brust
5. Halsgrube
   (fünf Chakren, die mit den Zentren
   in der Wirbelsäule korrospondieren)
6. Stirn, zwischen beiden Augen (Kleinhirn-Chakra)
7. Scheitel (Hinterhauptzentrum)-Chakra

Wir ersparen unseren Lesern die nur verwirrenden fremdländischen Begriffe und bleiben bei der in diesem Buch durchgeführten Terminologie.

Das eigentliche Exerzitium besteht in
1. der Verwendung neuer Mantren (oder Buchstaben-Erweiterungen)
2. in der bereits bekannten, kleinschrittweisen Belebung durch die noch zu nennenden Mantren
   a) der Füße: Sohle, Oberfuß bis Rist, Gelenk
   b) der Knie
   c) der Hände
   d) der sieben Chakren:
      Kreuzbein, Sonnengeflecht, Herzgrube,
      Brust (zusätzlich), Halsgrube,
      Augen-Zwischenraum (Stirn), Scheitel
3. die neuen Mantren lauten in der anzuwendenden Reihenfolge:
   ang, eng, ing, ong, ung
   Es handelt sich also um die bekannten Vokale, an die aus

besonderem Grund die Endung „ng" jeweils angehängt wurde.

4. die unter 2. aufgeführten Körperteile bzw. Chakren sind nacheinander mit ang, eng, ing, ong, ung zu *beleben*, und zwar derart, daß die fünf Mantren zuerst hintereinander in die Fußsohle, Oberfuß, Knöchel (Gelenk) gesprochen werden, und zwar am besten nur *gedacht* werden; wer sich ein anderes Verfahren angewöhnt hat (etwa flüstern oder murmeln), kann dabei bleiben. Dann weiter in die Knie, Kreuzbein (Schritt), Sonnengeflecht, Herzgrube, Brust, Halsgrube, Stirn und Hinterhaupt.

Der Scheitelpunkt bleibt nach Absolvierung der vorstehenden Exerzitien einer Sonderbehandlung vorbehalten.

Wir erinnern noch einmal an die Führung eines Übungs-Tagebuchs, das allgemein, hier besonders von Wichtigkeit ist, denn wir vollen alle Stadien notieren, um aus Plus oder Minus zu lernen, es also jeweils sofort auszuwerten.

Nach Auswertung der Tagebuch-Notizen

Sicherung und Fundierung

1. Hinzunahme von Tonbandsuggestionen, liegend, laut folgenden Texten für die verschiedenen Körper-Regionen (mit Wachbewußtsein beginnend)
2. *kombiniert* Eigen-Übung (Wachbewußtsein) mit Tonband-Suggestionen
3. Unterstützung und Förderung durch *nächtliche* Tonband-Suggestionen
4. Eigen-Übung (ohne Tonband), Ausgang: Wachzustand
5. Erneut nächtliche Tonbandsuggestions-Unterstützung
6. Eigen-Übung (ohne Tonband) von Stirn und Hinterhaupt zum Scheitel aufsteigend
7. Mehrfache Wiederholung der Übungen 1-6, Kontrolle durch Notizen über Fehler und gute Fortschritte, entsprechende Korrekturen berücksichtigen, danach neue

Exerzitien durchführen: Exerzitien-Initiative notwendig.

Vorbemerkungen
über die belebte archetypische Welt (Dämonologie)

Schon bei dem Ur-Zweistromvolk, den Sumerern, waren Dämone (Uduk) bekannt und gefürchtet; sie wurden dem Todesgeist gleichgesetzt, und hatten Entsprechungen als Naturwesen (man sieht, daß die Sumerer schon auf dem rechten Wege waren).

Wenig bekannt war freilich damals, daß alle archetypischen Kräfte, mögen sie nun als Verkörperung einer Verdrängung, eines Urerlebnisses oder einer Naturkraft auftreten, niemals etwas endgültiges waren. Archetypen sind äußerst wandelbar, und es ist gut, sich darauf einzustellen, daß sie in unberechenbarer Weise verwandlungsfähig sind. Ihr Einfluß erstreckt sich niemals *nur* auf die Ergriffenen. Sie können wie Infektionen auch auf andere wirken (Wirkung als Symptome der Massenpsychologie und -Hysterie). Gleich den Welten, in denen sie „beheimatet" sind, erstreckt sich ihr Rang: angefangen von Göttern in Menschengestalt (mit ihren Anhängerscharen), herunter zur dämonischen Kraft — als Gegenspieler der Götter — und zu Charakterisierungen von Naturkräften, insbesondere von Katastrophen (Sturm-Archetypus, als solcher erscheint zum Beispiel Shiva), aber auch helfende-heilende Kräfte oder gewaltige Krieger, Führer eines Totenheeres, begleitet von Dämonen des Fiebers und des Rausches (dionysischer Kult geht darauf zurück). Den weiblichen Gottheiten und Dämoninnen wurden oft mit orgiastischem Rituell gedient, denn Tod und Leben begegnen sich in Extremen (Leben — orgiastischer Überschwang).

Alle diese Gestalten, einst — wie heute — von mediumistisch Begabten oder Eingeweihten (Priestern) projiziert, sind je nach Stufe der Entwicklung und Rang so wesenhaft oder lebendig wie Gedanke und Tat. Je höher die Entwicklungsstufen, desto reiner und klarer die archetypischen Verkörperungen, die gleichermaßen im Rausch wie im erübten Bewußtseinszustand die Kraft zu ihrer Manifestation entnehmen, und mit denen ständig zu rechnen ist.

Man hat einmal — kürzlich — hundert amerikanische Soldaten zu einem Experiment kommandiert (die meisten meldeten sich freiwillig zu diesem „Test"), man hat ihnen die Augen verbunden, die Ohren verstopft, und überlies sie vierundzwanzig Stunden — (ohne Speise und Trank, ohne Störung) — sich selbst. Es waren nur ein paar darunter (die die Nerven oder die Müdigkeit hatten, den größten Teil der Zeit zu verschlafen), die *keine* archetypischen Erlebnisse gehabt hatten. Alle anderen waren von da ab von einem Geisterreich — in uns oder um uns — überzeugt.

Da wir bei dem folgenden strengen Exerzitium recht bald mit allen möglichen Erlebnissen rechnen müssen, haben wir hier ein wenig aus der Schule geplaudert, ohne den modernen Verkörperungen vorgreifen zu wollen.

Die sieben (Haupt-) Chakren und Bewußtseinsstufen

Wir geben hier noch einmal — für den vorliegenden Zweck konzentriert dargestellt — eine Übersicht über die Welten, Bewußtseinszustände und Körperregionen (Chakren), und zwar auf dem folgenden Sonderblatt. Die von Anbeginn festgelegte Übersicht haben wir beibehalten — ohne Rücksicht darauf, ob sich die Kräfte, die sich etwa melden, danach richten, oder ob wir damit genau den fernöstlichen Doktrinen entsprechen.

Für uns sind unsere Verhältnisse und unsere Erfahrungen und unsere Fortschritte wichtiger als irgendwelche Doktrinen oder Formalitäten, und wir haben gefunden, daß die einfachsten Systeme immerhin ein bestimmtes „Korsett" oder Gerüst bilden, nach dem man sich ganz gut richten und zurechtfinden kann — besonders wenn man mitten zwischen den Exerzitien steckt, und manche Fragen sich erheben und sofortige Beantwortung fordern.

Unser Ziel — die Erweiterung unseres Bewußtseins auf eine Art, die uns Freude, Kraft und Lebenssinn gibt — ist uns das oberste Gebot gewesen, und wenn unsere geschätzten Leser nach diesem Rezept verfahren, kann nicht allzuviel „schief" gehen.

Welten	*Bewußtseins-zustände*	*Chakren*
irdisch	Wachbewußtsein	
Od	Zwischen-bewußtsein	Füße, Knie, Hände
1 Kreuzbein		Kreuzbein-Chakra
Zwerchfell	Konzentration	Zwerchfell-Chakra
2 Herzgrube	Imagination	Herzgruben-Chakra
3 Brust	Gedankenstille	Brust-Chakra
4 Halsgrube	Meditation	Halsgruben-Chakra
5 Augen-Zwischenraum	Kontemplation	Kleinhirn-Chakra
6 Hinterhaupt	Ekstase	Hinterhirn-Chakra
7 Scheitel	Lichtmeer	Scheitel-Chakra

Um eine Übereinstimmung mit unseren bisherigen Übersichten zu erhalten, haben wir Kompromisse schließen müssen, aber wir haben nichts grundsätzlich geändert.

Die nachfolgenden Suggestionen geben zudem genaue Anleitung zu den zu sprechenden oder zu besprechenden Texten, so daß Ungenauigkeiten sich nicht einschleichen können.

Man kann das Exerzitien-Übersichts- und Tagesbuch auch tabellarisch in der folgenden Weise einteilen:

Exerzitium
Tag der Übung
besondere Übung

Besonderheiten, auffällige Erlebnisse
Fehler oder Fortschritte
am Schluß der betreffenden Tagebuchseite kommt der Tag, die Stunde, die Dauer der Übung, und das zu ziehende Fazit, das schon für die nächste Übung berücksichtigt werden kann. Die Suggestionen werden jeweils nach den Bewußtseinszuständen ausgerichtet, weil diese Zustände das für uns Entscheidende sind, auch das Kriterium: haben wir — auf dieser Stufe — unser Ziel voll erreicht, zum Teil, oder nicht.

Es sind folgende Suggestionstexte erforderlich:

1. die Mantren ang, eng, ing, ong und ung
2. Tonbandsuggestionen, liegend, Tagbewußtsein für Füße, Knie, Hände, Kreuzbein, Zwerchfell, Herzgrube, Brust, Halsgrube und Stirn sowie Hinterhaupt, Sondertext für Scheitelpunkt
3. Die Tonbandsuggestionen, kombiniert mit Eigen-Übung (wach), müssen die Mantren mit übernehmen, um Zweigleisigkeit zu vermeiden
4. Die nächtlichen Tonband-Suggestionstexte entsprechend den unter 2. genannten Körperorganen oder -Teilen. Diese Nacht-Tonband-Suggestionstexte müssen auch für die Wiederholung geeignet sein.

Damit haben wir die notwendigen *vier* Gruppen von Suggestionen oder Schwingungen bereits erfaßt, und können jetzt in die Einzelheiten gehen.

Das „Einsprechen" der Mantren (ang, eng usw.) in die verschiedenen Körperregionen bedarf keines besonderen Textes, hier ist der Übungsverlauf gleich dem „Einsprechen der Buchstaben" in Fuß, Knie, Hände, usw.

Die Tonbandsuggestionen unter 2. fallen in die den Körperregionen angepaßten Bewußtseinszustands-Suggestionen:

Entspannung für die Partien Füße, Knie, Hände
Konzentration für die untere Wirbelsäulenregion: Kreuzbein
Imagination für das Zwerchfell
Gedankenstille für die Herzgrube
Lichterlebnis/Meditation für Brust
Kontemplation für Halsgrube
Ekstase für den Augenzwischenraum und das Hinterhaupt
Übungsziel (Exerzitien-Endziel) für den Scheitel

Wir beginnen mit dem Text für die Entspannung (wobei wir den Eingangstext, das Suggestionsstichwort und den Abdankungs- oder Schlußtext stets nach den bereits gezeigten Mustern voraussetzen):

Haupttext (Entspannung) (Wachzustand) (Tagübung oder Abendübung):

Von Tag zu Tag gleite ich leichter in die echte Entspannung. Die Füße (oder Knie oder Hände) beleben sich von Tag zu Tag mehr und schwingen in gleichem Rhythmus.

Haupttext für Konzentration: (Tages- oder Abendübung):

Das Muladhara-Zentrum (das ist die Kreuzbeingegend) belebt sich von Übung zu Übung mehr und mehr und schwingt im Rhythmus mit. Die metaphysische Konzentration (auf das Muladhara-Zentrum) gelingt von Tag zu Tag besser und ausgeprägter.

Haupttext für Imagination (Tages- oder Abendübung):

Das Zwerchfell wird von Tag zu Tag mehr in den Rhythmus einbezogen, die Entspannung vertieft sich von Übung zu Übung.

Haupttext für Gedankenstille (Tagestext):

Von Tag zu Tag mehr versinke ich in absolute Gedankenstille, alle Kraftzentren arbeiten in mir in gleichem

Rhythmus, von Tag zu Tag, von Übung zu Übung mehr und mehr.

Haupttext für Meditation (Tagestext):
Ich bin gänzlich dem Meditationsthema hingegeben, die Welt um mich und in mir ist sonst versunken. Der Gesamtorganismus schwingt das Wort Liebe.

Haupttext für Kontemplation:
Weihevolle Stille breitet sich in mir aus, ich fühle mich den höchsten Welten verwandt, mein ganzer Körper schwingt ihnen entgegen.

Haupttext für Ekstase:
Die Ewigkeit und ich sind eines. Die Unendlichkeit und mein Ich schwingen *einen* Rhythmus, den Rhythmus der kosmischen Sphären.

Text für Scheitel-Übung folgt weiter unten.

Texte zu 3.
a) Einleitungstext
b) Suggestionsstichwort
c) die Mantren ang, eng, ing, ong, ung für die Teile der Füße, für die Hände und die Knie
d) *Der Haupttext (Tagestext) für Fußteile, Knie und Hände:*
   Täglich leichter und schneller gleite ich in die echte Versenkung
e) Verabschiedungstext

Texte zu 4.
Einleitungstext, Suggestionsstichwort,

Haupttext (für nächtliche Suggestionen durch Tonband):
   Von Übung zu Übung gleite ich leichter, schneller und tiefer in die Entspannung (entsprechend verwendbar auch für: Konzentration, Imagination, Gedankenstille, Meditation, Kontemplation, Ekstase).

Abschließender Text.

Damit haben wir *alle* Gruppen der infrage kommenden Suggestionstexte. Die Auswertung unserer Übungskontrolle ergibt, ob wir bei diesen Texten bleiben oder sie verstärken — oder zum Beispiel die Nachtsuggestionen — fortfallen lassen können.

Ergänzende Anregungen zur zweiundzwanzigsten Exerzitienreihe und notwendige Erläuterungen.

Zur Zwerchfellatmung (stehend erst, dann in Ruhelage):

Erste Phase:

Wir ziehen beim *Ausatmen* den Leib so weit wie möglich ein, verharren eins, zwei, drei Pulsschläge lang, und atmen dann leicht und ohne Anstrengung ein.

Zweite Phase:

Ausatmen wie geschildert, doch werden jetzt Pausen eingelegt zwischen Ausatmen — Pause — Einatmen — Pause — Ausatmen (die Pausen dauern jeweils fünf Sekunden).

Wir beginnen mit dreimal täglich zehn Atemzügen (Einatmen, Pause, Ausatmen, Pause: *ein* Atemzug), steigern täglich um einen Atemzug.

Dritte Phase:

Die Pausen werden beim Ausatmen auf sieben — neun — zwölf Sekunden ausgedehnt, und zwar alle zwei Tage ansteigend.

Vierte Phase:

Die Pausen werden auch beim (nach dem) Einatmen auf sieben — neun — Sekunden gesteigert.

Stehend und liegend werden *nacheinander* — das heißt, eine Woche stehend, eine Woche liegend — die gleichen Zwerchfellübungen durchgeführt.

Fünfte Phase:

(Abwechselnd eine Woche stehend und liegend, mit den zuletzt eingehaltenen Pausen.) *Ausatmen* mit herzhaft pustendem Geräusch. Pausen: schweigend, Einatmen ebenfalls schweigend.

Sechste Phase:

(Nur *liegend* auszuführen.) Ausatmen — Pause — Einatmen — Pause (wie zuletzt eingehalten) — Ausatmen. *Beim Ausatmen* geben wir ein zischendes Geräusch von uns ... Tsssss .... Tsss .... Tsss ... Beim Ausatmen und dem Tsss-Laut bleibt das Zwerchfell eingezogen.

Zur metaphysischen Atemgymnastik (stehend):

Derselbe Aufbau wie bei der Zwerchfellatmung, nur mit dem Unterschied, daß jetzt *nicht* die Hände an den Seiten des Körpers bleiben, sondern — wie vorher schon einmal geschildert — seitlich hoch gehoben werden — beim *Einatmen* —, bis die Fingerspitzen sich über dem Kopf berühren. Beim Ausatmen: Arme fallen lassen. *Liegend* dieselbe Übung, wie es einem am angenehmsten ist, also wem die Armbewegung liegend beim Ein- und Ausatmen störend ist, der unterlasse sie dann ruhig.

Das gesamte Haupt-Exerzitium

sieht — hier wird der erste Teil erläutert, die anderen Teile schließen sich folgerichtig an — so aus:

Zu beachtende Punkte:

Führung eines Exerzitien-Protokollbuches
Aufstellung der Suggestionen nach den gegebenen Vorlagen
Zwerchfell- und Metaphysische Atmung, Steigerung nach den gegebenen Anleitungen, Pausen bitte beachten, beim Ausatmen erst Puste-Ton, dann Tsss-Laut.
Tagesübung (hier, Erster Teil, Entspannung)
Fußteile, Knie, Hände
mit ang, eng, ing, ong, ung
Ergänzung durch Tages- und — wenn erforderlich — Nacht-Tonband-Suggestionen

In praxi:
> Tagebuch: Ich beginne heute mit der Entspannungsübung mit den neuen Mantren (Vokale mit Endung „ng"), zuvor habe ich in der einen Woche die Zwerchfell-Übung (erst ohne Pause, dann mit Pause, dann mit längeren Pausen, dann mit Ausatmungsgeräuschen), in der folgenden Woche die Metaphysische Atmung (ebenfalls erst ohne Pause, dann mit immer länger werdenden Pausen, dann mit Ausatmungsgeräuschen) geübt, wiederum abwechselnd stehend und liegend.

Die erste Suggestionsfolge sieht so aus:
> Einleitungstext
> Suggestionsstichwort
> Haupttext (nach Vorlage: s. Entspannung)
> Abschließender Text (Verabschiedung)
> Wenn nötig, Unterstützung durch Tages- und Nacht-Tonband lt. Vorlagetext

Nach der Entspannungsübung folgen der gewohnten Reihenfolge nach die Konzentration, Imagination, Stille-Übung, Meditation, Kontemplation, Ekstase („Außer-sich-Sein"), und als Abschluß der gesamten Exerzitienreihe (mit Atmungen und Atemgeräuschen, unter Einsatz *aller* Mittel: neue Mantren, Suggestionstexte für tag- und Nacht-Tonbänder):

Teil D) des „Eigentlichen Exerzitiums": Scheitelpunkt-Exerzitium

Der Organismus ist nun — sind alle vorstehenden Exerzitien zufriedenstellend verlaufen — soweit gereift, daß die Schwingungen bis zum Hinterhaupt-Chakra reichen.

Es bleibt uns nun nur noch zu tun — in einer gesegneten und auch vorbereiteten Stunde — der *letzte Schritt* in die Unendlichkeit, in ein Reich, in dem „die Götter zu Hause sind", in dem wir als Herrscher frei schweifen können gleich ihnen, ohne jede Hemmung, ohne einen überlegenen Gegenpol anzutreffen. Und zwar wird dieses Ziel — der letzte Sprung vom Hinterhaupt zum Scheitelpunkt — erreicht, indem man zunächst die vorher geübten Bewußtseinsstadien mit den Mantren ang, eng, ing usw. durchläuft, bis zur Kontemplation, bis zur Ekstase,

> *um dann in letztem, kühnem Ansturm mit den erübten und beherrschten Atemzügen (beim Ausatmen) nacheinander scharf den Tssss-Laut ausstößt, denn dann wird die im Hinterhaupt gespeicherte Kraft zum Scheitel gebracht und nimmt dort ihren Platz ein: für immer mit dem Lichtmeer vermählt.*

Es *ist* möglich, daß diese Krönung der Exerzitien-Reihe *nicht* beim ersten Anlauf gelingt (obwohl das selten der Fall ist, wenn alle Stadien zuvor in der geschilderten Weise durchlaufen wurden). In diesem Falle — wenn also der Gipfelsturm nicht beim ersten Male gelingt — wiederholt man die Übung unter Außerachtlassung jeglicher anderer Hilfen — lediglich mit Unterstützung des Tsss-Lautes solange, bis man sein Ziel erreicht hat, und damit die endgültige Herrschaft nicht nur in den archaischen Bereichen, sondern auch in den Kosmischen Reichen, die zu erobern wir uns aufgemacht haben.

Ein Abschied
dürfte dies zwischen Ihnen, verehrte Leserin, und Ihnen, geschätzter Leser und dem Autor, vermutlich *nicht* sein.

Denn — was Ihnen da in der Hand liegt: dieses Buch mit seinen vielfältigen Exerzitien — es ist geeignet für mancherlei Ding.

Für jede geistige und seelische Zielsetzung können die verschiedenen Übungen und Suggestionen unter Beachtung der genannten Gesetzmäßigkeiten und unter Einsatz aller genannten Machtmittel eingesetzt werden — und bei rechter Beachtung des geschilderten Aufbau's wird jedes Ziel gründlich und schnell erreicht werden können.

   gut Werk —
      gut Ziel —
         Krönung.

     ✶ Ende ✶

XXXXII Bibliographie I

Avalon, Shakti und Shakta, Otto Wilhelm Barth-Verlag, München 1962
Bergmark, Lust und Leid durch Drogen, Wissenschaftliche Verlagsgesellschaft, Stuttgart 1958
Bhagavad Gita, Das Lied der Gottheit
Robert Blum, Entschleierte Mysterien, Altmann-Verlag, Leipzig 1910
Brau, Vom Haschisch zum LSD, Insel-Verlag, Frankfurt/Main 1969
Cashmann, LSD, Ullstein-Verlag Frankfurt/Main 1970
Chi-Chi, Dhyana, Otto Wilhelm Barth-Verlag, München 1960
Conze, Im Zeichen Buddhas, S. Fischer-Verlag, Hamburg 1957
H. E. Douval, Bücher der praktischen Magie, Hermann Bauer-Verlag, Freiburg/Brsg., 2 Halbleder-Bände
Eliade, Schamanismus und archaische Ekstasetechnik, Rascher-Verlag, Zürich 1956
Hans Findeisen, Schamanentum, W. Kohlhammer-Verlag, Stuttgart 1957
Rudolf Gelpke, Drogen und Seelen-Erweiterung, Kindler-Taschenbücher Nr. 2065
Jean Herbert, Indischer Mythos als geistige Realität
Adrian Coulter, Hippies, Wilhelm Heyne-Verlag, München 1969
Aldous Huxley, Pforten der Wahrnehmung, Himmel und Hölle, Piper & Co., München 1970
C. G. Jung, Walter-Verlag, Olten: Über die Psychologie der Unbewußten, Bewußtes und Unbewußtes, Psychiatrische Studien, Zur Psychologie westlicher und östlicher Religionen, Dynamik des Unbewußten
Philip Kapleau, Die drei Pfeiler des ZEN, Rascher-Verlag, 1969
Jack Kerouac, Unterwegs, Rowohlt Taschenbuch-Verlag, Hamburg 1959
Oliver La Farge, A Pictorial History of American Indian, NY 1956
Theo Löbsack, Die manipulierte Seele, DTV, München 1971
Robert Müller-Sternberg, Die Dämonen, Carl Schürmann-Verlag, Bremen 1964

Robert E. L. Masters und Jean Houston, Psychedelische Kunst,
    Knaur, 1971
Ulli Olredi, LSD-Report, Suhrkamp, 1972
Radhakrishnan, Von den Veden bis zum Buddhismus,
    Systeme des Brahmanismus
Reavis, Rauschgiftesser erzählen, Bärmeier & Nikel,
    Frankfurt/Main 1967
Josef Schurz, Vom Bilsenkraut zum LSD,
    Franckh'sche Verlagshandlung, Stuttgart 1969
Jerry Rubin, Do it, Rowohlt Taschenbuch-Verlag, Hamburg 1971
R. Wilhelm und C. G. Jung, Das Geheimnis der goldenen Blüte,
    Rascher-Verlag Zürich 1965

Bibliographie II

Aeropagita, Mystische Texte, Weilheim 1972
Aurobindo, Sri, Abenteuer des Bewußtseins und Zyklus der menschlichen Entwicklung, Weilheim 1971
Avalon, Serpent Power (Schlangenkraft), Weilheim 1972
J. Blofeld, Der Weg der Macht, Weilheim 1970
Jakob Böhme, Schriften
le Bon, Psychologie der Masse
Paul Brunton, Der Weg nach Innen, Weilheim 1970
Dürckheim, Graf, Japan und die Kultur der Stille, Weilheim 1970
Eliade, Yoga — Unsterblichkeit und Freiheit, Zürich 1960
Fritsche, Herbert u. a., Komentar zu du Prel's Rätsel des Menschen
H. Kahn, Exkalation, Frankfurt/Main 1966
Gopi Krishna, Kundalini, Weilheim 1972
Levi, Eliphas, Der Schlüssel zu den großen Mysterien, Weilheim 1972
Ignaz von Loyola Exerzitien
Shri R. Maharashi, Der Weg zum Selbst, Zürich
U. v. Mangoldt, Meditation und Kontemplation aus christlicher Tradition, Weilheim 1970
du Prel, Das Rätsel des Menschen
Sacharow, Das große Geheimnis, München-Pasing 1954
Swedenborg, Homo Maximus, Weilheim 1972
J. H. Schultz, Autogenes Training Stuttgart
Ludwig Staudenmaier, Magie als experimentelle Naturwissenschaft, Altmann, Leipzig 1925
Strauss/Surya, Theurigsche Heilmethoden
Yogananda, Autobiographe eines Yogi, Weilheim 1970
Weinfurter, Der brennende Busch

XXXXIII   Übersicht über die Exerzitien-Reihen

ERSTES BUCH
Test-Übung

VI Konzentrations- und Versenkungsübungen mit Hilfe der
Vokale (a, e, i, o, u) in den Körper:
Füße zuerst (weiteres folgt in späterer Übung):
Sohle, Oberfuß, Knöchel

ZWEITES BUCH

XIX *1. Exerzitium*
Versenkung mit Hilfe von Vokalen
(Fortsetzung der Test-Übung)
Erster Schritt: Belebung der Füße (Test-Übung)
Zweiter Schritt: Weckung der Kniegelenke
Dritter Schritt: Belebung der Hände
Vierter Schritt: Belebung von Füßen, Kniegelenken und
    Händen nacheinander und zusammen
Fünfter Schritt: Wiederholung der vorstehenden Übung,
    unter Einbeziehung der Unterschenkel
    (Schienbeine)
Sechster Schritt: Schritt-Zentrum
Siebenter Schritt: Sonnengeflecht
Achter Schritt: Herzgrube
Neunter Schritt: Halsgrube
Zehnter Schritt: Augenzwischenraum
Elfter Schritt: Kopfscheitel (Sensorium)

XX *2. Exerzitien-Reihe*
Absence bis Ekstase
Erster Schritt: Negierung von Welt und Körperlichkeit

Zweiter Schritt: Der „Punkt im All"
Dritter Schritt: Das absolute Nichts, die aktive Sekunde
Vierter Schritt: Ausdehnung des Nichts
Fünfter Schritt: Das Licht
Sechster Schritt: Extase

XXI 3. *Exerzitien-Reihe*
Imagination als Machtmittel des Unbewußten
Vorübungen: Imaginations- und Konzentrationsübungen
Das System
a) Konzentration auf bestimmte Archetypen
b) Prägung seelischer Engramme
c) Schaffung von Gedankenformen
d) während der Gedankenleere Einwirkung mittels Tonspeicher

XXII 4. *Exerzitien-Reihe*
Übungen mit Mantren
Die erste Stufe: Bis zur Gedankenstille
Die zweite Stufe: Meditation
Die dritte Stufe: Kontemplation
Die vierte Stufe: Nirwana
Die fünfte Stufe: Urlicht

XXV 5. *Exerzitien-Reihe*
Arbeit mit Hilfe der Augen (Abschluß stets Mitte)
1. Woche: je eine Minute Mitte, rechts, links
2. Woche: je zwei Minuten Mitte, rechts, links
3. Woche: je drei Minuten Mitte, rechts, links
4. und folgende Wochen: je eine Minute Mitte, rechts und links steigern, bis zu zehn Minuten Mitte, rechts und links (Ausnahmen bei besonderen Anlässen)
Praktische Zielsetzungen:
a) Stellung von Fragen
b) Konzentration auf ein Problem
c) Konzentration auf die eigene Entwicklung
d) Übertragung von Wünschen
e) Kenntnisnahme auftauchender Phänomene, keine Kontakte — keine unguten Wünsche oder Empfindungen

Grundlagen fördernder Atemtechnik:
Grundstellung: Arme hängen an den Seiten,
Oberkörper ganz leicht nach vorn gebeugt, tief ausatmen
Einatmen (richtet sich nach der Quantität der
ausgeatmeten Luft): langsam aufrichten, Arme langsam
seitlich nach oben bis über den Kopf führen
Zurück in Ausgangsstellung, neuer Atemrhythmus
Forderungen der Mindest-Körperpflege:
Atemgymnastik
zwei Stunden Laufen oder Wandern (und Schwimmen)
tägliches, mindestens einmaliges Duschen
möglichst unter Normalgewicht bleiben,
Ausgewogenheit zwischen Arbeit und Ruhe
Meidung jedes Extrems, auch bei Genußgiften

DRITTES BUCH

XXVI 6. *Exerzitien-Reihe*
Ver-irdischung von Wünschen, Vorstellungen und Plänen

XXXVII 7. *Exerzitien-Reihe*
„Vierzig Tage Wüste"
1. Stufe: Eingewöhnung
2. Stufe: Die Routine
3. Stufe: Die Vertiefung
4. Stufe: Die Einverleibung

XXXVIII 8. *Exerzitien-Reihe*
1. Vorbereitung
2. Übungen mit Odkraft, ihre Fixierung
3. Übungen mit Astralkraft, ihre Aussendung
4. Übungen mit Od- und Astralkraft
5. Begegnung mit dem „Jenseits":
Warnung und Mahnung
6. Außerhalb des „Sarkophags"
7. „Tanz der Derwische"

XXXIX 9. *Exerzitien-Reihe*
Das Universal-Exerzitium

1. Stufe: Füße und Gelenke (Knöchel)
2. Stufe: Knie und Handflächen
3. Stufe: Schrittzentrum (Kreuzbein)
4. Stufe: Sonnengeflecht
5. Stufe: Herzgrube
6. Stufe: Halsgrube
7. Stufe: Augenzwischenraum und Scheitel

Zweiter Teil:

VIERTES BUCH

XXX 10. *Exerzitien-Reihe (Sonder-Exerzitien)*
Die Stark-Sensitiven
Die Sensitiven
Die Unter-Sensitiven

XXXI a) Entspannungsübung
b) Die echte Konzentration als Vertiefung des Entspannungszustandes
c) Die irdische Konzentration als erstes Leitbild

XXXII 11. *Exerzitien-Reihe*
Einleitendes Exerzitium mittels besprochener Tonbänder
1. Stufe: Allgemeine Harmonisierung
2. Stufe: Irdische Konzentrationskraft
3. Stufe: Entspannung
4. Stufe: Fixierung der Entspannung
5. Stufe: Odkraft-Aufnahme
6. Stufe: Fixierung aller irdischen Engramme

XXXIII 12. *Exerzitien-Reihe*
Bewußtseinserweiterung mit Hilfe der Technik
Tonträger als Suggestionsquelle
Suggestionstexte als Beispiele

FÜNFTES BUCH

XXXIV 13. *Exerzitien-Reihe*
Imagination in Reinkultur
Die notwendigen Kräfte

Vorübungen
Leichte Imaginationsübungen
Zuhilfenahme von besprochenen Tonträgern

XXXV *14. Exerzitien-Reihe*
Die große Imagination
1. Stufe: Bis zur Ausgangsposition
2. Stufe: Sammlung aller Kräfte
3. Stufe: Die Welten
4. Stufe: Summierung allen Strebens
5. Stufe: Reinigungszeremonie
6. Stufe: Endgültige Verabschiedung
7. Stufe: Die Unwägbarkeiten
8. Stufe: Abgrenzung zur rituellen „Beschwörung"
9. Stufe: Fazit tiefenseelischer Manifestationen

XXXVI *15. Exerzitien-Reihe*
Zur Warnung allen Unkundigen
1. Vorbedingungen des Versuchs mit cannabis indica
(auch cannabis sativa)
2. Vorbemerkungen zur Verwendung der
halluzinogenen Droge
3. Beginn
4. Das Ereignis
5. Abdankung
6. Nachwehen
7. Mögliche Gefahren und Folgen
16. Exerzitien-Reihe
Versuch mit Bilsenkraut
1. Vorbemerkungen und verwendete Droge
2. Vorbedingungen des Versuchs und Start
3. Am Ziel
4. Verabschiedung
5. Gefahren und Folgen
17. Exerzitien-Reihe
„Hexensalben"
1. Das Besondere der Hexensalben
2. Das „Arbeiten" mit Hexensalben
3. Zielsetzungen
4. Ein gefährliches Experiment ...
5. ... Und seine Ergebnisse

SECHSTES BUCH

XXXVII *18. Exerzitien-Reihe*
Weitere Sonder-Exerzitien
Übungen der leichten Hand
Übungen der kunstvollen Ergänzung
Erweiterung der Hilfe mittels Technik

XXXVIII *19. Exerzitien-Reihe*
Ein weiterer Schritt hin zur Meisterschaft
Exerzitium zur Beschleunigung des Wechsels von
einem Bewußtseinszustand zum anderen
Das „Warum" dieser Übungen
Von der Entspannung bis zur Konzentration
Von der Konzentration zur Imagination
Von der Imagination zur Gedankenstille
Von der Stille zurück zur Imagination
Von der Imagination zurück zur Konzentration
Von der Konzentration zur Entspannung
Helfende Suggestionen
Beliebiger Wechsel von einem Bewußtseinszustand
zum anderen
Einschaltung mechanischer Dauer-Suggestionen

XXXIX *20. Exerzitien-Reihe*
Eine fehlende Ergänzung
Die Herbeiführung der Bewußtseinszustände
in jeder Körperlage
Aneignung metaphysischer Bewußtseinszustände
während des Stehens
Gehende Bewußtseinsverlagerung
Der „Tanz der Derwische", Praxis

XXXX *21. Exerzitien-Reihe*
Archetypische Naturkräfte
a) Im Konzentrations- und Imaginationszustand
   durch eine Bergwelt streifen
b) Archetypen des Wassers und der Quellen
c) Kräfte des Waldes und der Natur
e) Ein ernstes Wort zur rechten Bereitung

XXXXI   *22. Exerzitien-Reihe*
         Die Krone der Exerzitien
         Exerzitium der Meisterklasse
         Aufstieg in höchste Bewußtseinssphären und Welten
         Die 7 (Haupt-) Chakren und Bewußtseinsstufen
         Suggestionstexte
         Weitere Anregungen und Erläuterungen
         Scheitelpunkt-Exerzitium

XXXXII   Bibliographie

XXXXIII   Übersicht über die Exerzitien-Reihen